ものが語る歴史　10

ヤコウガイの考古学

高梨　修

同成社

目次

カバー写真
池村茂製作「ヤコウガイ製貝匙レプリカ」
装丁　吉永聖児

ヤコウガイの考古学

序章　本書の課題

Ⅰ

超大型台風十九号の来襲で奄美諸島がいちじるしい被害に見舞われた一九九一（平成三）年の夏、奄美大島笠利町で土盛マツノト遺跡の緊急発掘調査が実施され、おびただしい数のヤコウガイ貝殻が出土した。その大量出土した貝殻に接した筆者は、これは単なる貝塚遺跡ではないと直感的に感じていた（髙梨一九九五ａ）。ヤコウガイ貝殻以外にも外来土器や鉄器等の多彩なる出土遺物が多数認められた土盛マツノト遺跡は、文献史学の専門家からも注目を集め、一九九五（平成七）年にはその発掘調査成果を中心にした「シンポジウムよみがえる古代の奄美」が開催され、出土遺物の年代観や歴史的評価等について多角的に討議された（鈴木一九九五）。

その二年後の一九九七（平成九）年、名瀬市小湊フワガネク遺跡群の緊急発掘調査が実施されて、偶然にも筆者自身がヤコウガイ貝殻の大量出土遺跡を発掘調査する機会に恵まれた。掘り下げればどこからでも幼児の頭ほどもあるヤコウガイの巨大貝殻がつぎつぎ顔をのぞかせた。ヤコウガイ貝殻が調査区域一面に出土している様子は、異様な迫力が漂う幻想的な光景で生涯忘れられないが、土盛マツノト遺跡の発掘調査成果を学ばせていただき、解決しなければならない課題を確認していた筆者には、さながら実験室のような発掘調査を実施することができた。こうしたヤコウガイ貝殻の大量出土こそ、土盛マツノト遺跡や小湊フワガネク遺跡群を特徴づける発掘調査成果なの

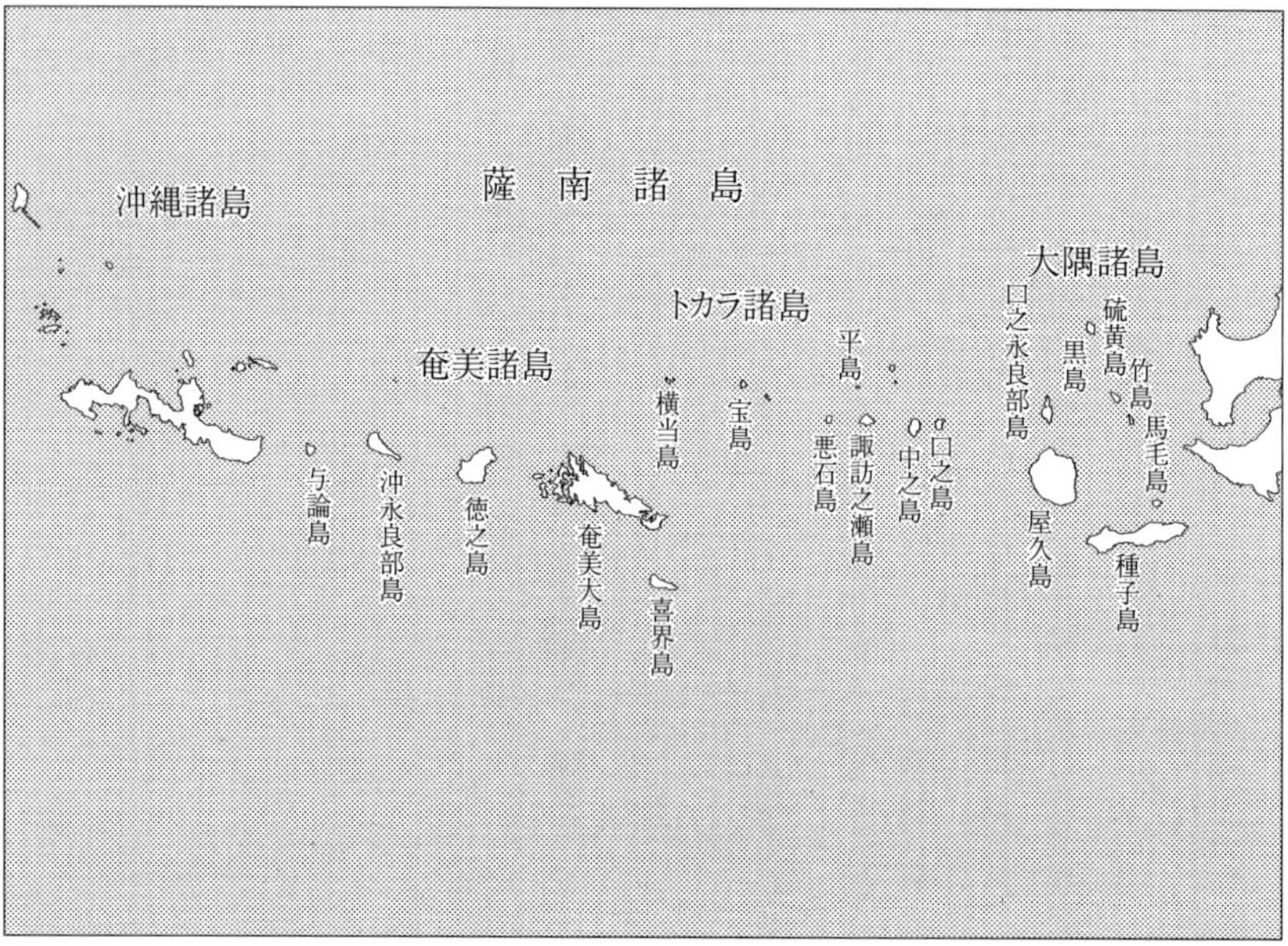

第１図　琉球弧北半の島嶼

である。

　ヤコウガイ貝殻の大量出土事例は、じつはこれらの遺跡にかぎられるものではない。奄美諸島における従前の発掘調査でも何度か確認されていたが、それほど注意されることなく看過されてきた。それは、そうした貝殻を大量出土する遺跡がいわゆる貝塚遺跡として理解されてきたからである。だからヤコウガイ貝殻が大量出土しても、琉球弧特有の大型貝類による貝塚遺跡であると理解されていたために、ほとんど問題にされないまま見過ごされていたのである。この小湊フワガネク遺跡群の発掘調査を通じて、筆者が最初にヤコウガイ貝殻の大量出土に対して抱いた直感を考古学的に確認することができたのである。そうしたヤコウガイ貝殻が多数出土する遺跡を暫定的に「ヤコウガイ大量出土遺跡」と分類しているが（髙梨一九九九ａ）、本書ではヤコウガイ大量出土遺跡という新しい確認事実について問題提起することが第一の課題である。当該遺跡をめぐる基礎的考察と研究課題を示してみたいと考えている。

ヤコウガイ大量出土遺跡の発掘調査を契機として、筆者は文献史学側の研究成果に学ぶ機会が増えていくのであるが、そこには琉球弧における従前の考古学研究ではほとんど言及されたことがない古代～中世段階の奄美諸島の姿が述べられていた。それは筆者自身における奄美諸島史の認識が転換していく過程そのもので、本書における第二の課題となるものである。

Ⅱ

ゴジラといえば、海外でも知られた怪獣映画であるが、映画製作のロケ地として奄美諸島がたびたび使われている。息子が三～四歳の頃、シリーズ作品をいっしょに見ていてそうした事実に偶然気づいたのであるが、映画のなかで奄美諸島の映像は南太平洋上の無人島、すなわち外国という設定で使われていた。映画を見た本土地域の大多数の子供たちは、おそらく奄美諸島の映像を映画製作側の思惑どおり、外国として受け止めているのだろう。

奄美諸島の映像が、本土地域の子供たちに外国として錯覚されてしまうからくりを考えてみたい。映画で使われている奄美諸島の映像をあらためて確認してみるならば、リーフが発達しているサンゴ礁の海とジャングルを思わせる亜熱帯特有の植物相の映像が効果的に利用されていることが解る。本土地域で見ることができないこうした景観的要素が、日本ではないという異域のイメージを見る側に惹起させているにちがいない。

日本画家・田中一村をご存知の方は、その作品を思い浮かべてほしい。題材のほとんどが亜熱帯の自然（植物・鳥・魚・蝶等）に求められている。本土地域で見ることができない亜熱帯美を執拗に探求した田中一村の絵画には、異域としての奄美大島の要素が凝縮されていると考えられる。亜熱帯美が題材とされているから、本土地域の人びとが想起する南の島のイメージとも一致してとても解りやすいはずである。田中一村が描き出した亜熱帯美は、そうした商業的側面を備えている。(1)しかし、亜熱帯美に収斂させた作品群は、奄美大島を異域として見ていた田中一村の目が端的に映し出されていることも十分承知しておかなければならない。奄美諸島以南の島嶼地域で共有されているサンゴ礁地形と亜熱帯の植物相は、本土地域で見られない自然環境である。異国情緒という言葉は、景観的要素に規定されるところが大きいと思われるが、前述したとおり、現代社会においても自然環境の相違は異域として認識される要因になりうるのである。

琉球弧に対する本土地域の異域認識は、古代～中世までさかのぼることができる。史料のなかに、異域として記されている当該地域の様子が多数認められるからである。国土の外側地域には異域が存在しているという都人の地理認識がうかがい知れる。そうした国土認識をめぐる研究成果を参照していく過程で、国家境界が奄美諸島付近で伸縮を繰り返している事実を確認した。現代においても、アメリカ軍政府による占領統治の時代、奄美諸島の南北で国家境界は揺れ動いたではないか。奄美諸島が列島南縁の国家境界領域に当たるという問題認識は、きわめて重要であると考えられる。

また奄美諸島は単なる異域ではない。古代～中世の文献史料のなかに、ヤコウガイ・赤木・檳榔などの南方物産が都人たちに珍重されている様子が確認できる。南方物産は、想像以上に膨大なる需要が存在していたと考えられるが、奄美諸島でほとんど獲得できるわけであるから沖縄諸島までわざわざ行く必然性はあまり考えられない。国家境界領域となる奄美諸島は、琉球弧における亜熱帯地域の北限でもあり、琉球王国成立以前における琉球弧の歴史舞台において、一大交易拠点として主役を演じていた時代がある。本書では、奄美諸島における小湊フワガネク遺跡群(奄美大島)、カムィヤキ古窯跡群(徳之島)、山田遺跡群(喜界島)等の遺跡を通じて、そうした歴史に接近してみたいと考えている。

琉球弧をめぐる従前の歴史学研究は、琉球王国論に収斂される潮流が強く、奄美諸島や先島諸島は独立国家が育んだ社会文化の地方展開を知るための補助資料として対象化されてきた。そうした沖縄本島中心史観とでもいうべき歴史理解は、国家誕生以前から沖縄本島が歴史舞台の主役で在りつづけてきたような錯覚さえ生み出しはじめている。沖縄側における考古学や歴史学の専門家たちが、そうした視点で奄美諸島と先島諸島を見ているかぎり、発見的研究の展開は難しいと考えられる(2)。

琉球王国論に収斂されてしまう琉球弧の学術研究をめぐる支配的趨勢のなかで、ヤコウガイ大量出土遺跡をはじめとして奄美諸島に分布するために看過されてきた考古資料が多数存在する。そうした知られざる考古資料の翻訳作業を通して、奄美諸島史の歴史認識を考察することが本書の第二の課題である。奄美諸島史に対する歴史認識について、今、筆者は確認の途上にある。筆者はまだ出発点にいるにすぎないが、筆者のまなざしに映りはじめた奄美諸島史の姿を素描してみたい。新しい琉球弧の歴史は、琉球弧の島嶼を相対的に比較するなかで奄美諸島と先島諸島から記述されるであろう。そのとき、奄美諸島史の逆襲的問題提起がはじまるのだととらえている。

Ⅲ

奄美諸島は、二〇〇三（平成十五）年に日本復帰五十周年の節目を迎えた。戦後における奄美諸島の考古学研究は、日本復帰直後の一九五四（昭和二十九）年、南日本新聞社と鹿児島大学による「奄美大島学術調査団」のなかで河口貞徳が実施した奄美諸島の分布調査・発掘調査を嚆矢とする。

翌年の一九五五（昭和三十）年、九学会連合による奄美諸島の総合調査が実施され、河口貞徳の調査成果を踏まえて考古学班（国分直一・河口貞徳・曾野寿彦・野口義麿・原口正三）があらためて分布調査・発掘調査を実施している。当該調査では、第一に「南島の先史時代の編年を作りあげよう」として奄美諸島・沖縄諸島における縄紋時代並行期の土器編年大綱の構築が企図され、第二に「南九州にまでおよんで来ている弥生式文化が果たして南島にまで拡がっているであろうか」として琉球弧における弥生文化南漸の検討が企図されていた。当該調査の結果、第二の課題については、資料不足から結論は避けられているが、第一の課題については、奄美大島宇宿貝塚、徳之島面縄第二貝塚、沖永良部島住吉貝塚等の重要なる発掘調査成果が獲得され、大枠ながらも奄美諸島における先史土器の変遷にある指標が与えられたのである（国分・河口ほか一九五九）。

九学会連合の調査研究で企図された課題、とくに第一の課題として掲げられた土器編年研究は、考古学研究における根幹となるものである。考古資料の帰属年代を確認するための年代尺度を構築する作業は、決して避けて通れないものである。端緒的研究段階における土器編年大綱の構築こそは、考古学研究の常道にして正道である。

奄美諸島の土器編年研究を喫緊の課題として位置づけていた河口貞徳は、九学会連合考古学班の発掘調査成果、さらには一九七四（昭和四十九）年一月に実施した奄美大島嘉徳遺跡の発掘調査成果等を加えて、一九七四（昭和四十九）年六月、奄美諸島における先史土器の編年大綱を発表した（河口一九七四）。当該編年が、今日の奄美諸島の考古学研究において用いられている土器編年大綱である。

しかし、そうした従前の土器編年研究が指向していたところは、そもそも先史時代の調査研究に置かれていたわけであるから、古墳時代並行期以降の土器編年についてはほとんど触れられていない。すなわち奄美諸島の考古学研究で用いられている土器編年大綱とは、古墳時代並行期から室町時代並行期（琉球王国統治時代）にいたる約一〇〇〇年間をほとんど欠いているものであることに注意しなければならない。

今日、奄美諸島の発掘調査をめぐる諸般の事情は、日本全体の情勢とほとんど相違ない。鹿児島県教育委員会や奄美諸島一四市町村における埋蔵文化財保護体制の整備に伴い、行政主導の緊急発掘調査が中心になりはじめている。緩やかに学術発掘調査が実施されていた時代からするならば、発掘調査件数、発掘調査面積もずいぶん増えてきている。奄美諸島における発掘調査成果は、確実に積み重ねられているといえる。しかし、古墳時代並行期〜平安時代並行期の土器編年を欠いた状態における発掘調査成果の蓄積は、帰属年代が位置づけできないために保留せざるをえない年代不詳の考古資料を多数生み出しているわけでもある。

琉球王国統治時代の以前にさかのぼるならば、奄美諸島に残されている文字史料は皆無の段階となる。奄美諸島史を構築していくため、無文字段階における考古学の役割はきわめて重要である。ところが、当該段階以前における歴史叙述の実態は、脆弱としかいいようがない。そうした事実は、古墳時代並行期〜平安時代並行期の土器編年が整備されていない研究事情と深く関係している。古墳時代並行期〜平安時代並行期は、当該段階の考古資料が存在しているにもかかわらず、奄美諸島史における「空白の時代」と化している。(3)

奄美諸島で実施される発掘調査件数は、今後もいちじるしく増加に転じるとは考えられない。だからこそ、発掘調査が実施される希少機会を十分生かさなければならないし、古墳時代並行期〜室町時代並行期の土器編年研究を企図した実証的調査研究が確実なる方法の下で実践されなければならない。そうしなければ、奄美諸島史の構築作業は、さらなる遅滞の深みにはまりつづけていくにちがいない。

日本考古学においては、あらゆる考古資料が時代別・地域別に把握され、いわゆる「発見の時代」といわれる端緒的研究段階は、前期旧石器のような特殊事情による一部の課題を除けば、もはやほとんど認められない。しかし、奄美諸島の考古学研究は、日本考古学のそうした趨勢のなかにおいて、いまだ端緒的研究段階の途上に位置していて、「発見の時代」がつづいていると考えられるのである。奄美諸島における考古資料の実態は、発掘調査件数が増加しているとはいえ、資料の絶対数が不足している現実のなかではまだ氷山の一角がとらえられているにすぎない。そうした研究段階を認識するならば、奄美諸島をめぐる考古学研究の当面の行方は、まず土器編年研究に向かわなければならないと考えられる。

本書は、ヤコウガイ大量出土遺跡を入口として、そこから奄美諸島史の世界へ踏み込んでいこうとするものである。しかし、ヤコウガイ大量出土遺跡もまた年代不詳の霧中のなかに置かれている。必然的にその帰属年代の問題をまず解決していかなければならず、すでに述べてきた問題認識に加えて、筆者自身も土器編年研究に取り組まなければならない状況に直面してきた。そのため、本書ではもう一つの課題として、どうしても奄美諸島における古墳時代並行期～平安時代並行期の土器編年の用意を加えておかなければならないのである。

まず第一章から第三章で奄美諸島における土器編年を整理して、その年代理解に則しながら第四章から第六章でヤコウガイ大量出土遺跡やヤコウガイ交易について論じてみる。そして第七章で当時の奄美諸島社会の歴史的背景を考察して、最後に奄美諸島史の回復を目指して研究課題を網羅的にまとめてみたい。本書で、ヤコウガイにどれぐらい琉球弧の歴史を語らせることができるのか不安は尽きないが、ささやかな挑戦を試みたい。

注

（1）島尾敏雄と田中一村は、共に奄美大島における創作活動が著名であるが、鹿児島県が島尾敏雄の記念文学館ではなく、田中一村の記念美術館を建設した事例を上げておきたい。

（2）発見的考古学（歴史学）と考古学（歴史学）的発見は同義ではない。調査研究に従事していれば、考古学的（歴史学）発見に遭遇する機会は誰でも等しく与えられているわけであるが、発見的研究はある視点と方法を用意しているものにしか実行できない。

（3）白木原和美は、「暗黒時代」と表現している（白木原一九九二a）。

第一章　スセン當式土器の分類と編年

奄美諸島の「空白の時代」である古墳時代並行期～平安時代並行期の土器編年を解決していくため、まず「スセン當式土器」の検討を進めてみたい。

スセン當式土器については、新里貴之による出土土器の追加報告と検討作業が最近行われて、実態の一端が明らかにされている（新里二〇〇〇）。また筆者も、小湊フワガネク遺跡群の遺跡範囲確認発掘調査でスセン當式土器にかかわる新資料に遭遇したので、発掘調査報告書のなかで出土土器について若干の考察を述べている（名瀬市教育委員会二〇〇三）。

しかし、スセン當式土器の実態は依然として十分把握されているわけではなく、それにもかかわらず古墳時代前半段階の土器型式として琉球弧で使用されはじめた最近の傾向に若干の不安を感じている。当該土器を研究の俎上に載せた一人としてしかるべき検討を果たさなければならない責任を感じていたのであるが、この機会にスセン當式土器の検討にあらためて取り組み、小湊フワガネク遺跡群の遺跡範囲確認発掘調査報告書で果たせていない考察の一部まで述べて、筆者の責務の一端を果たそうとするものである。

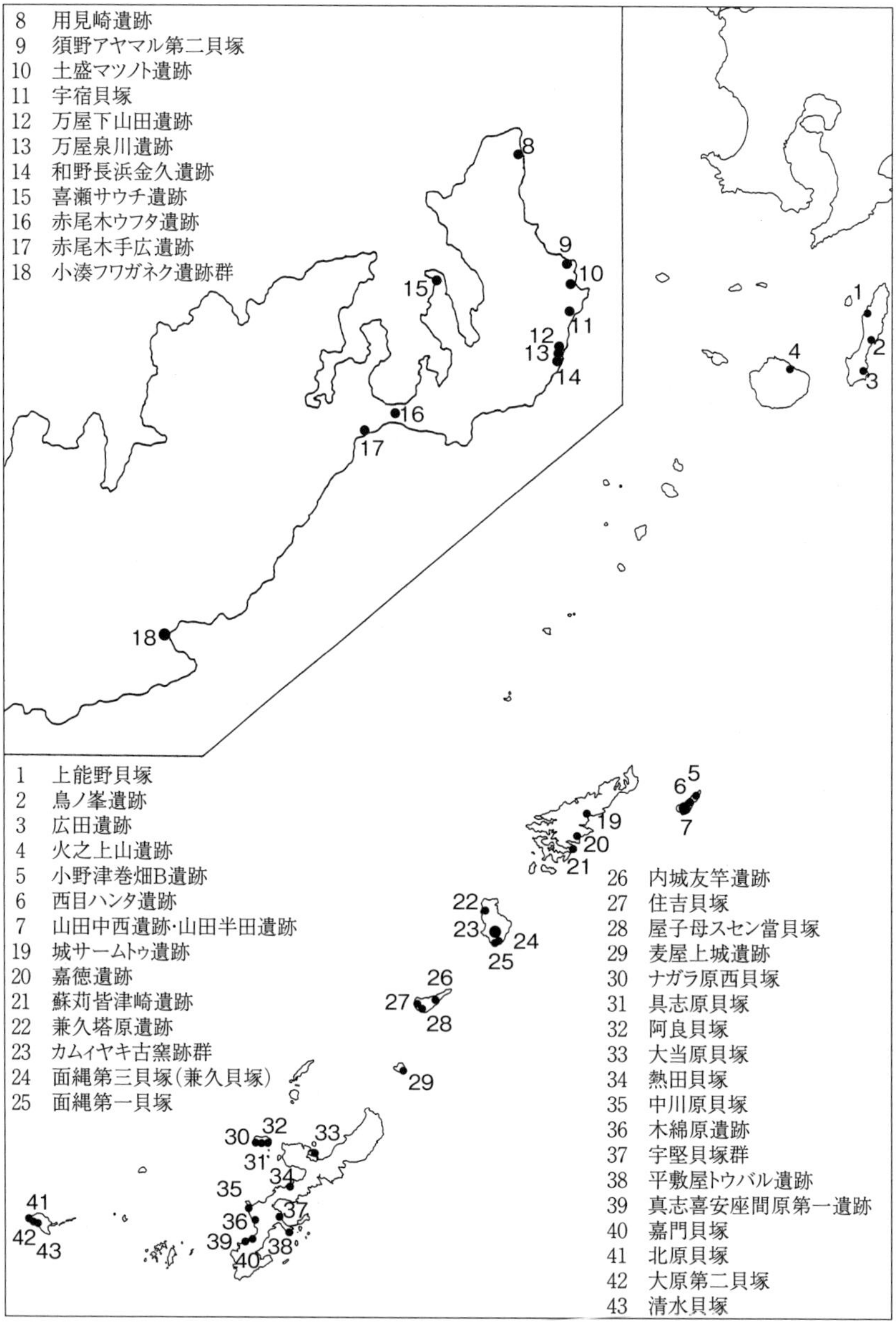

第２図　本書に登場する主要遺跡の分布

一　いわゆるスセン當式土器の様相

1　スセン當貝塚出土土器（第3図1〜49）

「スセン當式土器」は、奄美諸島の沖永良部島におけるスセン當貝塚出土土器にもとづいて型式設定されたものである。スセン當貝塚の発掘調査は、一九八二（昭和五十七）年に鹿児島大学法文学部考古学研究室により実施されている（上村・本田一九八四）。第五層から遺物が出土していて、特徴ある土器群が確認されたため、発掘調査を担当した上村俊雄・本田道輝は「従来奄美・沖縄では全く知られていない新形式の土器」と指摘して、「スセン當式土器」の型式名称を与えたのである（上村・本田一九八四）。

これらの土器群については、すでに新里貴之による検討が行われていて、上村敏雄・本田道輝が報告した一一点の土器に一二五点の土器が新たに追加報告されているので（新里二〇〇〇）、当該成果に拠りながらまず概観してみたい。

出土土器のなかに、弥生時代並行期に位置づけられるものは認められない。また兼久式土器に比定できるものも認められない。器種組成は、甕形土器を中心に若干の壺形土器が認められる。新里が皿形土器とした器種が判然としないものも認められる（第3図49）。甕形土器は、脚台を有する台付甕の器形が大半を占めているが、平底のものも認められる（第3図46）。器形がある程度確認できる破片からは、胴部上半部分で「く」字状に屈曲して口縁部が外反もしくは内傾しながら立ち上がるもの（第3図2・11・13・14・18・33）、口縁部が外反しないで外側に開きながら立ち上がるもの（第3図1・40）等の器形がうかがえる。壺形土器は、若干の破片からうかがうかぎりでは、小さい口縁部に長い胴部で丸底となる琉球弧特有のものではないかと思われる（第3図3・10・47・48）。

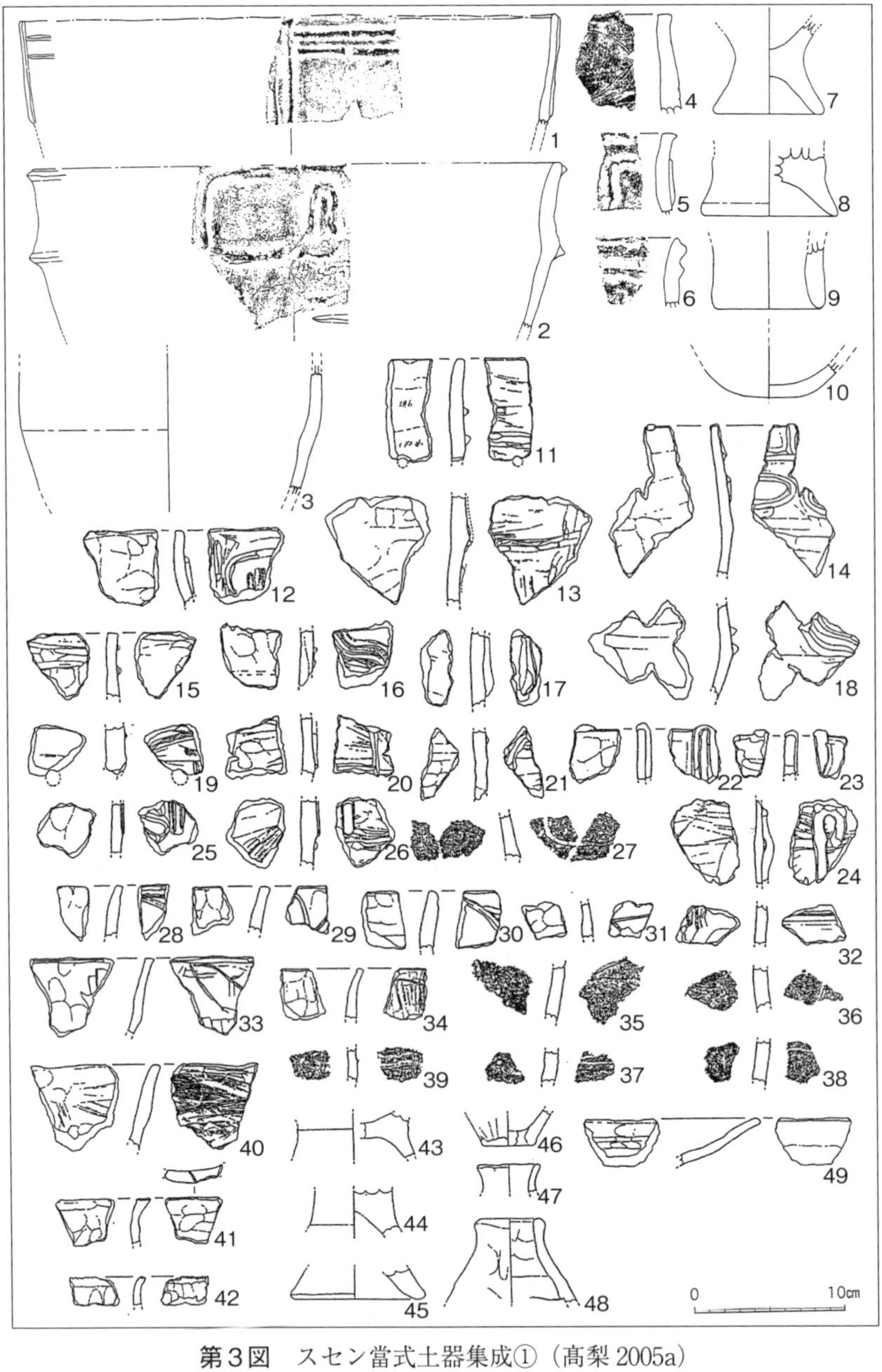

第３図　スセン當式土器集成①（高梨 2005a）

文様は、新里分類では以下の九群に分類されている。Ⅰ類が三角突帯およびミミズ腫れ状突帯。Ⅱ類が突帯文の突出部を押しつぶしたような幅広突帯。Ⅲ類が幅広突帯＋ミミズ腫れ状突帯、あるいは三角突帯。Ⅳ類が沈線文、幅広の工具で施文され総じて浅い。Ⅴ類が沈線文、Ⅳ類よりはやや幅が狭い。Ⅵ類が沈線文、極浅の沈線文、浅いものと深いものがある。Ⅶ類が刻目突帯文＋沈線文。Ⅷ類が無文（口縁部のみ）、ただし有文土器の無文部分の可能性もある。Ⅸ類が口唇部に刻目を施すもの、口唇部に沈線文を施すものを総称する。

これらを再分類してみる。まず特徴があるのは、隆帯文で構成される一群である（新里分類のⅠ類・Ⅱ類・Ⅲ類）。それから沈線文で構成される一群（新里分類のⅣ類・Ⅴ類・Ⅵ類）、そして沈線文＋隆帯文で構成される一群（新里分類のⅦ類）、さらに無文の一群（新里分類のⅧ類）に分類できる。隆帯文と沈線文が文様構成要素の中心であるが、とくに隆帯文が顕著に認められ、スセン當貝塚出土土器の特徴と見なされる。破片が小さいため、文様意匠はほとんど看取できない。やや大型の口縁部破片（第3図1・2）には、細い隆帯による縦横の区画文や曲線の意匠が認められる。文様の施文帯は、胴部上半の屈曲部分から口縁部にいたる部分にかぎられるようであり、口唇部に刻目を有するものも若干認められる。口縁部内面に施文されるものは認められない。

2　小湊フワガネク遺跡群出土土器（第4図1～27・第5図16・17）

二〇〇〇（平成十二）年から二〇〇二（平成十四）年まで小湊フワガネク遺跡群の北半部分を中心に遺跡範囲確認発掘調査が実施されている（名瀬市教育委員会二〇〇三）。二〇〇一（平成十三）年に行われた第六次調査で型式不詳の土器群が出土している（第4図1～27）。この型式不詳土器とされた調査区二四第Ⅴb層出土土器が、スセン當貝塚出土土器に相当すると考えられる一群である。出土土器のなかに、弥生時代並行期に位置づけられるものは認められない。また兼久式土器に比定できるものも認められない。

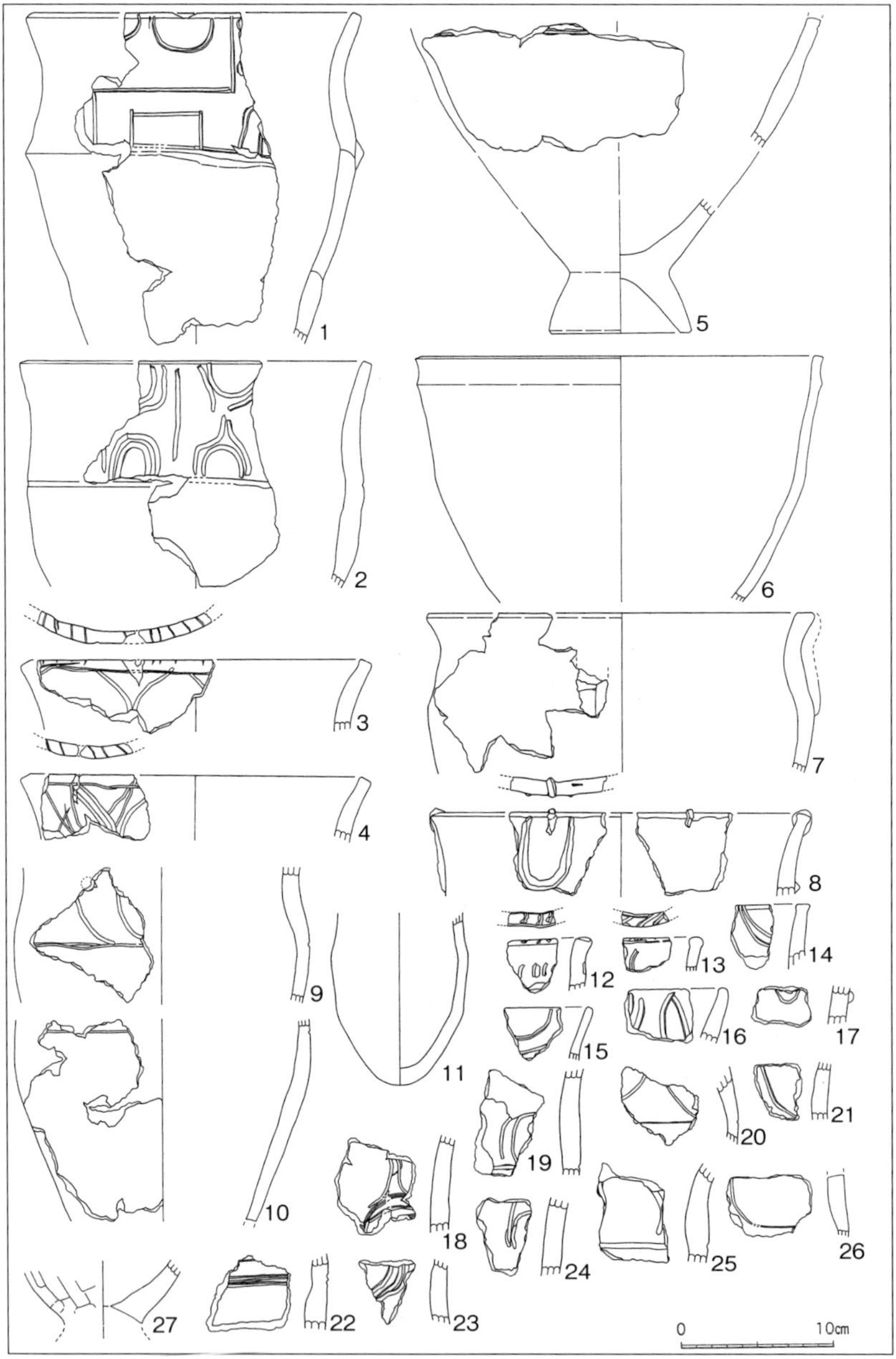

第４図　スセン當式土器集成②（高梨 2005a）

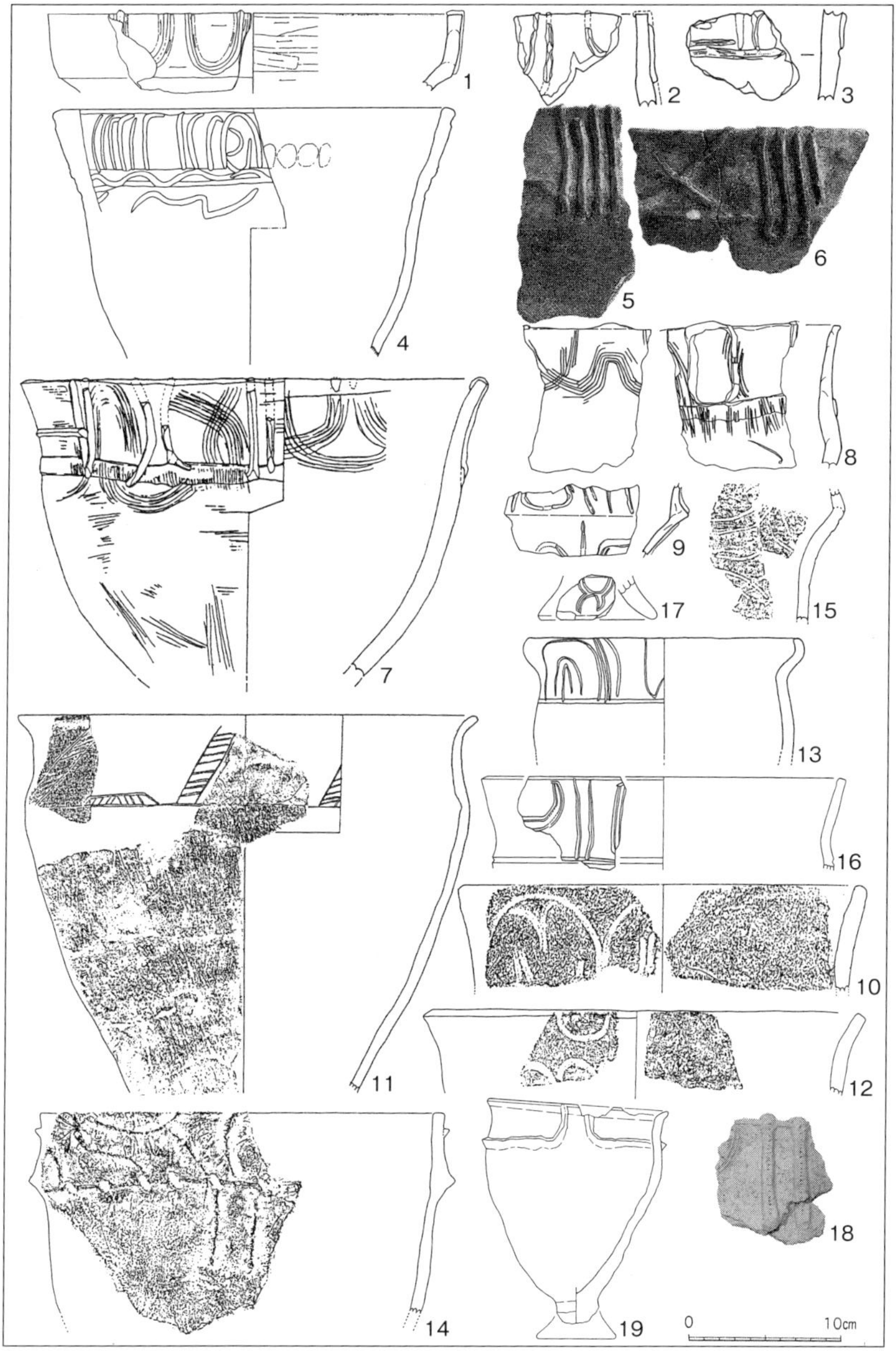

第５図　スセン當式土器集成③（高梨 2005a）

調査区二四は第I層~第VI層の層序が認められるが、第V層は部分的に二層に分層されているので（第Va層・第Vb層）、実際には七層が認められる。文化層は三層が確認されていて、第III層から類須恵器（カムィヤキ）、第Va層から兼久式土器、第Vb層から型式不詳土器が出土している。調査区二四における文化層の重畳は、遺物の出土状態が全点記録されているので、発掘調査報告書に所載されている遺物出土状態で確認できる（名瀬市教育委員会二〇〇三）。トレンチ中央部分から東側部分で第III層、第Va層、第Vb層における遺物の層位的出土が看取される。またトレンチ拡張区では、いっそう明確に遺物分布における層位的密集の様子が解る。非常にまとまりある出土遺物の垂直分布が認められ、レベルのばらつきはほとんど認められない。

器種組成は、甕形土器と壺形土器が認められるようであるが、壺形土器については丸底の小型土器（第4図11）が一点確認されているだけで判然としない。甕形土器は、二点の底部破片（第4図5・27）からうかがうならば、やはり脚台を有する台付甕の器形となるようである。器形が確認できるもの（第4図1・2・7・9・10・25）は、いずれも胴部上半部分で「く」字状に屈曲して口縁部が外反しながら開いて立ち上がる。その他の口縁部破片（第4図3・4・8・12・13・14・15・16）も、同様の器形を呈すると考えられる。一点だけ口縁部で小さく屈曲して区画帯を作出するものが認められる（第4図6）。

スセン當貝塚出土土器に比較するならば、大型破片に恵まれていて、文様意匠や文様構成まで理解できるものが含まれている。これらを分類してみる。まず沈線文だけで構成されている土器群が特徴的である（第4図1・2・3・4・5・9・10・12・13・14・15・16・18・19・20・21・22・23・24・25・26）。それから隆帯文で構成される一群も若干認められる（第4図7・8・17）。沈線文＋隆帯文で構成される一群は認められない。また無文のものも認められるが（第4図6）、隆帯文の一群に含めるべきかもしれない。そのほか刺突文も認められる（第4図12）。とくに沈線文が顕著に認められ、小湊フワガネク遺跡群出土土器の特徴と見なされる。文様意匠は、沈線文や隆帯文による半弧文の多用が顕著である（第4図1・2・8・14・15）。半弧文をうかがわせる曲線文の一部が認められる破片も多い（第4図9・18・19・20・21・23・24・25）。そのほか幾何学文（第4図1）、鋸歯文（第4図3・4）等で構成されている。文様の施文帯は、胴部上半の屈曲部分から口縁部にいたる部分にかぎられている。また口唇部に刻目を有するものも認められる（第4図3・4・12・13）。口縁部内面に施文されるものはほとんど認められないが、口縁部の内外面にまたがる状態で、隆帯文が口唇部に貼りつけられているものがある（第4図8）。

また一九九七（平成九）年に実施された遺跡確認発掘調査においても、調査区二四で確認された型式不詳土器に類似した土器群が調査区八から出土している（名瀬市教育委員会二〇〇三）。第5図16は、「く」の字状に屈曲する甕形土器の口縁部破片である。屈曲部分の直下に沈線文が回らされて施文帯が区画されている。そのなかに沈線文による縦位区画文・半弧文が施されている。第5図17は、甕形土器の脚台部破片である。沈線文による半弧文が施されている。これらの土器群のなかには、弥生時代終末から古墳時代初頭に位置づけられると考えられる外来土器（壺形土器）が若干含まれていて、その帰属年代の根拠として重要である。

3　類　例（第5図1〜19）

細片が多数を占めていたスセン當貝塚の出土土器に、小湊フワガネク遺跡群の出土土器を加えて考察することにより、当該段階の土器群は不鮮明ながらもその輪郭を結びはじめたといえる。深められた理解にもとづいて、不十分ながらも類例を渉猟して概観してみたい。

①先山遺跡出土土器（第5図1）

一九八五（昭和六十）年に「県営畑地帯総合整備事業」にかかわる埋蔵文化財確認発掘調査が、一三カ所のトレンチで実施されている（喜界町教育委員会一九八七）。第九トレンチ出土土器は、口縁部が外反しながら開いて先端で強く屈曲して垂直に立ち上がる独特の器形の甕形土器である。口縁部に細い隆帯による半弧文が連続して施文されている。当該トレンチ以外からは、いずれも兼久式土器が出土している。

②用見崎遺跡出土土器（第５図２・３）

「長島商事かごしま植物園笠利分園」が計画した開発事業を契機として、一九九二（平成四）年から合計四回の発掘調査が実施されている（笠利町教育委員会一九九五、熊本大学文学部考古学研究室一九九五・一九九六・一九九七）。一九九七（平成九）年に実施された発掘調査において、ⅩⅥ層から土器破片一九点が出土しているが、口縁部に細い隆帯による半弧文が施文されているもの、胴部に沈線文による区画文が施されているもの等が認められる。いずれも甕形土器の破片である。スセン當貝塚出土土器によく類似している。上層のⅥ層から兼久式土器が出土していて、文化層の重畳が確認されている。

③須野アヤマル第二貝塚出土土器（第５図４）

一九八三（昭和五十八）年に重要遺跡確認発掘調査が実施されて、一三カ所のトレンチが発掘調査されている（笠利町教育委員会一九八四）。第二トレンチ第六層出土土器のなかに沈線文が施された甕形土器が含まれている。当該土器は、沈線文による波状文が二段回らされていて、口縁部に鉤形の沈線文が縦位に連続して施されている。器形は、胴部から外側へ開きながら口縁部が立ち上がる。スセン當貝塚出土土器・小湊フワガネク遺跡群調査区二四出土土器のいずれにも認められない文様意匠であるが、小湊フワガネク遺跡群調査区八出土土器とは文様構成の相似が認められる。

出土土器については、Ⅰ類からⅦ類の七群に分類されているが、Ⅲ類からⅦ類までが弥生時代並行期以降の土器群に相当する。Ⅵ類に分類された甕形土器はさらにⅥａ類・Ⅵｂ類・Ⅵｃ類・Ⅵｄ類の四群に細分されていて、Ⅵａ類が弥生時代中期後半、Ⅵｂ類が弥生時代後期、Ⅵｃ類が古墳時代前期に比定されている。当該土器はⅥｄ

類に分類されていて、報告者の池畑耕一は「その器形・文様、および第二トレンチの層位関係からⅥ類ではもっとも新しいもので、器形は南九州本土の笹貫式土器、種子島の上能木野式土器に似ている」（鹿児島県教育委員会一九八四）と指摘する。上層の五層・四層・三層から兼久式土器が出土していて、文化層の重畳が確認されている。当該事実から、池畑耕一は兼久式土器についても言及していて、「当遺跡では弥生時代遺物を出土する第一・第二グリッド、第五・第六トレンチには全くみられず、第二トレンチではⅥｄ類の上の層から出土している。先に記したようにⅥｄ類を笹貫式土器並行期とすれば、その始まりは早くとも古墳時代後期であることを示していよう」（鹿児島県教育委員会一九八四）と述べている。

④土盛マツノト遺跡出土土器（第5図5・6）

砂採取事業を契機として、一九九一（平成三）年に緊急発掘調査が実施されている（笠利町教育委員会一九九二）。兼久式土器が第一文化層と第二文化層の二層に重畳して確認されている。その第二文化層出土土器のなかに細い隆帯文で幾何学文を表出した甕形土器が認められる。二点は同一個体と考えられる。器形は、胴部上半部分で「く」字状に屈曲して口縁部が外反しながら開いて立ち上がるものである。

⑤万屋泉川遺跡出土土器（第5図7・8・9・10）

第5図7は、笠利町歴史民俗資料館に保管されている採集資料である（中山一九八三）。残存状態が良好な甕形土器で、胴部から外側に開きながら立ち上がり口縁部は緩やかに外反する。口縁部に太い扁平な隆帯文が回らされて施文帯が区画される。そのなかに細い隆帯文で縦位区画文等が連続して施される。縦位に貼りつけられた隆帯文は、口唇部にまたがる状態で口縁部内面にも及んでいるものが認められる。また区画隆帯文の上下、そして口縁部内面には櫛歯状工具による多条沈線文で半弧文が表出されている。この多条沈線文は、区画隆帯文上にも縦位に連続して施されている。

第5図8・9は、一九九〇（平成二）年に鹿児島県教育委員会が奄美大島北部で実施した「奄美地区埋蔵文化財分布調査」で採集されたものである（鹿児島県教育委員会一九九一）。第5図8は、第5図7と同一個体と考えられるものである。第5図9は、口縁部を「く」字状に強く屈曲させた甕形土器の破片で、屈曲部分の上下に細い隆帯文による半弧文等が施されている。用見崎遺跡出土土器や後述する赤尾木ウギャウ遺跡出土土器に類似する。

第5図10は、新空港建設を契機として一九八五（昭和六十）年に実施された緊急発掘調査で出土したものである（鹿児島県教育委員会一九八六）。第三層から兼久式土器や土師器・須恵器等が出土しているが、当該土器はこれらのなかに含まれていた。ただし、第三層は海成堆積による二次堆積層と考えられるものである。沈線文による半弧文が連続して施された甕形土器の口縁部破片で、緩やかに外反しながら立ち上がる。

⑥和野長浜金久遺跡出土土器（第5図11・12）

新空港建設を契機として、一九八三（昭和五十八）年から一九八六（昭和六十一）年にかけて第Ⅰ遺跡～第Ⅴ遺跡まで五遺跡で緊急発掘調査が実施されている（鹿児島県教育委員会一九八五・一九八七ａ）。

第5図11は、第Ⅰ遺跡から出土したものである。第一九層から大量の兼久式土器が出土しているが、その下層の第二一層から当該土器が出土している。沈線文が施された甕形土器で、胴部上半部分で「く」の字状に屈曲して口縁部が外反しながら立ち上がる器形を呈する。胴部の屈曲部分に沈線文が回らされて施文帯が区画され、そのなかに梯子状の沈線文が施されている。報告者の弥栄久志は、「兼久式土器の前段階として、第二一層より出土した土器をあてた。この土器は沈線文土器で器形も異なっている」（鹿児島県教育委員会一九八五）と述べて、当該土器における文様・器形の特徴が兼久式土器と相違する事実を指摘している。スセン當貝塚出土土器・小湊フワガネク遺跡群出土土器のいずれにも認められない文様であるが、当該段階に並行すると考えられる大隅諸島の土器群には類似した文様構成が認められる。

第5図12は、第Ⅲ遺跡から出土したものである。第四層から弥生時代終末～古墳時代初頭に位置づけられる土器群が多数出土しているが、これらのなかに当該土器も含まれていた。沈線文による半弧文を施した甕形土器の口縁部破片で、緩やかに外反しながら立ち上がる。文様構成は、万屋泉川遺跡出土土器（第5図10）、小湊フワガネク遺跡群調査区八出土土器（第5図16）等に類似している。

⑦喜瀬サウチ遺跡出土土器（第5図13）

砂採取事業を契機として、一九七七（昭和五十二）年に緊急発掘調査が実施されている（笠利町教育委員会一九七八）。北地区第五層から沈線文が施された甕形土器が出土している。北地区第五層出土土器は、弥生時代並行期の土器群が主体を占めているが、当該土器の器形は弥生模倣土器のものではなく、口縁部で外側に強く屈曲して開いた後に先端でふたたび内側に屈曲しながら立ち上がる独特の器形を呈している。そうした器形は先山遺跡出土土器や後述する赤尾木手広遺跡出土土器に類似していて、また縦位区画文と半弧文の文様構成は用見崎遺跡出土土器・須野アヤマル第二貝塚出土土器・万屋泉川遺跡出土土器・小湊フワガネク遺跡群調査区八出土土器に類似が認められる。上層の第三層から兼久式土器が出土していて、文化層の重畳が確認されている。

⑧赤尾木ウギャウ遺跡出土土器（第5図14）

一九八七（昭和六十二）年に龍郷町教育委員会が大型開発事業の計画区域で文化財詳細分布調査を実施して複数の遺跡を確認、出土遺物が採集されている（龍郷町教育委員会一九八八）。当該遺跡から採集された土器大型破片は、口縁部を「く」字状に屈曲させた甕形土器で、屈曲部分に刻目が施された隆帯文を回らせて施文帯を区画している。区画隆帯文の上下に細い隆帯文による不規則な意匠の曲線文が施される。刻目が施された区画隆帯文は、兼久式土器の刻目隆帯文に類似している。報告者の里山勇廣は、「本種土器と形式的特徴を一にする標品の出土遺跡は管見の範囲にないが、今のところ新知見のものであろう」、「肥厚帯頂部に刻目することや器形から類推するなら兼久式土器に近縁であり、その展開期をはさむ前後いずれかに登場するものであろう」（龍郷町教育委員会一九八八）と位置づけている。また「兼久式土器の影響を受けたといういわゆるスセン當式土器が凸帯文に刻目をもたないことからすれば、本種は少なくともこれより古式になる」（龍郷町教育委員会一九八八）と指摘していて、里山がスセン當貝塚出土土器を視野に入れながら思量していた様子もうかがわれる。

⑨赤尾木手広遺跡出土土器（第5図15）

砂採取事業を契機として、一九七七（昭和五十二）年に緊急発掘調査が実施されている（龍郷町教育委員会一九八四）。確認された第一層〜第一八層の砂層に六層の文化層が確認されている。第一文化層の出土土器は八群に分類されている。これらの土器群は兼久式土器段階が中心になると考えられ、Ⅲ類として分類された沈線文土器の一群に当該土器が含まれている。当該土器は甕形土器であるが、器形は兼久式土器のものではなく、胴部上半で外反しながら開いた後に内側に屈曲して口縁部が立ち上がる独特の器形を呈している。沈線文による曲線文が前面に施されている。こうした特徴的器形については、先山遺跡出土土器や喜瀬サウチ遺跡出土土器に類似している。

⑩小宿大浜遺跡出土土器（第5図18）

名瀬市が進めていた「大浜海浜公園」の整備事業区域から、一九七七（昭和五十二）年に奄美考古学会の里山勇廣が遺跡を確認、出土遺物が採集されている。これらの採集遺物は、里山勇廣から名瀬市立奄美博物館に寄贈されている。これらの土器群のなかには、弥生時代終末から古墳時代初頭に位置づけられると考えられる外来土器（壺形土器）が若干含まれている。採集資料で土器群の共伴関係が不明であるため、ただちに帰属年代の根拠となるものではないが参考にしておきたい。当該土器は甕形土器の口縁部破片で、胴部上半部分で「く」字状に屈曲して口縁部が外反しながら開いて立ち上がるものである。櫛歯状工具による多重沈線文で半弧文が施されている。また太い隆帯文が縦位に貼りつけられていて、口唇部にまたがる状態で口縁部内面にも及んでいる。この隆帯文上に、櫛歯状工具による刺突文が連続して施されて、列点文が表出されている。万屋泉川遺跡出土土器（第5図8・9）に酷似している。

⑪与路集落遺跡（仮称）出土土器（第5図19）

名瀬市立奄美博物館に保管されている採集資料である。ほぼ完形の甕形土器で、口縁部は外反しながら端部が外側に強く屈曲して逆L字状を呈する。胴部は外側に開きながら立ち上がり、上半部分で緩やかに膨らんで口縁部にいたる。口縁部に隆帯文が回らされて、口唇部に連結させて縦位の区画文を表出している。当該土器はこれまで尖底土器として理解されてきたが、あらためて底部を観察してみるならば、突出している尖底部分の先端だけ器面がいちじるしく剥落していて、使用による摩滅とは考えられない。本来、脚台を備えていた可能性があるのではないかと考えられる。

そのほか沖縄諸島からも、平敷屋トウバル遺跡・大当原貝塚等で類例の出土が指摘されている（安座間二〇〇三、新里二〇〇四）。これらは、いずれも隆帯文が中心に文様構成されているもので、与路集落遺跡出土土器と類似している。

4　特　徴

スセン當式土器の特徴について、まず型式設定した上村俊雄・本田道輝は、「口縁部はやや外反し、口縁部に横位または縦位に、三角あるいは平べったい凸帯をはりつけた土器で、奄美地方の兼久式土器の突帯文の影響を受けている。底部はあげ底で本土の成川式土器の影響を受けている。器形は甕または鉢形土器と推定される」（上村・本田一九八四）と述べている。

さらに一九八二（昭和五十七）年のスセン當貝塚発掘調査における出土土器を追加報告した新里貴之は、前述の特徴に①〜⑨の特徴を追加している（新里二〇〇〇）。新里が追加した特徴のなかで、「①甕形土器を主体に、若干の壺形、皿形が様式に加わる可能性があること」、「②口縁部と胴部の境目に段を形成し、口縁部帯を強調すること」、「③施文は、口縁部帯や胴部上半まで施文され、口縁部内面には及ばないこと」、「⑦無文土器も存在する可能性のあること」が重要であると考えられる。本章でいわゆるスセン當式土器に関係すると考えられる土器群について類例を渉猟してきたが、すでに指摘されているこれらの特徴を踏まえながら、その特徴を総括してみたい。

まず当該土器群の分布地域であるが、現段階では奄美諸島に分布の中心があるのではないかという程度しか言及できない。沖縄諸島からもさらに若干の類例が追加されてくるかもしれない。今後、資料の追加、蓄積を得た段階で、あらためて確認してみたい。

次に器種組成であるが、甕形土器が圧倒的多数を占めていて、若干の壺形土器が加わる構成が基本となると考えられる。甕形土器の器形にも特徴が認められる。底部に脚台部を備えたいわゆる台付甕と称される器形が盛行する。平底の底部形態も認められるようであるが、判然としない。台付甕形土器は兼久式土器の段階にはほとんど認められず、また弥生時代並行期にも決して顕著ではないので、当該段階の特徴として理解できそうである。この脚台部の形態は一様ではなく、とくに中空部分の高低には相違が認められるので、今後、脚台部を集成して検討する必要もある。また胴部上半部分で「く」の字状に屈曲して外反しながら口縁部にいたる甕形土器の器形は、兼久式土器とは相違する印象が強いが、その屈曲を緩やかにして考えてみるならば、兼久式土器の器形とも共通する様子が見出せると考えている。その甕形土器の器形は、①胴部上半で「く」の字状に屈曲して外反しながら口縁部が立ち上がるもの、②胴部上半で緩やかに屈曲して外反しながら口縁部が立ち上がるもの、③胴部上半で屈曲しないで外側に開きながら口縁部がそのまま立ち上がるものの三類に分類できる。それから口径が胴部最大径を上回るもの、口径よりも胴部最大径が上回るものの二類にも分類できる。これらの属性の組み合わせから、器形は六類に分類でき

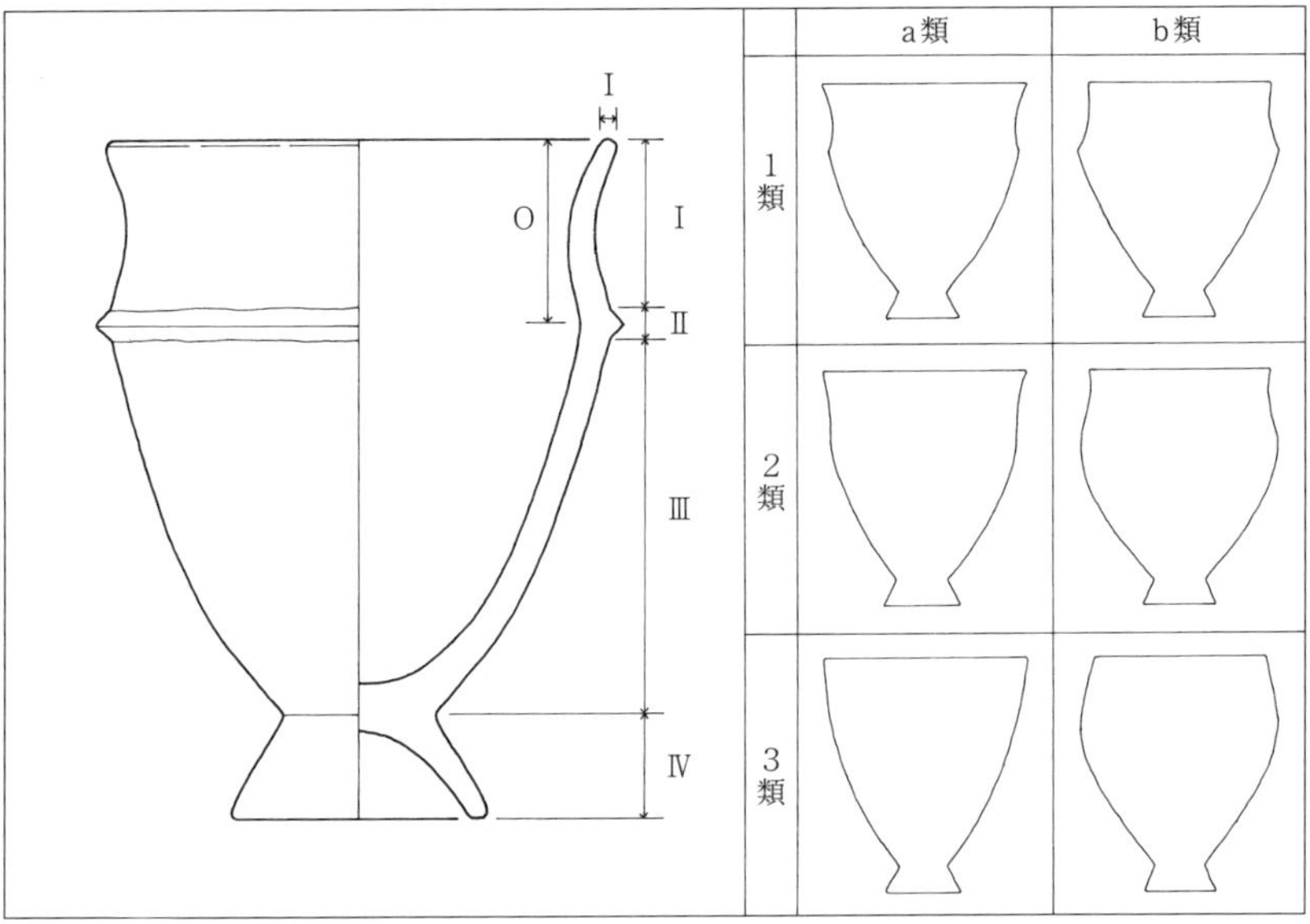

第６図　スセン當式土器の器形分類・施文帯分類

る（第６図）。

それから文様であるが、隆帯文と沈線文で構成されている。隆帯文か沈線文のいずれかで施文されている事例がほとんどで、双方を併用して施文している事例はわずかである。無文土器も存在するが、文様装飾を施すものが多数を占めるようである。施文されている文様の意匠は、半弧文、規矩文、鋸歯文等の幾何学的文様が特徴的で、とくに半弧文の意匠が顕著に認められる。また隆帯文を胴部上半部分に回らせて施文部分を区画するものも（区画隆帯文と呼称しておく）、若干ではあるが認められる。当初、筆者はスセン當貝塚出土土器をはじめとする隆帯文の土器群に当該段階の土器群の特徴を見出してきたのであるが、小湊フワガネク遺跡群出土土器を確認した以後、あらためて類例を集成してみるならば、型式不詳の沈線文の土器群が思いのほか多数存在する事実が確認された。スセン當貝塚出土土器では隆帯文土器が、小湊フワガネク遺跡群出土土器では沈線文土器が盛行する様相の相違も認められた。

そして文様の施文部分は、新里も指摘しているように胴部上半の器形屈曲部分で施文帯の区画が意識されているのはまちがいない。ほとんどはその器形屈曲部分の上部に文様施文されているのであるが、口縁部内面や口唇部に施文されているものも若干認められる。文様施文部分を確認してみるならば、口縁部内面・口唇部・口縁部・隆帯・胴部・底部の六カ所となる。これらの施文部分について、便宜的に0施文帯（口縁部内面）、Ⅰ施文帯（口唇部）、Ⅱ施文帯（口縁部）、Ⅲ施文帯（隆帯）、Ⅳ施文帯（胴部）、Ⅴ施文帯（底部）と呼称、区分しておきたい（第6図）。施文帯については、次章で検討する。

二　帰属年代をめぐる検討

1　層位的重畳をめぐる検討

管見の及んだ類例について、兼久式土器出土層の下層から対象の土器群が出土している事例が五遺跡認められる。あらためてこれらの事例を確認して、まず土器群の先後関係を検討してみたい。五遺跡は、用見崎遺跡、須野アヤマル第二貝塚第二トレンチ、和野長浜金久遺跡、喜瀬サウチ遺跡、小湊フワガネク遺跡群調査区二四である。各遺跡における層位的重畳の様子については、前章で述べてあるので省略する。

これら五遺跡のなかで、須野アヤマル第二貝塚第二トレンチと喜瀬サウチ遺跡出土土器には対象の土器群以外の土器も含まれていた。それらの土器群は、いずれも弥生時代終末～古墳時代初頭ごろにおおよそ位置づけられると考えられるもので、そうした共伴遺物については次節で検討するが、当該土器群の生成にかかわる始原段階を示唆している可能性がある。当該土器群のみが認められた用見崎遺跡、和野長浜金久遺跡、小湊フワガネク遺跡群調査区二四については、とくに小湊フワガネク遺跡群調査区二四がある程度の資料数がまとめて獲得された好資料で、①兼久式土器と相違する土器群が先行する段階に認められる、②それらの土器群は弥生時代並行期の土器群とも相違しているという事実が確認されるのであり、きわめて重要である。

層位的重畳が認められたこれらの事例から、兼久式土器が弥生時代並行期に後続する土器群であると理解した上村敏雄・中村直子や大西智和の見解（上村・中村一九九六、大西一九九七）はすでに成立しないことが明らかである。兼久式土器段階の前段階にいわゆるスセン當式土器の段階が措定されなければならない。現段階における兼久式土器の年代理解（髙梨一九九九b等）から、これに先行する当該段階は古墳時代におおよそ位置づけられると考えられる。

2　器形・文様をめぐる検討

新里貴之は、スセン當貝塚出土土器の追加報告のなかで類例を集成して、口縁部形態・施文部位・文様等の検討から型式学的変遷を考察している（新里二〇〇〇）。A類（口縁部が緩やかに外反、あるいは屈曲し、施文部位は、口縁部内外面、一部は胴部にも及ぶもの）、B類（胴部が開き気味に外傾し、口縁部と胴部との境目を、削り・刷毛目・ナデ・突帯などによって段を作りだし、緩やかにくの字状に屈曲する口縁部で、施文部位は、口縁部外面、胴部である）、C類（口縁部に段がなく、緩やかな外反口縁を呈し、基本的には口縁部外面に施文するもの）の三群に分類して、前後の段階における土器群の比較検討からA類→B類→C類→兼久式土器の変遷が想定されている。B類がスセン當貝塚出土土器の中心となるもので、「スセン當式土器」と称されている土器群の中核を成すものと理解されている。

以上の新里の見解をふまえながら、筆者は類例における外来土器の共伴の有無を主たる手がかりとして、器形・文様等における新古の要素を検討してみたい。類例における外来土器の共伴については、弥生時代終末～古墳時代初頭ごろの土器群と考えられるものが数例認められる。これらの土器群の帰属年代についても精察がなお必要であるが、大過はないと思われるのでひとまず据え置くことにする。それからそれ以後の土器群、すなわち古墳時代における外来土器はほとんど認められない。

まず弥生時代終末~古墳時代初頭の土器群を共伴する類例は、須野アヤマル第二貝塚、和野長浜金久遺跡第Ⅲ遺跡、喜瀬サウチ遺跡、小湊フワガネク遺跡群調査区八、小宿大浜遺跡である。これらの土器群に共通して認められる要素は、小湊フワガネク遺跡群調査区八出土土器に認められるような縦位区画文と半弧文の文様構成である。当該文様構成は、喜瀬サウチ遺跡、小宿大浜遺跡の出土土器にも認められるし、ほかの類例でも用見崎遺跡、万屋泉川遺跡等の出土土器に同様の意匠が認められる。これらの土器群は、喜瀬サウチ遺跡出土土器以外は器形も類似しているし、施文帯も口縁部のⅡ施文帯を中心とするもので共通している。そうした器形とⅡ施文帯の要素にさらに限定して考えてみるならば、スセン當貝塚、土盛マツノト遺跡、和野長浜金久第Ⅰ遺跡、赤尾木ウギャウ遺跡、与路集落遺跡の出土土器も共通した範疇に含められそうである。ただし、土盛マツノト遺跡、和野長浜金久第Ⅰ遺跡の出土土器は、幾何学文の文様構成が認められてほかの土器群と相違している。これらの事例は、弥生時代終末~古墳時代初頭の土器群を共伴しないものであり、幾何学文は新手の要素と見なせるのかもしれない。

弥生時代終末~古墳時代初頭の土器群には口縁部の内外面（0施文帯・Ⅱ施文帯）に波状沈線文の施文が盛行するが、波状沈線文が口縁に接触して描かれて分断された状態がおそらく半弧文の意匠の原型となるものであろう。あるいは九州地方の弥生時代終末~古墳時代初頭における重弧文土器の影響も認められるのかもしれない。そのような理解に拠るならば、スセン當貝塚出土土器における多条隆帯文の系譜も、たとえば和野長浜金久第Ⅳ遺跡から出土している弥生模倣土器のように、九州地方の弥生時代中期後半以降に盛行する多条突帯文土器の影響で生成された多条隆帯文による口縁部の縦位区画や胴部の横位区画が施された在地の土器群に系譜が求められるのではないか。与路集落遺跡出土土器の口縁部が逆L字状に強く屈曲しているのも、そうした弥生模倣土器の特徴に系譜が求められるものと理解しておきたい。以上の理解から、弥生時代終末～古墳時代初頭の土器群を共伴する類例は、スセン當式土器の生成段階のものであると考えられそうである。

それから弥生時代終末～古墳時代初頭の土器群を共伴しない類例は、用見崎遺跡、土盛マツノト遺跡、和野長浜金久遺跡第Ⅰ遺跡、赤尾木手広遺跡、小湊フワガネク遺跡群調査区二四、スセン當貝塚である。これらの土器群に共通して認められる要素は容易には見出し難いが、赤尾木手広遺跡出土土器は施文部分がⅣ施文帯まで及んでいて、土盛マツノト遺跡出土土器や小湊フワガネク遺跡群調査区二四出土土器も施文部分のⅡ施文帯が胴部まで拡大している様子が注意される。こうした施文帯の拡大は、弥生時代終末～古墳時代初頭の土器群を共伴する一群には認められないからである。それから土盛マツノト遺跡、和野長浜金久第Ⅰ遺跡、小湊フワガネク遺跡群調査区二四の出土土器に認められる幾何学文も、弥生時代終末～古墳時代初頭の土器群を共伴する一群には見出せないものである。こうした施文帯の拡大や幾何学文の出現等の特徴からこれらの類例を再分類してみるならば、スセン當貝塚出土土器はⅡ施文帯を中心とする特徴が明らかであり、弥生時代終末～古墳時代初頭の土器群を共伴する土器群と共通している様子が看取できる。

以上の特徴を思量してみるならば、土盛マツノト遺跡、小湊フワガネク遺跡群の発掘調査であらためて確認された兼久式土器に含まれている沈線文土器の一群が注目されてくる。小湊フワガネク遺跡群第一次調査（調査区一一）・第二次調査（調査区三・調査区一二）の出土土器における沈線文土器の一群は、とくに第二次調査出土土器に多数含まれているが、まず文様構成は総じて複雑で、半弧文・幾何学文の意匠も用いられていて、小湊フワガネク遺跡群調査区二四出土土器等と共通した様相が認められる。ただし、幾何学文に比較して、半弧文が施されているものは僅少である。それから施文帯は幅狭のⅡ施文帯のものも若干認められるが、幅広のⅡ施文帯が大多数を占めていて、Ⅳ施文帯（胴部）まで及んでいるものが認められる。そうした施文帯の構成も小湊フワガネク遺跡群調査区二四出土土器等とよく共通している。これらの共通する様相から、スセン當式土器と兼久式土器の関係は決して断絶するものではないことが解る。

それから当該段階の土器群は、大隅諸島における「上能野式土器」や「火之上山式土器」等の古墳時代の土器群に類似している。これらの土器群には、台付甕形土器が盛行する、幾何学文が多用される、器種組成に壺形土器がほとんど認められない等の特徴が共通して認められる。大隅諸島の土器群については、中園聡が1型式～4型式の四段階に編年している（中園一九八八）。当該研究成果によれば、「1型式」が弥生時代後期、「2型式」が弥生時代終末、「3型式」が古墳時代前半、「4型式」が古墳時代後半におおよそ位置づけられていて、「4型式」の下限年代については、土師器・須恵器と共伴する事例が認められないことから、七世紀を下らない範囲にあると指摘している。中園による大隅諸島の土器編年からも、やはり施文帯が口縁部から胴部上半部分に拡大してくる傾向が看取される。和野長浜金久第Ⅰ遺跡出土土器は、この「4型式」の段階に相当するものであると考えられる。中園による大隅諸島の土器群の年代理解は、スセン當式土器の帰属年代の参考になるものである。また「3型式」・「4型式」ごろから鉄器が認められるようになると指摘されているが、小湊フワガネク遺跡群調査区二四の出土土器も鉄器二点が共伴しており、奄美諸島における鉄器文化の開始年代はさらにさかのぼる事実が明らかになりつつある。

当該段階における外来土器は、前述したように前後の時期に比較するならば、いちじるしく減少する傾向を指摘できる。筆者は大隅諸島から搬入されたと考えられる土器群を奄美諸島でまだ確認していないが、九州系の外来土器の出土数が減少してくる一方、大隅諸島の土器群に類似してくる土器様相は、当該段階における交流の様態を反映していると考えられる。(1)

3 小結

当該土器群については、出土層位の前後関係が確認されていて、兼久式土器の前段階に措定できることはまちがいない。その実年代は、現段階では決定的根拠に欠けているといわざるを得ないが、兼久式土器に先行する事実はまちがいないので、七世紀段階よりも以前に位置づけられると考えられる。当該土器群と並行関係にあると考えられる大隅諸島の土器群は、中園聡の研究成果を参考にするならば四～六世紀ごろの帰属年代が与えられる。大隅諸島の土器群と当該土器群における類似関係から、スセン當式土器についても、おおよそ四～六世紀ごろの帰属年代が考えられそうである。筆者は、当該土器群の帰属年代に関して、四～五世紀（古墳時代前半段階）に位置づける見解を述べてきたが、その下限時期は六世紀まで下げられる可能性が高い。(2)

また弥生時代終末～古墳時代初頭に位置づけられる土器群の共伴の有無から対象の土器群を大別して、その様相の特徴を検討してみた。その結果、施文帯Ⅱについて、弥生時代終末～古墳時代初頭の土器群を共伴する一群では幅狭に、共伴しない一群では幅広になる傾向が認められた。また文様装飾が前者では単純であるのに対して、後者では複雑になり幾何学文の意匠が用いられていた。この後者の特徴は小湊フワガネク遺跡群第二次調査出土土器（兼久式土器の古段階と考えられる土器群）の特徴とも共通している。これまで検討してきた諸特徴から、前者と後者におけるこれらの相違は帰属年代の新古に置き換えられると考えられる。すなわち前者が古段階に、後者が新段階に位置づけられる。スセン當式土器と称される一群は、スセン當貝塚出土土器を古段階、小湊フワガネク遺跡群調査区二四出土土器を新段階に、前後の段階に大別できるのである。

以上から、文様装飾は施文帯の拡大を含めて単純から複雑に変化する方向性が看取できる。また新段階の土器群は、幾何学文を指標にできると考えられる。そうした特徴は、小湊フワガネク遺跡群第二次調査出土土器にも認められるものであり、連続する文様変化が看取できると思われる。そうした傾向にもとづいて、前節で集成した類例を大別してみるならば、まず古段階にはスセン當貝塚・先山遺跡・用見崎遺跡・万屋泉川遺跡・和野長浜金久第Ⅲ遺跡・小宿大浜遺跡・与路集落遺跡（仮称）が、そして新段階には小湊フワガネク遺跡群調査区二四・須野アヤマル第二貝塚・土盛マツノト遺跡・和野長浜金久第Ⅰ遺跡・喜瀬サウチ遺跡・赤尾木ウギャウ遺跡・赤尾木手広遺跡が位置づけられると考えられる。

三　結　語

そもそも「スセン當式土器」は、発掘調査で出土した土器群が「従来奄美・沖縄では全く知られていない新型式の土器」であると事実認識されたため、「現地検討集会に参加した共同研究者、河口貞徳・小田富士雄・知念勇・本田道輝・高宮広衛・上村俊雄の六名が、発掘現場の出土状況（遺物包含層は単純層）および遺物を検討した結果、発見地名をとって「スセン當式」と命名し、南島の土器編年体系の中に一型式として設定することに合意した」（上村・本田一九八四）ものである。新たなる土器群の確認という事実認識から、型式設定に際した土器群の把握作業よりも、琉球弧の土器編年研究における段階設定の意味をまず優先させたものであると考えられる。そうした意味において、「スセン當式土器」は暫定的性格が強い土器型式であるといえる。新里貴之の追加報告（新里二〇〇〇）により、一九八二（昭和五十七）年の発掘調査資料の詳細については明らかにされて、その後のまとまりある当該段階の資料として小湊フワガネク遺跡群調査区二四出土土器が獲得されているが、それでも土器群の様相は十分把握できたとはいい難いものがある。ただし、これまでの検討でも当該土器群が一段階を構成している事実は明らかにされているのであり、その点においては新型式の理解はまちがいではない。

遺跡は「実態」であり、その「実態」に立脚した遺跡出土土器の総合的理解が必要である。同一文化層から出土した複数の特徴が並存している土器群に対しては、時間幅を有している土器群であるとか砂丘遺跡の不安定な層位による混在した土器群である等の遺跡形成論に収束させた解釈がしばしば行われてきた。しかし、分類した土器群の分布状態や個体別の接合関係等の出土状態の検討から確認できる土器群のまとまり（一括性）が抽出されているのであれば、そうした土器群の様相を「実態」として理解していかなければならない。だから「第Ⅴ層形成時に、ほとんどの甕形類型、壺形、鉢形などを含むような埋没状況」（新里二〇〇〇）が認められるスセン當貝塚出土土器は、そうした様相が「実態」なのであると考えられる。

型式学的研究は発掘調査の段階から開始されているのであり、出土遺物の詳細記録にもとづいた出土状態の検討からまとまりある土器群の抽出ができなければ、「型式」の設定は困難となるのである。まとまりある一群の資料（標本資料）にもとづいて類例の吟味や型式の設定が行われるべきである。当該段階の土器群は依然として資料的制約の影響下にあるため、土器群に見出された多様なる構成要素の関係を検証する作業は、出土状態からも資料観察からも難しい。当該段階の土器群における型式設定の課題は、この一点にあると考えられる。さらなるまとまりある土器群が得られた段階であらためて精察されなければならない。

以上、いわゆるスセン當式土器について検討を重ねてきたが、兼久式土器の前段階に措定できることがあらためて確認できた。その帰属年代は、おおよそ古墳時代に並行する時期に位置づけられると理解して大過ない。これにより、奄美諸島における弥生時代～平安時代並行期における土器編年は、弥生時代並行期の土器群→スセン當式土器→兼久式土器の三段階の変遷が確認されたわけである。さらにスセン當式土器は、半弧文を用いた単純な文様構成から幾何学文を用いた複雑な文様構成に施文帯を拡大しながら変化して、兼久式土器に移行する様子も確認できた。今後の細分編年研究に向けた見通しの一端が得られたのではないかと思われる。今後、帰属年代のさらなる絞り込みが必要であるが、連動した様相を示すと考えられる大隅諸島の土器群の様相を把握して、交差編年を確立していくことが重要である。

注

（1）新里貴之は、古墳時代並行期の琉球弧には九州地方の外来土器の搬入がほとんど認められなくなるが、貝文化の交渉が断絶したわけではなく、大隅諸島～奄美諸島における在地甕形土器の器形や文様には類似が認められると指摘している（新里二〇〇〇）。筆者も、古墳時代並行期における奄美諸島の在地土器は大隅諸島の在地土器の影響を受けたものであり、両地域の緊密な交流を指摘したことがある（髙梨二〇〇三）。

（2）筆者は、これまでスセン當式土器の帰属年代を古墳時代前半に比定してきた（髙梨一九九九・二〇〇四）。

第二章　兼久式土器の分類と編年

スセン當式土器の検討に続いて、さらに奄美諸島の「空白の時代」である古墳時代並行期～平安時代並行期の土器編年を解決していくため、兼久式土器の検討に進みたい。

小湊フワガネク遺跡群の平成九年度緊急発掘調査では、第一次調査から七二二点、第二次調査から六九〇六点の合計七六二八点を数える土器が出土した。これらの出土土器は、いわゆる「兼久式土器」と呼ばれている奄美諸島の在地土器に相当するものである。兼久式土器は、帰属年代が弥生時代後期から平安時代に位置づけられていて、型式細分もほとんど進められていないため、実際の年代尺度としてほとんど機能していない。兼久式土器の編年研究は、奄美諸島の考古学研究における喫緊の課題のひとつである。

そうした研究状態に置かれているため、小湊フワガネク遺跡群出土土器は待望の出土資料と考えられるのである。本章では、小湊フワガネク遺跡群の平成九年度緊急発掘調査における出土土器の理解を手がかりとして、第一に小湊フワガネク遺跡群出土土器における文様・器形の分類を実施して様相を確認してみたい。第二に他遺跡から出土した兼久式土器の検討を行い、小湊フワガネク遺跡群出土土器と共通点・相違点を確認してみたい。さらに第三に外来土器等の共伴遺物や層位的重畳が認められる事例の検討を行い、土器群の帰属年代や前後関係を考察してみたい。

以上の作業を進めていくなかで、兼久式土器の編年についても論及できる部分があると考えられるので、最後に兼久式土器編年の試案を述べてみたい。

一　小湊フワガネク遺跡群出土土器の様相

図化できた土器は、第一次調査出土土器七二二点から四六点、第二次調査出土土器六九〇六点から二八〇点である。合計三二六点の図化資料数は、これまでに報告されている兼久式土器の図化資料としては最多となるものであり、兼久式土器の実態を確認するための重要資料になると考えられる。

底部の図化資料九三点（第一次調査一一点・第二次調査八二点）は、残存状態が良好なものを中心に実測対象資料を選定しているが、口縁部～胴部の図化資料二三三点（第一次調査三五点・第二次調査一九八点）は器形復元実測が可能と考えられる資料はほとんど実測対象として選定している。恣意的な資料選択ではないので、土器群の実態がある程度反映されている資料として理解できる。これら口縁部～胴部の図化資料二三三点を中心に、小湊フワガネク遺跡群出土土器の様相を把握していきたい。

1　器種・容量

小湊フワガネク遺跡群出土土器における器種は、甕形土器と壺形土器の二器種のみが認められ、基本となる器種構成と考えられる。坏形土器等の供膳形態は認められない。

第一次調査出土土器・第二次調査出土土器の器種構成における甕形土器と壺形土器の比率を確認してみる。第一次調査出土土器は、甕形土器三三点・壺形土器二点であるから、比率は甕形土器九四％・壺形土器六％である。第二次調査出土土器は、甕形土器一八五点・壺形土器一二点・土師器模倣土器一点であるから、比率は甕形土器九四％・壺形土器六％である。いずれも壺形土器が六％前後の占有で、いちじるしく僅少である様子が解る。

甕形土器の大半は胎土に大量の砂粒が含まれているが、壺形土器は胎土にほとんど砂粒を含んでいない。そうした胎土の特徴にもとづいて、破片資料もある程度まで分類することができる。

また甕形土器の容量には大小の相違が認められる。器形は比較的単純な形態を呈しているので、口径の大小は容量の大小におおよそ比例して理解できる。そこで甕形土器の口径サイズの分布を検討して、容量構成について確認してみたい。

第一次調査出土土器の甕形土器の口径サイズは、一〇～一五センチメートルから三〇～三五センチメートルのものまで分布していて、もっとも多数を占めているのが一五～二〇センチメートル、次いで二〇～二五センチメートルである。第二次調査出土土器の甕形土器の口径サイズは、五～一〇センチメートルから三五～四〇センチメートルのものまで分布していて、もっとも多数を占めているのが一〇～一五センチメートルのもので、次いで一五～二〇センチメートルのものである。両者で高い占有率を占めている一五～二〇センチメートルのサイズを標準と見なすならば、五～一〇センチメートル・一〇～一五センチメートルのサイズを小型、二五～三〇センチメートル・三〇～三五センチメートル・三五～四〇センチメートルのサイズを大型として理解できる。第一次調査出土土器の甕形土器は、標準と大型のサイズを中心に構成されているのに対して、第二次調査出土土器の甕形土器は、標準と小型のサイズを中心に構成されている相違が認められる。

2　文　様

①施文部分

まず甕形土器について、有文破片の施文部分は口縁部内面・口唇部・口縁部・隆帯・胴部・底部の六カ所の施文部分が認められる。これらの施文部分を「施文帯」と仮称して、器形における文様施文の構成を分類してみる。施

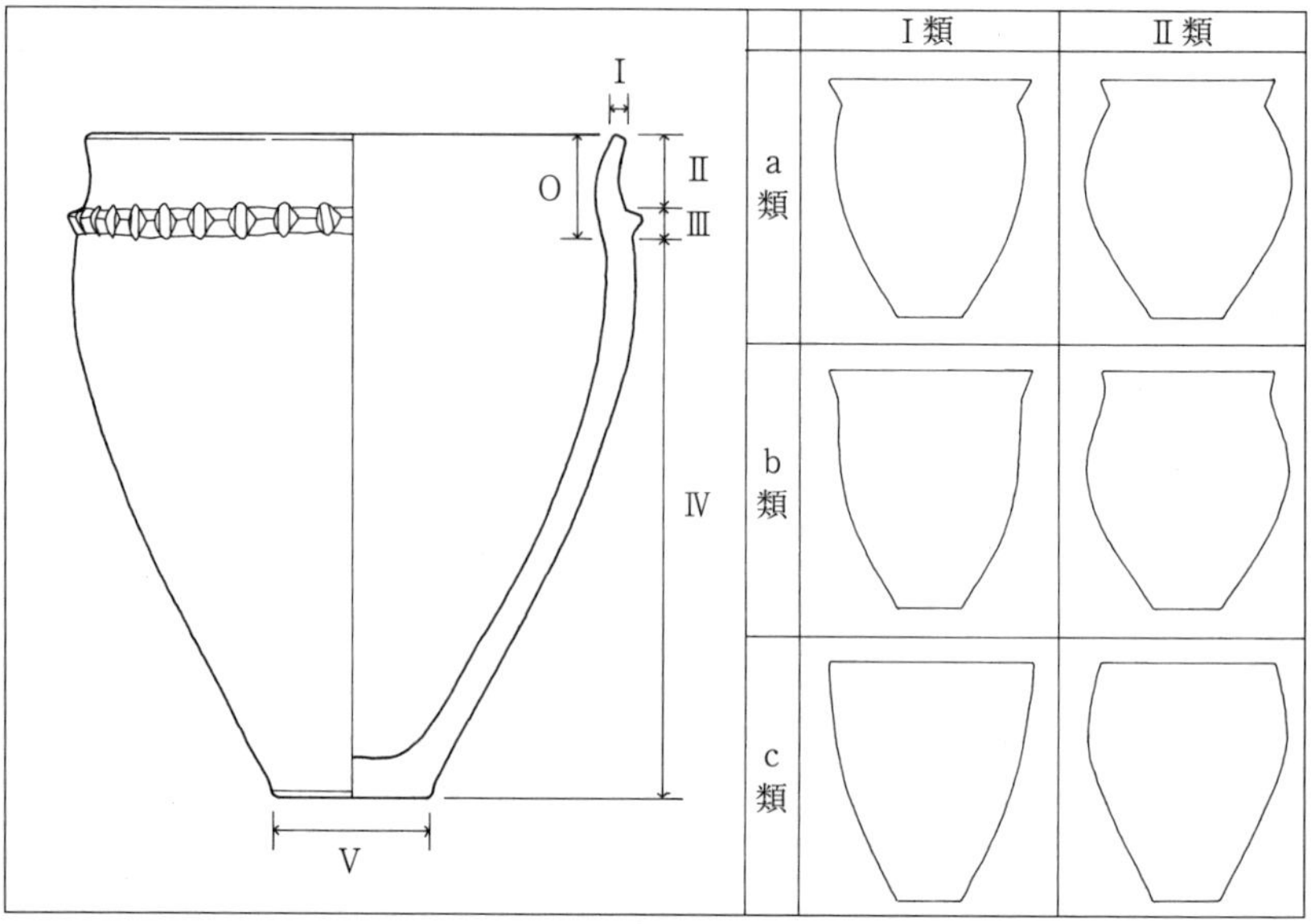

第７図　兼久式土器の器形分類・施文帯分類

文帯は、口縁部内面を０施文帯、口唇部をＩ施文帯、口縁部をⅡ施文帯、隆帯をⅢ施文帯、胴部をⅣ施文帯、底部をＶ施文帯と呼称しておきたい（第７図）。

０施文帯が認められるものは僅少である。第二次調査出土土器の52・82・158だけである。Ｉ施文帯が認められるものは、第一次調査出土土器三三点（底部を除く）のなかで七点（二一％）、第二次調査出土土器一八五点（底部を除く）のなかで七五点（四二％）である。無文土器にはＩ施文帯は認められない特徴がある。Ⅱ施文帯は、有文土器のほとんどに認められる。Ⅲ施文帯が認められるものは、第一次調査出土土器三三点（底部を除く）のなかで二六点（七九％）、第二次調査出土土器一八五点（底部を除く）のなかで二七点（六三％）である。有文土器の特徴的要素と考えられる。Ⅳ施文帯が認められるものは、第一次調査出土土器三三点のなかで四点（一二％）、第二次調査出土土器一八五点のなかで五五点（三〇％）である。Ｖ施文帯は、ほとんどすべての底部破片に認められる。

次に壺形土器について、有文破片の施文部分は口唇部・

口縁部・隆帯・胴部の四カ所の施文部分が認められる。甕形土器は底部外面に木葉痕を有しているが、壺形土器は底部にほとんど木葉痕が認められない。壺形土器の施文帯は、口唇部をⅠ施文帯、口縁部をⅡ施文帯、隆帯をⅢ施文帯、胴部をⅣ施文帯とする。Ⅰ施文帯が認められるものは、第一次調査出土土器二点には該当がなく、第二次調査出土土器一二点のなかで三点（二五％）である。甕形土器と同様に、無文土器にはⅠ施文帯は認められない。Ⅱ施文帯は、有文土器のほとんどに認められる。Ⅲ施文帯が認められるものは、第一次調査出土土器二点のなかで二点（一〇〇％）、第二次調査出土土器一二点のなかで八点（六七％）である。Ⅳ施文帯が認められるものは、第一次調査出土土器二点には該当がなく、第二次調査出土土器一二点のなかで二点（一七％）である。

②文様要素・文様意匠

つづいて文様要素を分類してみる。甕形土器・壺形土器ともに、沈線文を中心に押引文・列点文、また刻目文・隆帯文等が認められる。これらの文様要素を①で分類した施文部分の関係で整理してみるならば、甕形土器は、０施文帯に沈線文、Ⅰ施文帯に刻目文、Ⅱ施文帯に沈線文を中心に押引文・列点文・隆帯文、Ⅲ施文帯に隆帯文・刻目文、Ⅳ施文帯に沈線文、Ⅴ施文帯に木葉痕が認められる。壺形土器は、Ⅰ施文帯に刻目文、Ⅱ施文帯に沈線文、Ⅲ施文帯に隆帯文・刻目文、Ⅳ施文帯に沈線文が認められる。

文様施文のなかで意匠構成が主に認められるのは、甕形土器・壺形土器ともにⅡ施文帯とⅣ施文帯である。その文様意匠は、不明なものを除くならば、波状文・鋸歯文・幾何学文・半弧文等が主なものである。波状文と鋸歯文は、両者の識別が難しいものも多数認められるが、同系統の意匠であると考えられる。甕形土器Ⅱ施文帯における波状文・鋸歯文は、第一次調査のⅡ施文帯有文資料二四点のなかで一二点（五〇％）、第二次調査のⅡ施文帯有文資料一四七点のなかで五六点（三八％）を占めていて、Ⅱ施文帯で圧倒的多数を占めている。壺形土器Ⅱ施文帯における文様意匠も、波状文・鋸歯文が第一次調査のⅡ施文帯有文資料一点のなかで一点（一〇〇％）、第二次調査のⅡ施文帯有文資料五点のなかで二点（四〇％）を占めていて、やはり多数を占めている傾向がうかがわれる。

3 器形

器形も特徴を確認するため、分類しておきたい。壺形土器は、全体の器形がうかがえる資料がほとんど認められないため、口縁部を中心とした器形の分類に止まらざるをえない。

まず甕形土器であるが、口縁部形態から①強く屈曲する口縁部、②緩く屈曲する口縁部、③屈曲しない口縁部の三群に分類できる。それから口径と胴部最大径の関係から①口径が胴部最大径を上回る一群、②胴部最大径が口径を上回る一群の二群に分類できる。以上の組み合わせから六器形が考えられる。

さらに器形と胴部最大径の関係から、①胴部最大径が胴部上半に位置する、②胴部最大径が胴部下半に位置する相違まで含めるならば一二器形まで細分できるが、破片資料で区別するのは実際には難しい。実際の分類で有効な範囲は六器形であると考えられる（第7図）。

そこで口径が胴部最大径を上回る一群をⅠ類、胴部最大径が口径を上回る一群をⅡ類として、それぞれにおいて強く屈曲する口縁部の一群をa類、緩く屈曲する口縁部の一群をb類、屈曲しない口縁部の一群をc類として分類してみる。Ⅱ類のなかには、たとえば269のように広口壺として考えられるものも含まれているが、器形の作出の特徴から甕形土器の範疇に含められると判断して、壺形土器には分類していない。その結果、第一次調査出土土器はⅠa類〇点・Ⅰb類七点・Ⅰc類五点・Ⅱa類四点・Ⅱb類一四点・Ⅱc類三点である。第二次調査出土土器はⅠa類二〇点・Ⅰb類六二点・Ⅰc類一〇点・Ⅱa類一五点・Ⅱb類六九点・Ⅱc類九点である。これらの器形のなかで、Ⅰb類・Ⅱb類の胴部最大径が口径を上回る一群が圧倒的大勢を占めている様子が確認できる。

次に壺形土器であるが、口縁部形態から①口縁部が屈曲して立ち上がる一群、②口縁部が屈曲しないで立ち上がる一群の二器形に大別できる。前者をⅠ類、後者をⅡ類として分類してみるならば、第一次調査出土土器二点はⅠ類一点・Ⅱ類一点であり、第二次調査出土土器一二点はすべてⅠ類に含まれる。

４　分　類

①文様の分類

調査概報の発刊時点では、甕形土器の有文土器について、文様構成の特徴から沈線文のみが施された一群（第１類土器）と刻目隆帯文が回らされた一群（第２類土器）に大別していたが、実際にはさらに隆帯文が施された一群が存在する。そこで、あらためて前節２文様で分類した①施文部分と②文様要素・文様意匠の構成に注意しながら出土土器の分類を以下に示してみる。甕形土器と壺形土器は共通の分類ができる。

第１類～沈線文のみが施された一群

第２類～刻目隆帯文が回らされた一群

　第２ａ類～刻目隆帯文の上部・下部に沈線文（隆帯文）が施されたもの

　第２ｂ類～刻目隆帯文の上部もしくは下部に沈線文（隆帯文）が施されたもの

　　第２ｂ１類～刻目隆帯文の上部に沈線文（隆帯文）が施されたもの

　　第２ｂ２類～刻目隆帯文の下部に沈線文（隆帯文）が施されたもの

　第２ｃ類～刻目隆帯文のみで沈線文が施されないもの

第３類～隆帯文が施された一群

　第３ａ類～隆帯文のみが施されたもの

　第３ｂ類～隆帯文のほかに沈線文が施されたもの

第4類～無文の一群

②分類の構成

第一次調査出土土器の甕形土器（図化資料三三点）は、第1類二点・第2a類四点・第2b類一七点・第2c類六点・第3類一点・第4類四点である。第2b類・第2c類・第4類を中心に若干の第1類・第2a類・第3類が加わる構成であると理解される（第8図）。

第二次調査出土土器の甕形土器（図化資料一八五点）は、第1類三三点・第2a類三九点・第2b1類六六点・第2b2類二点・第2c類一〇点・第3a類一点・第3b類八点・第4類二六点である。第1類・第2a類・第2b類・第4類を中心に第1類・第2c類・第3類が加わる構成であると理解される（第9～12図）。

第一次調査出土土器と第二次調査出土土器には、施文帯のⅡ施文帯、文様分類の第1類・第2a類・第2c類について若干の相違が認められる。後述するが、第一次調査・第二次調査で出土しているイモガイ製貝札（広田遺跡上層型貝札）の文様構成も、出土土器と同様に若干の相違が認められる。

また口唇部（Ⅱ施文帯）における刻目施文においても、第一次調査出土土器と第二次調査出土土器に相違が認められる。Ⅱ施文帯の刻目施文は、第一次調査出土土器が第1類〇点・第2a類二点・第2b類五点・第2c類〇点・第3類〇点・第4類〇点、第二次調査出土土器が第1類一八点・第2a類一八点・第2b類三一点・第2c類三点・第3類四点・第4類〇点であるから、第一次調査出土土器はⅡ施文帯の刻目施文が総じて少ないと指摘できる。無文土器（第4類）は、第一次調査出土土器・第二次調査出土土器ともⅡ施文帯の刻目施文が全然認められない。

器種・文様・器形の関係についても検討しておきたい。第一次調査出土土器における甕形土器の器形は、総じてⅡb類が優勢であるが、第2a類・第2b類・第2c類・第3類・第4類にⅠc類・Ⅱc類が含まれている。壺形土器は、第2b類に器形Ⅱ類一点、第2c類に器形Ⅰ類一点が含まれている。第二次調査出土土器における甕形土

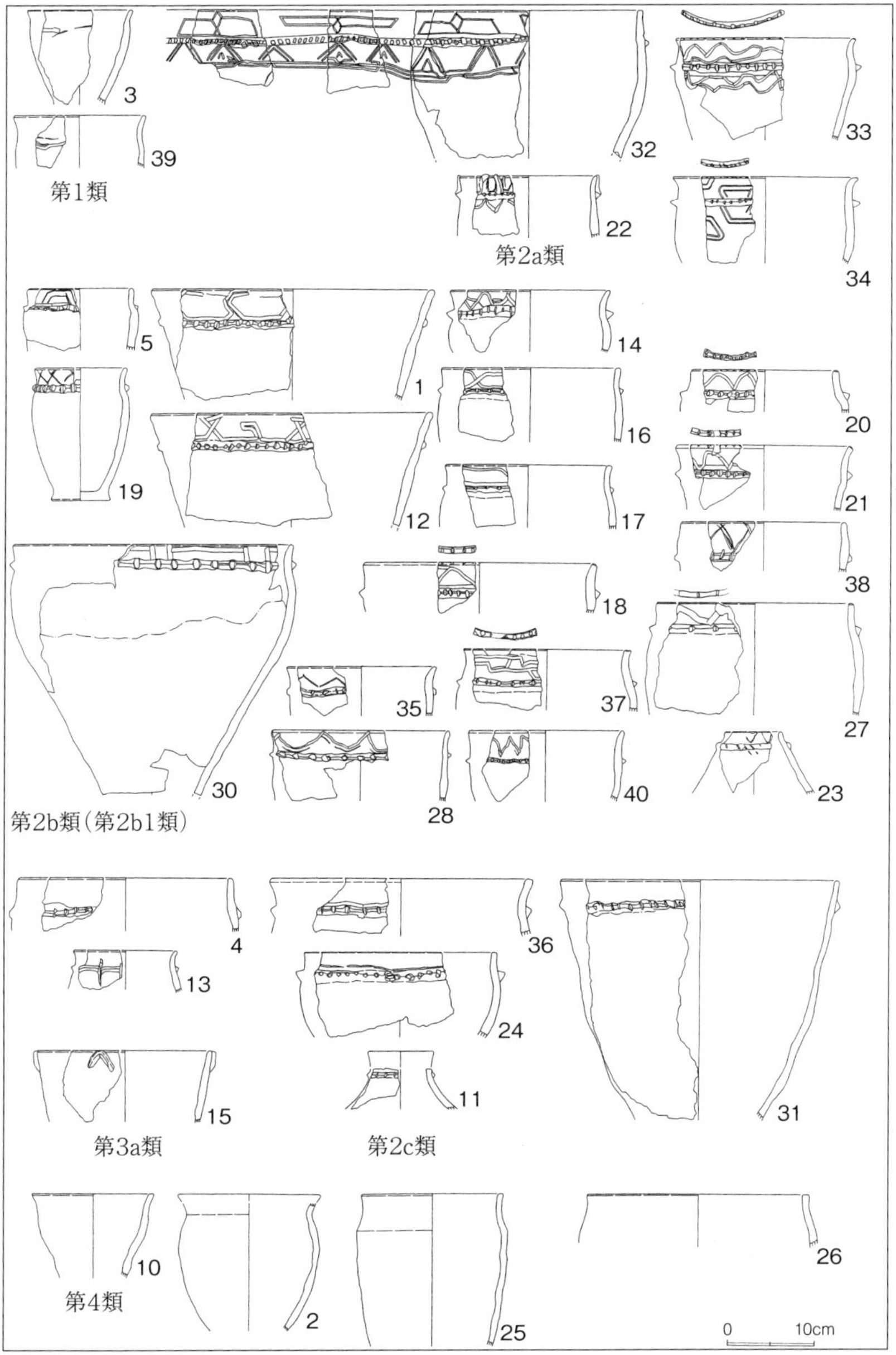

第８図　小湊フワガネク遺跡群第一次調査出土土器（名瀬市教育委員会 2005）

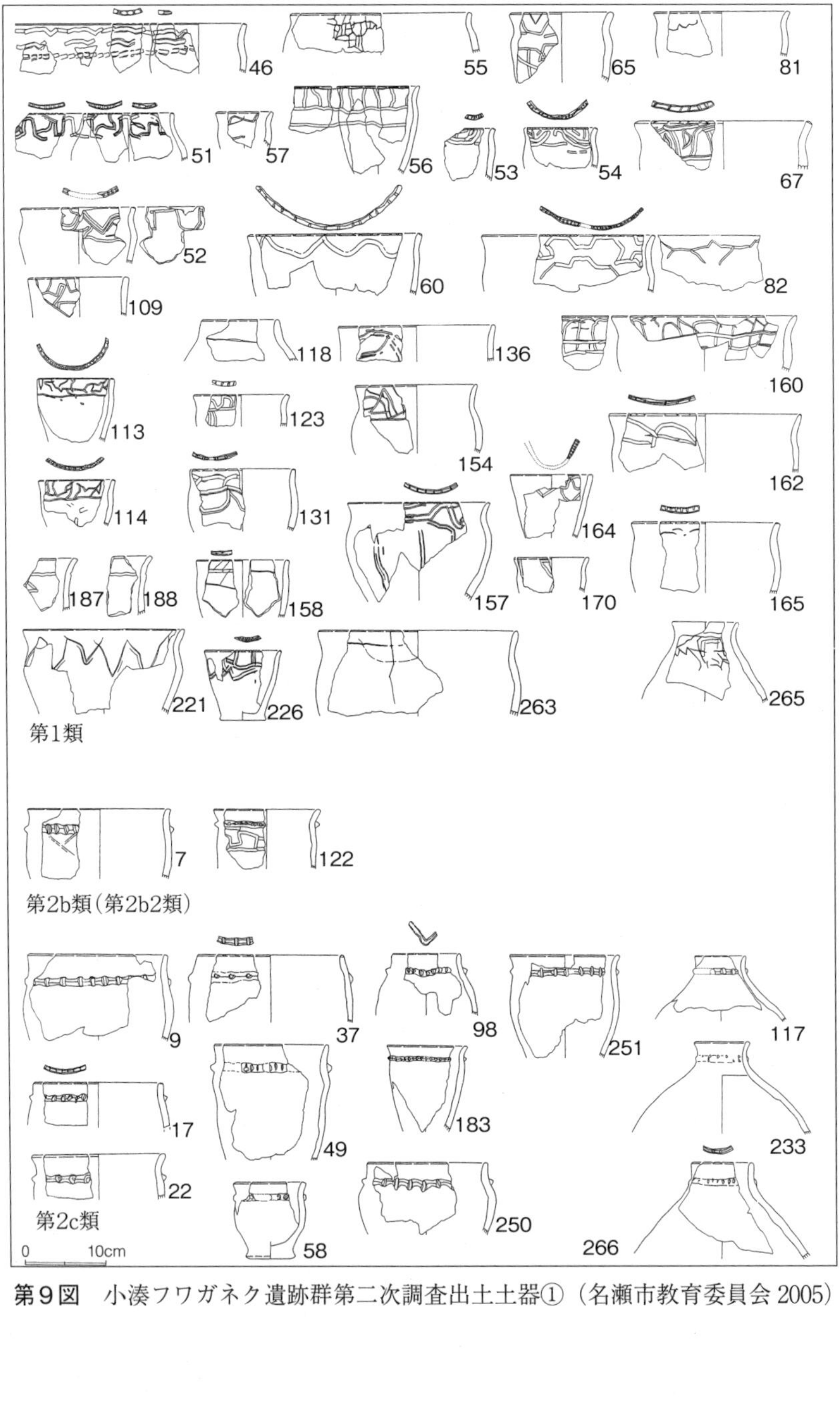

第9図　小湊フワガネク遺跡群第二次調査出土土器①（名瀬市教育委員会 2005）

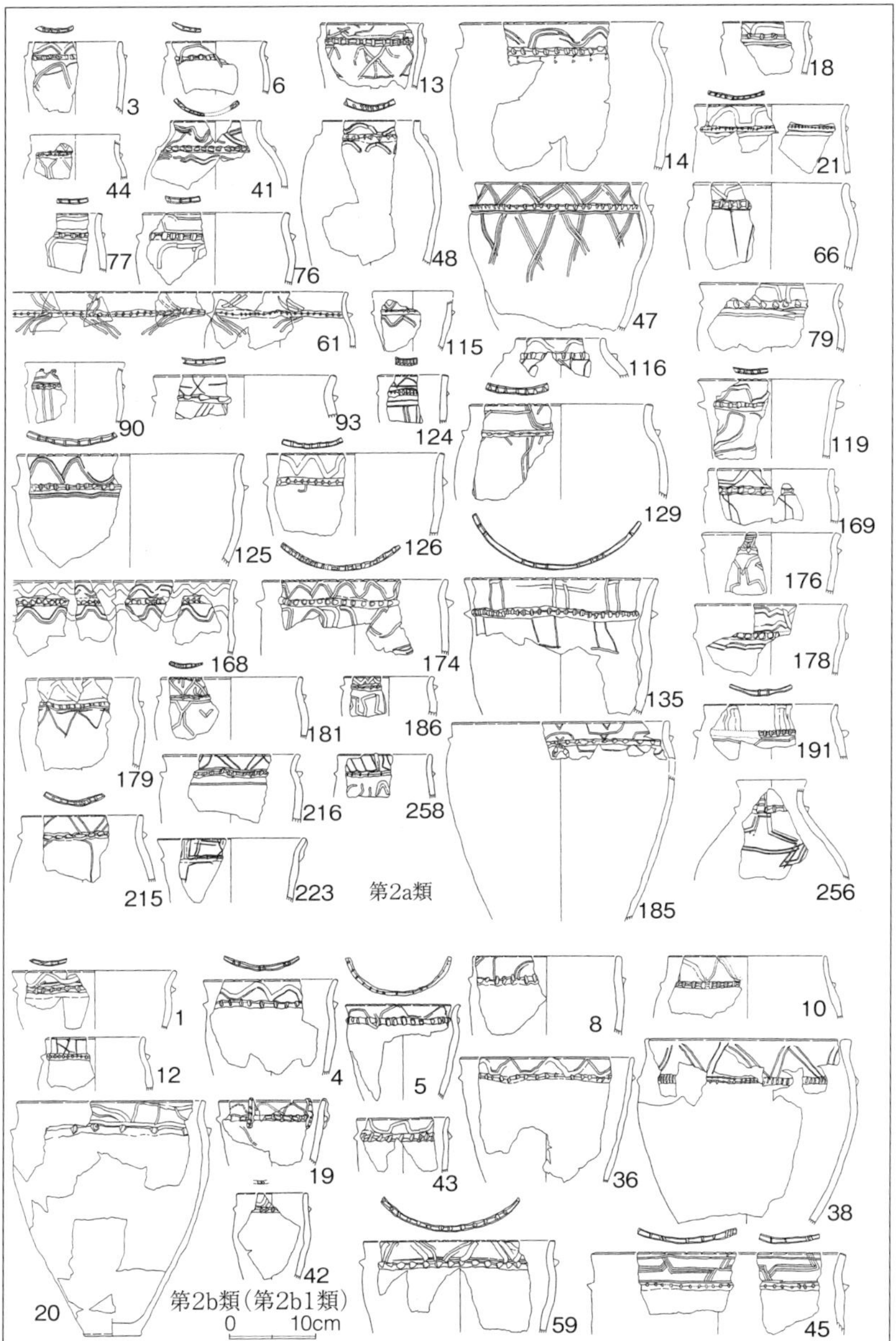

第10図　小湊フワガネク遺跡群第二次調査出土土器②（名瀬市教育委員会 2005）

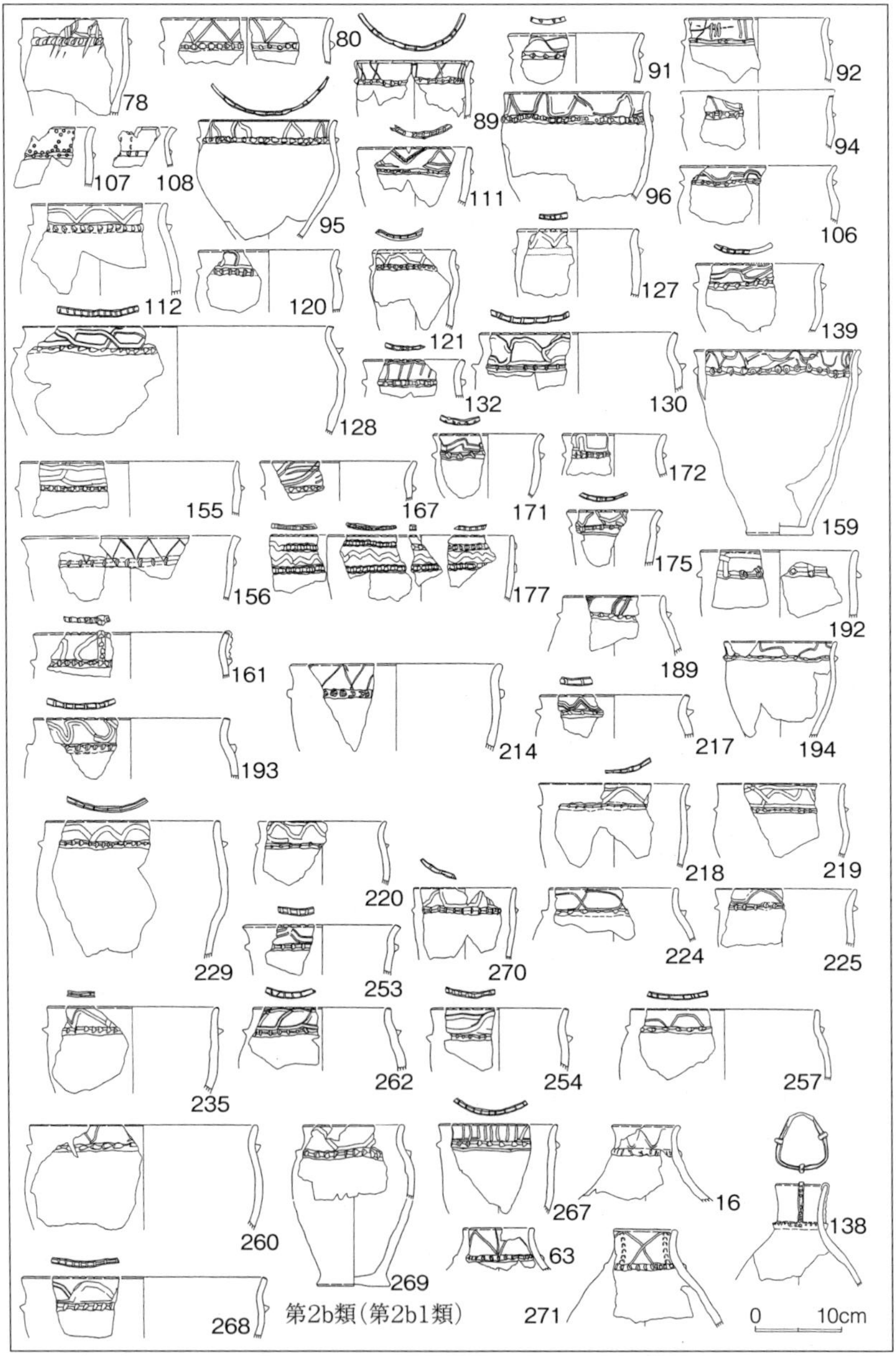

第11図　小湊フワガネク遺跡群第二次調査出土土器③（名瀬市教育委員会 2005）

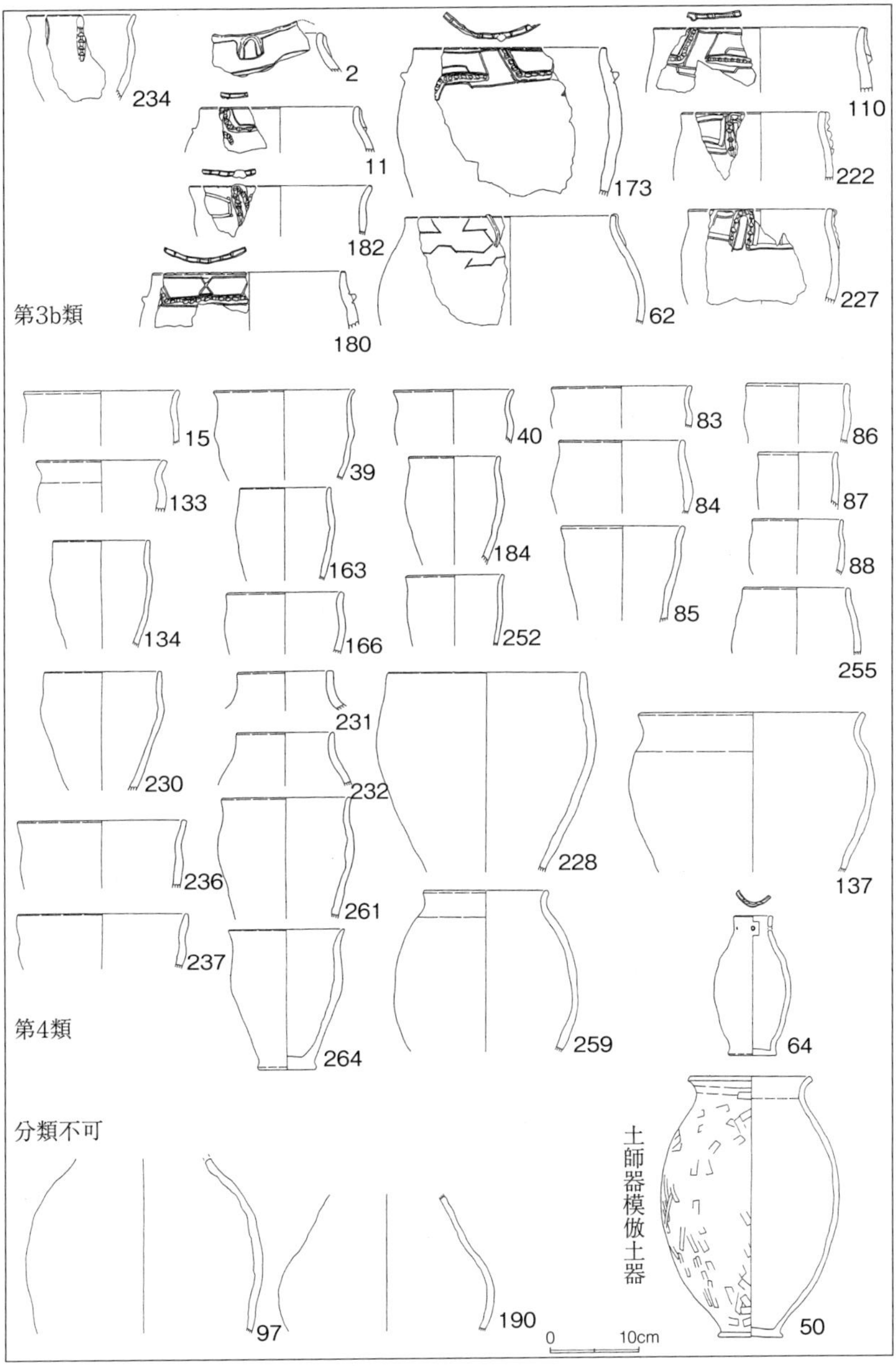

第12図　小湊フワガネク遺跡群第二次調査出土土器④（名瀬市教育委員会 2005）

器の器形は、圧倒的にⅡa類・Ⅱb類が優勢で、第1類・第2a類・第4類にはⅠc類がまったく認められない。壺形土器は、器形はいずれもⅠ類で、第1類一点・第2a類一点・第2b類四点・第2c類三点・第3類〇点・第4類一点である。第一次調査出土土器に壺形土器が認められた第2b類と第2c類に、やはり多く認められる。第一次調査出土土器・第二次調査出土土器とも、特定の文様と器形が関係する様子は認められない。

それから第一次調査出土土器と第二次調査出土土器のなかで、一例だけであるが接合関係が認められたものがある。第一次調査区域と第二次調査区域は約二〇〇メートル離れているが、出土土器に接合関係が認められたことから、第一次調査出土土器と第二次調査出土土器が同一時期に位置づけられる事実が解る。出土土器の帰属年代を考察する上できわめて重要である。接合資料は、出土土器一二八であるが、第2b類に相当するものである。

第二次調査区域の発掘調査において、B列・C列の4列・5列・6列付近で文化層が上下二層に分層される箇所が認められて、出土土器は第1類が下層から出土する様子が確認されている。当該事実は、第二次調査出土土器が二時期の土器群を含んでいることを示すもので、少なくとも第二次調査出土土器の一部は第一次調査出土土器と同一時間を共有していることになる。第二次調査区域から土師器を模倣した甕形土器一点が出土しているが、文化層が二層に分かれているB-6グリッドの上層から出土している。第二次調査区域で確認された上層部分は局部的分布を示していて、第二次調査区域の出土土器は基本的に下層部分に共通するものであると考えられる。第一次調査出土土器と第二次調査出土土器に認められる若干の相違から、第二次調査出土土器の下層部分は第1類・第2a類を多く含む一群、上層部分は第1類・第2a類をあまり含まない一群ではないかと推測されるが、出土層位から第二次調査出土土器を厳密に区別することはできない。

二　奄美諸島における兼久式土器の様相

小湊フワガネク遺跡群出土土器の様相を確認したところで、つづいてほかの兼久式土器出土遺跡についても出土土器の様相をあらためて確認して、小湊フワガネク遺跡群出土土器と比較検討してみたい。

兼久式土器出土遺跡は、奄美諸島を中心に分布している。トカラ諸島の様子が判然としないが、これまで奄美諸島以北の地域から兼久式土器の出土事例は報告されていない。奄美諸島以南の地域では、沖縄本島北部地域の喜如嘉貝塚等から類例の出土事例が報告されている。

ある程度のまとまりある資料数が得られている兼久式土器出土遺跡として、喜界島の先山遺跡、奄美大島の用見崎遺跡・須野アヤマル第二貝塚・土盛マツノト遺跡・万屋下山田遺跡・万屋泉川遺跡・和野長浜金久遺跡・喜瀬サウチ遺跡・赤尾木手広遺跡、徳之島の面縄貝塚群等が上げられる。これらの遺跡の発掘調査報告書に掲載されている資料を中心に、その様相の確認を進めてみたい。

1　分析方法

兼久式土器を出土した主要遺跡について、図示されている口縁部～胴部の資料を対象として、まず出土層位・出土場所ごとにおける土器群の様相を確認してみる。とくに一括性が高いまとまりある土器群であるか、出土状態や共伴遺物等から確認する。発掘調査報告書であらかじめ分類された状態で報告されている事例もしばしば認められるが、その場合は必要に応じて土器群を出土場所ごとに並び換えて確認する。そうして各遺跡における土器の出土状態を確認しながら、小湊フワガネク遺跡群出土土器で実施した土器分類に準拠してあらためて再分類を行い、土器群のまとまりを確認してみる。その際、出土層位の重畳や共伴遺物についても確認しておきたい。

次に小湊フワガネク遺跡群第一次調査・第二次調査出土土器の文様分類を基準としながら比較検討を行い、小湊フワガネク遺跡群第一次調査・第二次調査出土土器と各遺跡出土土器の共通部分と相違部分を個別に確認してみる。その上で検討した遺跡全体を通観した兼久式土器の再分類まで示してみたい。

2　兼久式土器出土遺跡の検討

①先山遺跡出土土器（第13図）

一九八五（昭和六十）年に「県営畑地帯総合整備事業」にかかわる埋蔵文化財確認発掘調査が、一三カ所のトレンチで実施されている（喜界町教育委員会一九八七）。第八・一一・一二トレンチから兼久式土器点が出土しているが、いずれも文化層は認められず、撹乱層から出土したものであると報告されている。そのため、各トレンチ出土土器のまとまりは確実ではないことに注意しながら概観してみたい。

第八・一一・一二トレンチの出土土器は、合計七一点が図示されている。第八トレンチ出土土器は一六点であるが（甕形土器一〇点・壺形土器二点・不明三点）、有文土器の点数が少なく様相は判然としない。搬入された土師器甕形土器一点が含まれている。第一一トレンチ出土土器四二点（甕形土器四二点）は、甕形土器の口縁部〜胴部破片三〇点（有文破片一七点・無文破片一三点）・底部破片一二点が図示されている。口縁部〜胴部破片は、分類できない一一点以外は第2類が中心で、第2a類一点、第2b類五点、第2c類七点である。そのほか第3類一点、第4類五点である。分類できない資料のなかに、口唇部に刻目が施されるもの（I施文帯）一点が含まれている。第一二トレンチ出土土器一二点（甕形土器一二点）は、甕形土器の口縁部〜胴部破片破片六点（有文破片三点・無文破片三点）・底部破片六点しか図示されていないため様相は判然としないが、分類できたものは第2c類一点が認

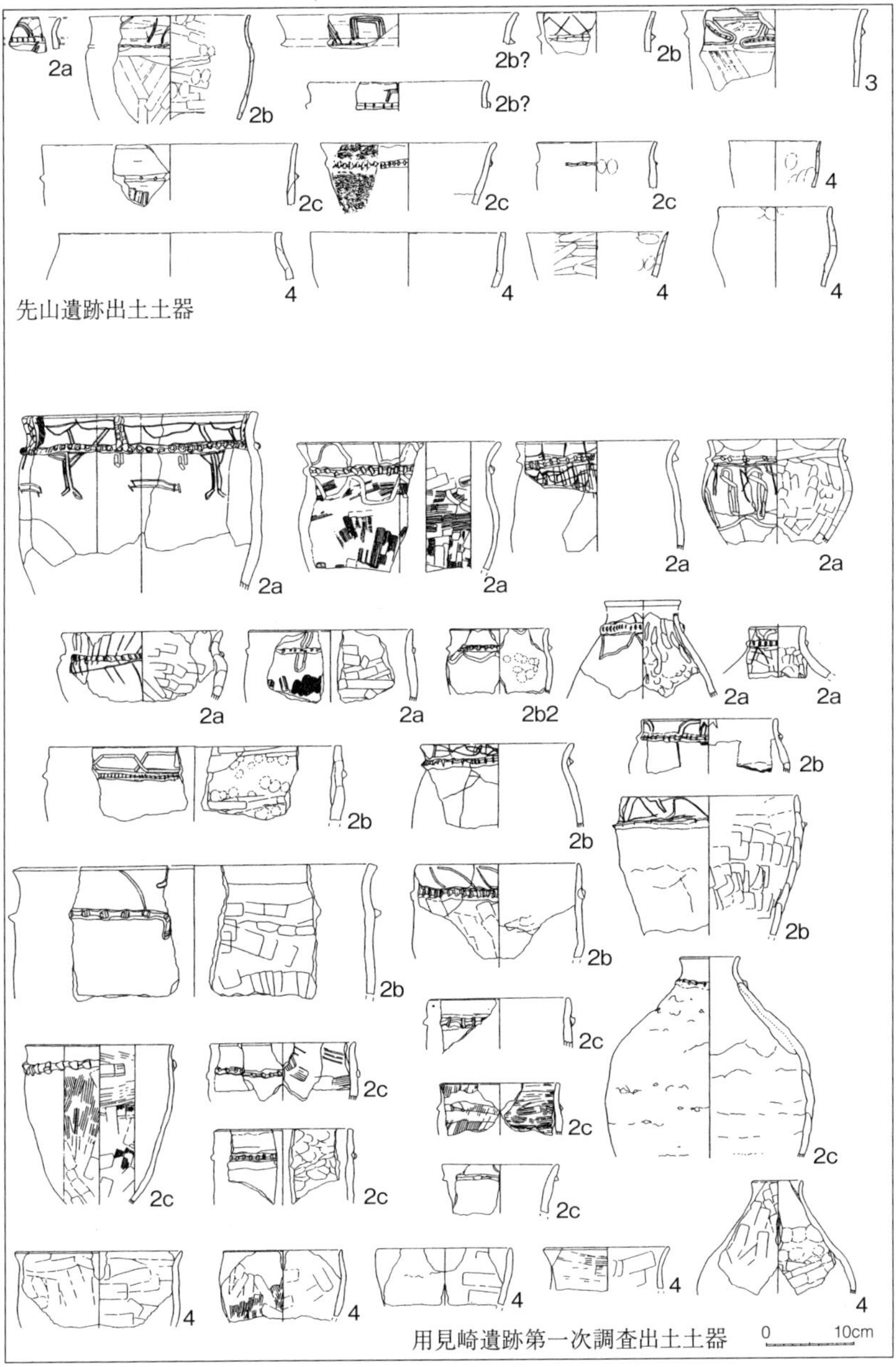

第13図　兼久式土器集成①（名瀬市教育委員会 2005）

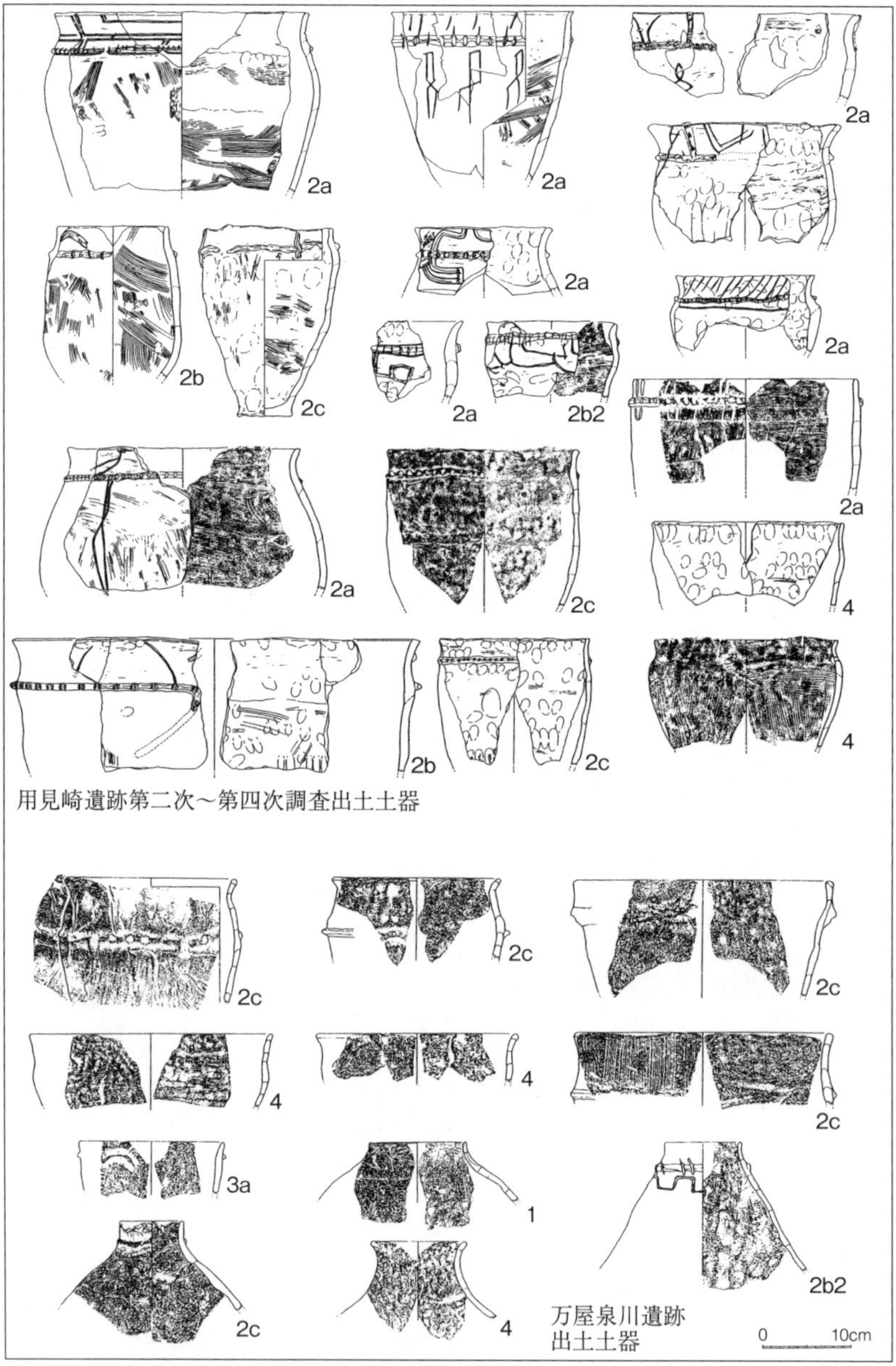

第14図　兼久式土器集成②（名瀬市教育委員会 2005）

められる。

土器群はすべて攪乱層から出土したものであるから、層位の重畳は認められない。いっしょに出土した資料で搬入された土師器甕形土器一点が認められるが、他遺跡でも兼久式土器と共伴が確認されているものなので、厳密な共伴関係は別として共伴遺物として理解できるものである。またトレンチ九でスセン當式土器と考えられる土器一点が出土している。

第一一トレンチ出土土器を中心に様相をまとめてみると、第1類は認められず、第2a類もほとんど認められない。第2b類と第2c類が主体を占めていると考えられる。それからI施文帯の刻目がほとんど認められない。土器群のまとまりを別にして小湊フワガネク遺跡群第一次調査・第二次調査出土土器と比較するならば、第1類・第2a類の欠落から文様が単純化している印象がある。

②用見崎遺跡出土土器（第13・14図）

「長島商事かごしま植物園笠利分園」が計画した開発事業を契機として、一九九四（平成六）年から合計四回の発掘調査が実施されている（笠利町教育委員会一九九五、熊本大学文学部考古学研究室一九九五・一九九六・一九九七）。四回の発掘調査は隣接する二カ所で実施されていて、第一次調査と第四次調査、第二次調査と第三次調査が同一箇所に行われている。四回の発掘調査で合計一六九点（甕形土器一四九点・壺形土器一六点・不明四点）の兼久式土器が図示されている。これらの出土土器については、以下の文様分類が行われている。小湊フワガネク遺跡群出土土器分類と対応関係も示しておく。

中山清美による出土土器分類（笠利町教育委員会一九九五）

1類土器～刻目凸帯文を有し、文様が凸帯文上下に施されているもの　↓（第2a類）

2類土器～刻目凸帯文を有し、文様が凸帯文上部に施されているもの　↓（第2b類）

３類土器～刻目凸帯文を一条回らすだけのもの　↓（第２ｃ類）
４類土器～無文土器　↓（第４類）
熊本大学考古学研究室による出土土器分類（熊本大学考古学研究室一九九六）
１類～文様が貼り付け凸帯と沈線により構成されているもの　↓（第２類）
１ａ類～沈線が凸帯の上下にあるもの　↓（第２ａ類）
１ｂ類～沈線が凸帯の上部にあるもの　↓（第２ｂ類）
１ｃ類～凸帯が横位のほかに縦位または斜位に巡るもの　↓（第２ａ類・第２ｂ類）
２類～文様が貼り付け凸帯だけで構成されているもの　↓（第２ｃ類）
３類～文様が沈線だけで構成されているもの　↓（第１類）
４類～無文のもの　↓（第４類）

発掘調査箇所から、ひとまず一次調査と第四次調査、第二次調査と第三次調査に大別して出土土器を確認してみたい。第一次調査・第四次調査は第Ⅲ層から、第二次調査・第三次調査は第Ⅵ層から、兼久式土器が出土している。その出土状態から、いずれもまとまりある一群であると理解できる。

まず第一次調査・第四次調査出土土器は、合計六九点（甕形土器五九点・壺形土器九点・不明二点）である。甕形土器は口縁部～胴部破片四四点（有文破片三六点・無文破片八点）・底部破片一五点が、壺形土器は口縁部～胴部破片六点（有文破片五点・無文破片一点）・底部破片三点が図示されている。甕形土器の口縁部～胴部破片は、分類できない五点以外は第２類が中心で、第２ａ類一二点、第２ｂ類九点、第２ｃ類一〇点を数える。そのほか第４類七点である。Ⅱ施文帯に刻目が施されているものが一点認められ、沖縄諸島における「アカジャンガー式土器」に比定されている。壺形土器の口縁部～胴部破片は、第２ａ類二点、第２ｃ類一点、第３類二点、第４類一点である。

次に第二次調査・第三次調査出土土器は、合計九四点（甕形土器八四点・壺形土器八点・不明二点）である。甕形土器は口縁部～胴部破片七三点（有文破片六八点・無文破片五点）・底部破片一一点が、壺形土器は口縁部～胴部破片七点（有文破片四点・無文破片三点）・底部破片一点が図示されている。甕形土器の口縁部～胴部破片は、分類できない三九点以外は第２類が中心で、第１類三点、第２ａ類一三点、第２ｂ類五点、第２ｃ類一〇点を数える。そのほか第４類二点である。壺形土器の口縁部～胴部破片は第１類二点、第２ｃ類一点で、分類できないものが三点ある。

隣接する二カ所で確認された兼久式土器出土層は、発掘調査結果からおおよそ同一時期に形成されたものと理解されている。それぞれの出土土器についても、第２類を中心とするもので、とくに様相に相違は認められないと考えられる。

それから一九九七（平成九）年に実施された第四次調査において、兼久式土器が出土するⅥ層よりも一～二《メートル》下位となるＸⅥ層から土器破片一九点が出土している。いずれも甕形土器の破片で、スセン當貝塚出土土器によく類似している。

また兼久式土器の共伴遺物として、いわゆる広田遺跡上層型の貝札一点が一九九四（平成六）年の発掘調査で出土している。さらに一九九五（平成七）年の第二次調査で、兼久式土器出土層のⅥ層直上となるⅣ層最下部から舶載銭の「開元通宝」一点が出土している。Ⅳ層は水田造成時の整地土層（攪乱層）で、Ⅵ層を削平しながら形成されたと理解されている。「開元通宝」についても、兼久式土器に共伴していたものと理解できる。

出土土器の様相は、第１類が若干認められるほか、第２ａ類・第２ｂ類・第２ｃ類が均衡した状態で主体を占めていてⅡ施文帯にほとんど刻目が施されていない様子は、小湊フワガネク遺跡群第一次調査出土土器によく類似していると思われる。

③須野アヤマル第二貝塚出土土器

一九八三（昭和五十八）年に重要遺跡確認発掘調査が実施されて、一三カ所のトレンチが発掘調査されている（笠利町教育委員会一九八四）。第二トレンチ・第七トレンチ・第九トレンチ・第一一トレンチから兼久式土器が出土している。出土土器については、池畑耕一によりⅠ類～Ⅶ類の七群に分類されている（笠利町教育委員会一九八四）。

Ⅰ類～面縄前庭式土器で縄紋時代後期に位置づけられるもの
Ⅱ類～嘉徳Ⅰ式土器で縄紋時代後期に位置づけられるもの
Ⅲ類～口縁部がくの字状に外反する土器で弥生時代前期に位置づけられるもの
Ⅳ類～口縁近くに凹線文のある土器で弥生時代前期に位置づけられるもの
Ⅴ類～逆Ｌ字状口縁をもつ土器で弥生時代前期に位置づけられるもの
Ⅵ類～くの字状に外反する口縁で、内外に沈線文が見られる土器
Ⅵａ類～逆Ｌ字状口縁に近いもので弥生時代中期後半に位置づけられる
Ⅵｂ類～くの字状口縁のもので弥生時代後期に位置づけられる
Ⅵｃ類～外側の屈曲がほとんどないもので古墳時代前期に位置づけられる
Ⅵｄ類～内面の稜がほとんど見られないもので笹貫式土器に類似する
Ⅶ類～兼久式土器

第二トレンチ出土土器はまとまりある一群であると考えられる。六層に分層されていて、三層・四層・五層から兼久式土器が出土している。三層出土土器は、合計七点（甕形土器六点・壺形土器一点）が図示されている。甕形土器は口縁部～胴部破片三点（有文破片三点）・底部破片三点で、小片のため分類できない。壺形土器は口縁部～

胴部破片一点（有文破片一点）で、第3類に分類できる。四層出土土器は、合計二一点（甕形土器二一点）が図示されている。甕形土器の口縁部～胴部破片一六点（有文破片七点・無文破片九点）・底部破片五点であるが、小片のため分類できない。五層出土土器は、合計五点（甕形土器五点）が図示されている。甕形土器は口縁部～胴部破片四点（有文破片一点・無文破片三点）・底部破片一点で、やはり小片のためほとんど分類できないが、第4類一点が認められる。三層・四層・五層出土土器は、いずれも小片ばかりで様相は判然としない。しいて指摘するならば、各層出土の口縁部破片はいずれも無文であることから、第1類・第2a類・第2b類がほとんど含まれないと考えられる。小湊フワガネク遺跡群出土土器で顕著に認められるI施文帯の刻目はほとんど認められない。

また六層からも出土土器が認められていて、三点（甕形土器三点）が図示されている。甕形土器は口縁部～胴部破片三点（有文破片一点・無文破片二点）で、報告書ではⅥ類に分類されている。とくに有文破片一点はⅥd類に分類されていて、兼久式土器とは相違するものである。スセン當式土器に相当すると考えられる。

④土盛マツノト遺跡出土土器

砂採取事業を契機として、一九九一（平成三）年に緊急発掘調査が実施されている（笠利町教育委員会一九九二）。第一文化層（上層）と第二文化層（下層）から多数の兼久式土器が出土して層位的重畳関係が確認されたほか、土師器・須恵器の外来土器や鉄器・青銅器の金属器等の多彩なる共伴遺物や大量のヤコウガイ貝殻が多数出土したため、奄美諸島における古代並行段階の拠点的遺跡として注目されている。

調査概報が刊行されているだけなので発掘調査成果の詳細は判然としないが、一九九五（平成七）年一月に発掘調査成果の報告を中心とするシンポジウム（シンポジウムよみがえる古代の奄美実行委員会一九九五）が開催されている。調査概報のほかに、『考古資料大観一二貝塚後期文化』でも出土土器や共伴遺物が紹介されている（高宮・知念二〇〇四）。

笠利町教育委員会のご高配で出土遺物を実見させていただいた際の限定的観察所見から、出土土器を簡単に概観しておきたい。

上層出土土器は、第2b類・第2c類が中心で、第1類・第2a類はほとんど認められない。Ⅲ施文帯に施された刻目は、端整な一群や簡素な一群が認められる。Ⅰ施文帯における刻目も認められない。土師器（甕形土器・坏形土器）・須恵器・布目圧痕土器の外来土器、雁又鉄鏃・刀子・釣針等の鉄器、青銅器、ガラス玉等の多彩なる搬入遺物の共伴が認められる。下層出土土器の混入が若干認められるようである。

下層出土土器は、第1類・第2a類・第2b類が中心で、第2c類がほとんど認められない。Ⅲ施文帯に施された刻目は、粗雑な一群が認められる。スセン當式土器と考えられる資料も含まれている。Ⅰ施文帯に刻目が施されるものが認められる。大量のヤコウガイ貝殻の集積遺構が確認されている。

下層出土土器は、小湊フワガネク遺跡群第二次調査出土土器とよく類似している。上層出土土器は、沈線文が施されない第2c類が多数含まれている印象があり、沈線文が盛行している小湊フワガネク遺跡群出土土器と様相の相違がいちじるしい。小湊フワガネク遺跡群出土土器の分類には認められない隆帯の貼り付け位置が胴部上半に下がるものも含まれていて、スセン當式土器に相当すると思われる。

⑤万屋下山田遺跡出土土器

新空港建設を契機として一九八七（昭和六十二）年に緊急発掘調査が実施されている（笠利町教育委員会一九八八）。第三層から兼久式土器・布目圧痕土器・滑石製石鍋・類須恵器等が出土している。

図示されている出土土器は合計四八点であるが、ほとんどが無文土器の細片であるため、器形・文様が確認できるものは僅少である。第4類が中心になるが、ほかに第3類も若干認められる。ただし、小湊フワガネク遺跡群出土土器の第3類とは様相が相違している。布目圧痕土器・滑石製石鍋・類須恵器を共伴しているが白磁は共伴していないので、最古段階の類須恵器に位置づけられる可能性も考えられるが判然としない。第三層出土遺物の共伴関係が事実とするならば、共伴する兼久式土器も最新段階の兼久式土器として理解できるかもしれない。

⑥万屋泉川遺跡出土土器（第14図）

新空港建設を契機として一九八五（昭和六十）年に緊急発掘調査が実施されている（鹿児島県教育委員会一九八六）。第三層から兼久式土器や土師器・須恵器等が出土しているが、第三層は海成堆積による二次堆積層と理解されている。

出土土器については、和野長浜金久遺跡における弥栄久志の土器分類を参考にしながら、立神次郎により甕形土器がⅠ類〜Ⅵ類の六群、壺形土器がⅠ類〜Ⅴ類の五群に分類されている（鹿児島県教育委員会一九八六）。

甕形土器の分類

Ⅰ類〜沈線を施している土器　↓（第1類）

Ⅱ類〜沈線と突帯を組み合わせた土器　↓（第2a類・第2b類）

Ⅲ類〜刻目突帯を付ける土器　↓（第2c類）

Ⅳ類〜横位の突帯に縦位の突帯を組み合わせたものや横位の突帯が変化したものが見られる土器

↓（第2c類・第3a類）

Ⅴ類〜無文の土器　↓（第4類）

Ⅵ類〜横位の粘土帯や横位と縦位の粘土帯を組み合わせたものに刻目を施している土器

↓（第2c類・第3a類）

壺形土器の分類

Ⅰ類〜沈線を施している土器　↓（第1類）

Ⅱ類～沈線と突帯を組み合わせた土器　↓（第２a類・第２b類）
Ⅲ類～刻目突帯を付ける土器　↓（第２c類）
Ⅳ類～横位の突帯に縦位の突帯を組み合わせたものや横位の突帯が変化したものが見られる土器
　↓（第２c類・第３a類）
Ⅴ類～無文の土器　↓（第４類）

図示されている出土土器は、合計一一一点（甕形土器六六点・壺形土器一二点・土師器三一点・須恵器二点）である。甕形土器は口縁部～胴部破片四九点（有文破片二四点・無文破片二五点）・底部破片一七点が、壺形土器は口縁部～胴部破片一二点（有文破片六点・無文破片六点）が図示されている。

一二のグリッドから土器が出土している。出土遺物が認められた第三層は二次堆積層とされていることから、土器群のまとまりは確実ではないことに注意しながら概観してみたい。C‐2・C‐3・D‐2・D‐3のグリッドから多数の出土土器が認められた。甕形土器の口縁部～胴部破片四九点は、分類できない二九点以外は第２c類が中心で、第２a類一点、第２b類一点、第２c類一一点を数える。そのほか第１類二点、第３類二点、第４類三点である。ただし、第２c類に分類した一群については、隆帯の刻目がほとんど施されなくなるものや隆帯の貼り付け位置が胴部上半に下がるもの等、小湊フワガネク遺跡群出土土器における第２c類とは相違する特徴が認められるので、別分類に含めた方がよさそうである。分類不能破片についても、沈線文が施されているものは総じて少なく、全体的に無文の様子が認められる。壺形土器の口縁部～胴部破片は、分類できない六点以外は第１類一点、第２b類一点、第２c類二点、第３類一点、第４類一点である。

共伴遺物として土師器三一点・須恵器二点が出土しているが、搬入されたと考えられるものである。土師器三一点は、いずれも口縁部がくの字状に屈曲して頸部内側に強い稜が形成される甕形土器で、丸底甕の器形を呈すると考えられる。須恵器二点は、甕形土器一点と𤭯形もしくは壺形土器一点である。

出土土器の様相として、ほとんど沈線文が施されていない様子がうかがわれ、第2c類が圧倒的多数を占め、若干の第3類が含まれている。その様相に一定のまとまりが認められるので、二次堆積層ではあるがいちじるしく攪乱された土器群であるとは考えられない。第2c類に分類した一群については、小湊フワガネク遺跡群出土土器の分類における第2c類とは相違しているので、別分類として理解しておきたい。

⑦和野長浜金久遺跡出土土器（第15図）

新空港建設を契機として、一九八三（昭和五十八）年から一九八六（昭和六十一）年にかけて第Ⅰ遺跡～第Ⅴ遺跡まで五遺跡で緊急発掘調査が実施されている（鹿児島県教育委員会一九八五・一九八七a）。

第Ⅰ遺跡の第一九層から大量の土器が出土していて、二〇九点が図示されている。出土土器が認められたのは第七層・第一三層・第一九層・第二一層であるが、第七層・第一三層・第二一層はほとんど土器を出土せず、圧倒的に第一九層が多い。第一九層は、図示されている土器だけで六九のグリッドから出土しているが、砂丘頂部に当たるA～D-11～16グリッドやB～F-19～21グリッド付近は、第七層・第一三層・第一九層が間層を挟まない状態で重複して堆積しているため、第七層・第一三層の形成段階で第一九層を攪乱している可能性も考えられる。砂丘斜面に当たるF・G・H・I・J列付近で、第一九層の純粋な堆積状態が認められる。

これらの出土土器については、弥栄久志により甕形土器がⅠ類～Ⅴ類の五群、壺形土器がⅠ類～Ⅴ類の五群に分類されている（鹿児島県教育委員会一九八五）。

甕形土器の分類

Ⅰ類～沈線を施している土器　→（第1類）

Ⅱ類～沈線と刻目突帯を組み合わせた土器　→（第2a類・第2b類）

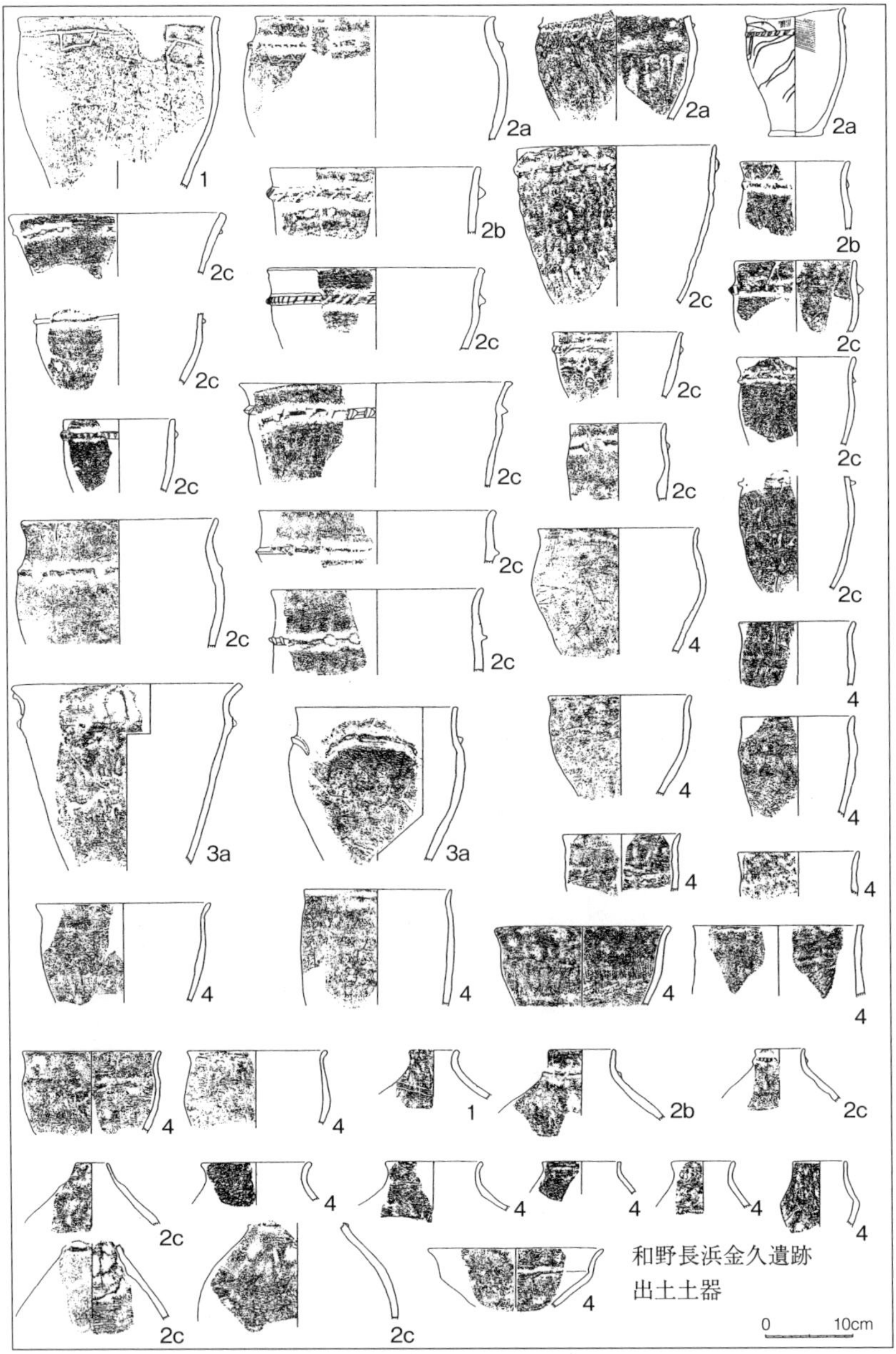

第15図　兼久式土器集成③（名瀬市教育委員会 2005）

Ⅲ類～刻目突帯を付ける土器　→（第２ｃ類）
Ⅳ類～横位の突帯に縦位の突帯を組み合わせたものや横位の突帯が変化したものが見られる土器
　→（第２ｃ類・第３ａ類）
Ⅴ類～無文の土器　→（第４類）

壺形土器の分類

Ⅰ類～沈線を施している土器　→（第１類）
Ⅱ類～突帯文と沈線文を組み合わせた土器　→（第２ａ類・第２ｂ類）
Ⅲ類～刻目突帯を付ける土器　→（第２ｃ類）
Ⅳ類～突帯文が見られる土器　→（第３ａ類）
Ⅴ類～無文の土器　→（第４類）

図示されている合計二〇九点の出土土器は、甕形土器一五九点・壺形土器三三点・鉢形土器一点・土師器一二点・布目圧痕土器三点である。甕形土器は口縁部～胴部破片一一三点（有文破片八七点・無文破片二六点）・底部破片四六点が、壺形土器は口縁部～胴部破片二九点（有文破片一五点・無文破片一三点）・底部破片四点が図示されている。

甕形土器の口縁部～胴部破片一一三点は、分類できない一二点以外は第２ｃ類が四一点、第４類が二六点で多数を占めている。そのほか第１類二点、第２ａ類四点、第２ｂ類一一点、第３類一七点である。ただし、第２ｃ類に分類した一群については、万屋泉川遺跡と同様に小湊フワガネク遺跡群出土土器における第２ｃ類と相違する特徴のものが含まれているので、さらに分類した方がよさそうである。Ⅳ施文帯に沈線文が施されるものはほとんど認められず、Ⅱ施文帯も沈線文が施されるものは総じて少ない。壺形土器の口縁部～胴部破片は、分類できない七点以外は第１類一点、第２ｂ類二点、第２ｃ類一三点、第４類七点である。

共伴遺物として出土した土師器一一点・須恵器二点・布目圧痕土器三点は、搬入されたと考えられるものである。土師器一二点は、一点を除いて甕形土器で、いずれも口縁部がくの字状に屈曲して頸部内側に強い稜が形成される丸底甕と考えられる。残る一点は坏形土器である。布目圧痕土器は、いわゆる焼塩壺と称される円筒形土器と考えられる。そのほかイモガイ製貝札一点、鉄器一〇点等が出土している。鉄器一〇点については、五点が図示されていて、第一三層から出土したものが一点、第一九層から出土したものが四点である。また第一九層の下層の第二一層からスセン當式土器と考えられる沈線文土器が出土している。

さらに土器群の出土状態についても確認しておきたい。僅少である第1類・第2a類は、砂丘頂部に当たるB−7グリッドで第1類一点、E−15グリッドで第2a類二点、C−13グリッドで第2a類一点が確認されている。大多数を占める第2c類は、F−11・F−12・F−14・F−15・F−17・F−18グリッド、J−23・J−24グリッドの砂丘斜面部分に当たるF列やJ列で土器群の良好なまとまりが確認される。またC−14・C−15・C−18グリッドのC列もいいのかもしれない。C−14グリッドからは土師器甕形土器・土師器坏形土器・布目圧痕土器が共伴して出土している。

出土土器の様相として、第2c類が圧倒的主体を占めているが、その第2c類が出土するF列やJ列で第1類・第2a類の出土は全然認められない。沈線文が施文される第1類・第2a類等と沈線文が施文されない第2c類は、分布区域が相違すると理解できるのかもしれない。若干の第1類・第2a類について、小湊フワガネク遺跡群出土土器で顕著に認められるI施文帯の刻目は認められない。

⑧喜瀬サウチ遺跡出土土器（第16図）

砂採取事業を契機として、一九七七（昭和五十二）年に緊急発掘調査が実施されている（笠利町教育委員会一九七八）。発掘調査は第一地点と第二地点に大別されるが、第一地点は北地区と東南地区の二カ所、第二地点は

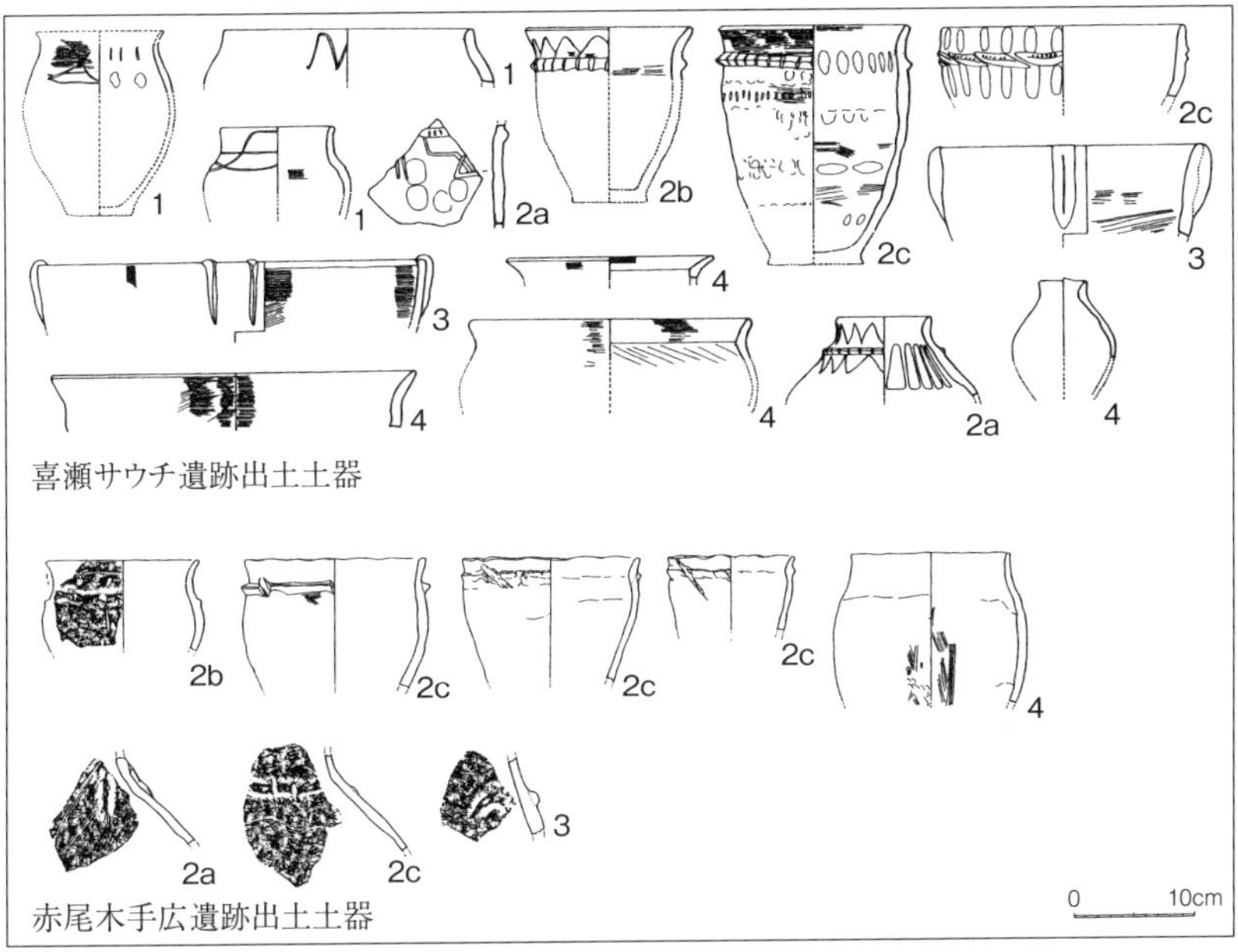

第16図　兼久式土器集成④（名瀬市教育委員会 2005）

Aトレンチ・Bトレンチ・Gトレンチの三カ所で発掘調査が実施されていて、第一地点北地区、第二地点Gトレンチから兼久式土器が出土している。

第一地点北地区で出土土器が認められたのは第三層と第五層であるが、第三層から兼久式土器が、第五層から弥生時代並行期の土器群が出土している（スセン當式土器と考えられる土器も含まれている）。第三層出土土器は、合計二四点（甕形土器二〇点・壺形土器二点・器種不明二点）が図示されている。甕形土器の口縁部~胴部破片二〇点は、分類できない一一点以外は第1類三点、第2b類一点、第2c類一点、第4類四点である。分類できない一群には、沈線文やⅢ施文帯が認められるので、第2類の範疇に含まれるものが多いのではないかと考えられる。口唇部（Ⅰ施文帯）に刻目が施されるものが二点認められる。壺形土器の口縁部~胴部破片二点は、第4類二点である。

第二地点Gトレンチ出土土器は、合計一八点（甕形土器一六点・壺形土器二点）が図示されている。

一点以外はおおよそ兼久式土器の範疇に含めて理解できると考えられる。甕形土器の口縁部〜胴部破片一六点は、分類できない二点以外は第1類一点、第2a類一点、第2c類二点、第3類二点、第4類三点である。口唇部（Ⅰ施文帯）に刻目が施されるものが一点認められる。壺形土器の口縁部〜胴部破片二点は、第1類一点、第2a類一点である。

第一地点北地区第三層出土土器と第二地点Gトレンチ出土土器は、おおむね共通する土器群と理解できる。第1類・第2a類・第2b類・第2c類等から構成され、Ⅰ施文帯に刻目が施されていることから、小湊フワガネク遺跡群第一次調査出土土器に類似している。

⑨赤尾木手広遺跡出土土器（第16図）

砂採取事業を契機として、一九七八（昭和五十三）年に確認発掘調査を実施した後、一九八四（昭和五十九）年に緊急発掘調査が行われている（龍郷町教育委員会一九八四・熊本大学文学部考古学研究室一九八六）。確認された第一層〜第一九層の砂層に九層の文化層が確認されている。文化層の最上層に当たる第三層から兼久式土器が出土していて、器形からA類（深鉢・甕）・B類（鉢）・D類（壺）の三群に分類されている。

第三層出土土器は合計一七点が図示されていて、甕形土器一三点・壺形土器四点である。甕形土器は口縁部〜胴部破片一〇点（有文破片九点・無文破片一点）・底部破片三点が、壺形土器は口縁部〜胴部破片三点（有文破片三点）・底部破片一点が図示されている。甕形土器の口縁部〜胴部破片一〇点は、分類できない一点以外は第2類が中心で、第2b類三点、第2c類五点である。第2c類に分類されるものは、Ⅲ施文帯に施されている刻目がいちじるしく少ない。壺形土器の口縁部〜胴部破片は、第2a類一点、第2c類一点、第3類一点である。

また第四層からも甕形土器一個体が出土している。当該土器も、兼久式土器の範疇に含まれると考えられるもので、第3類に分類される。

第三層出土土器は、図示資料から判断するかぎりでは第2b類・第2c類が中心で沈線文もあまり施されず、Ⅲ施文帯の刻目もいちじるしく簡素化されていて、小湊フワガネク遺跡群出土土器といちじるしく様相が相違する。類例を求めるならば、土盛マツノト遺跡上層出土土器に類似しているように思われる。

⑩面縄第一貝塚出土土器

文化財補助事業の重要遺跡確認発掘調査事業を導入して、一九八二(昭和五十七)年に発掘調査が実施されている(伊仙町教育委員会)。九カ所で発掘調査が実施されていて、A-1・A-3・A-0・C-1の四区から兼久式土器が出土している。

A-1区出土土器は合計一三点が図示されている。Ⅱ層・Ⅲ層・Ⅳ層が兼久式土器出土層である。Ⅱ層出土土器が二点、Ⅲ層出土土器が二点、Ⅳ層出土土器が九点である。甕形土器のみ一三点であるが、口縁部~胴部破片一一点(有文破片九点・無文破片二点)・底部破片二点である。甕形土器の口縁部~胴部破片一一点は、第1類五点、第2b類三点、第2c類一点、第4類二点である。当該遺跡の第1類には、Ⅲ施文帯に隆帯文を貼り付けずにそのまま連続刺突による刻目を施す一群が認められる。文様構成は明らかに第2類と同一の構成が認められるが、隆帯文を有していないので第1類に分類したものである。小湊フワガネク遺跡群出土土器の第1類とは区別されるべきと考えられる。第1類五点は、いずれも第2類の亜類と見なされるもので、第2類として分類した場合には第2a類一点・第2b類三点・第2c類一点となる。

A-3区出土土器は合計七点が図示されている。いずれもⅢ層出土土器である。甕形土器のみ七点であるが、口縁部~胴部破片四点(有文破片四点)・底部破片三点である。甕形土器の口縁部~胴部破片四点は、第1類二点、第2b類一点、不明一点である。底部破片に脚台部が一点認められる。第1類二点は、いずれも第2類の亜類と見なされるもので、第2類として分類した場合には第2b類一点・第2c類一点となる。

A－0区出土土器は合計一三点が図示されている。Ⅰ層～Ⅲ層は貝層を細分したものである。Ⅰ層出土土器が五点、Ⅱ層出土土器が八点である。甕形土器のみ一三点であるが、口縁部～胴部破片九点（有文破片七点・無文破片二点）・底部破片四点である。甕形土器の口縁部～胴部破片九点は、第1類二点、第2a類一点、第2b類三点、第3類一点、第4類二点である。第1類二点は、一点が第2類の亜類と見なされるもので、第2類として分類した場合には第2b類となる。

A－0区から、共伴遺物として「開元通宝」三点が出土している。A－0区の貝層最下部から出土したもので、小原一夫による一九三〇（昭和五）年の発掘調査でも貝層下部から「開元通宝」一点が出土している。

C－1区出土土器は合計一三点が図示されている。Ⅱ層出土土器が一〇点、Ⅲ層出土土器が三点である。甕形土器一〇点・壺形土器三点である。甕形土器は、口縁部～胴部破片七点（有文破片六点・無文破片一点）・底部破片一点である。甕形土器の口縁部～胴部破片七点は、第1類二点、第2b類一点、第4類一点、不明三点である。壺形土器は、口縁部～胴部破片二点（有文破片一点・無文破片一点）・底部破片一点である。壺形土器の口縁部～胴部破片二点は、第2b類一点、不明一点である。Ⅱ層～Ⅲ層における土器群の変化は不明である。

A－1・A－3・A－0・C－1の四区における出土土器は、資料点数が十分ではないが、おおむね共通する一群として理解できるのではないかと考えられる。当該遺跡で特徴的に認められた第2類の亜類と見なされる第1類について、第2類として分類した場合の四区全体の土器様相は、第1類三点、第2a類二点、第2b類一四点、第2c類三点、第3類一点、第4類三点となる。第2b類を中心に第1類・第2a類・第2c類が加わる構成は、小湊フワガネク遺跡群出土土器に類似が認められる。ただし、口唇部（Ⅰ施文帯）に刻目は施されないので、用見崎遺跡出土土器と類似する構成であると考えられる。

3　兼久式土器の文様分類

以上、奄美諸島一〇遺跡における兼久式土器について確認、再分類してみた。土器分類に際しては、小湊フワガネク遺跡群出土土器における分類案でほとんど対応できたが、万屋泉川遺跡C−2グリッド出土土器や和野長浜金久遺跡F−14・J−23グリッド出土土器等に認められるような胴部上半に刻目隆帯文が回らされた小湊フワガネク遺跡群には認められない土器群も確認できた。これらの一群は、新たなる分類として加えることが適切と考えられる。

前節で確認してきたように、過去に示されている兼久式土器の分類は、発掘調査で出土したかぎられた資料の分類に止まるものがほとんどで、複数の遺跡の資料を集成して総括的に分類したものは少ない(1)。そこで、前節の概観にもとづきながら以下の分類案を示してみたい。

第1類〜沈線文のみが施された一群
第2類〜口縁部に刻目隆帯文が回らされた一群
　第2a類〜刻目隆帯文の上部・下部に沈線文（隆帯文）が施されたもの
　第2b類〜刻目隆帯文の上部もしくは下部に沈線文（隆帯文）が施されたもの
　　第2b1類〜刻目隆帯文の上部に沈線文（隆帯文）が施されたもの
　　第2b2類〜刻目隆帯文の下部に沈線文（隆帯文）が施されたもの
　第2c類〜刻目隆帯文のみで沈線文が施されないもの
第3類〜胴部上半に刻目隆帯文が回らされた一群
第4類〜隆帯文が施された一群
　第4a類〜隆帯文のみが施されたもの

第4b類〜隆帯文のほかに沈線文が施されたもの
第5類〜無文の一群

三　小湊フワガネク遺跡群出土土器の帰属年代

小湊フワガネク遺跡群第一次調査出土土器・第二次調査出土土器、そして奄美諸島における兼久式土器の主要資料について様相の検討してきた。兼久式土器全体における小湊フワガネク遺跡群出土土器の特徴はおおよそ確認できたと考えられるので、つづいて帰属年代の考察に進みたい。

まず帰属年代の手がかりとなる共伴遺物を検討して、帰属年代を与えてみたい。次に出土層位の重畳関係から土器群の前後関係を検討して土器変化の型式学的方向を検証してみる。そして土器群の前後関係と与えられた帰属年代が矛盾していないかを確認して、小湊フワガネク遺跡群出土土器の帰属年代を考察してみたい。

1　共伴遺物

兼久式土器と共伴する出土遺物のなかで帰属年代の確認に利用できるものとして、外来土器・銭貨（開元通宝）が上げられる。

①外来土器

兼久式土器と共伴して外来土器が出土した遺跡は、喜界島一遺跡、奄美大島五遺跡の合計六遺跡が認められる。喜界島の一遺跡は先山遺跡で、土師器甕一点が確認されている（喜界町教育委員会一九八七）。奄美大島の五遺跡は、土盛マツノト遺跡、万屋泉川遺跡、万屋下山田遺跡、和野長浜金久遺跡、小湊フワガネク遺跡群である。土盛マツノト遺跡は、整理作業中のために出土点数等は明らかではないが、土師器甕・土師器坏・須恵器・布目圧痕土器等が確認されている（笠利町教育委員会一九九二）。万屋泉川遺跡・万屋下山田遺跡・和野長浜金久遺跡は、同一砂丘上に隣接しながら営まれている遺跡で、万屋泉川遺跡から土師器甕三一点・須恵器二点、万屋下山田遺跡から土師器甕二点・土師器埦二点、和野長浜金久遺跡から土師器甕一一点・土師器坏一点・布目圧痕土器等が確認されている（鹿児島県教育委員会一九八五・一九八六・一九八八）。それから小湊フワガネク遺跡群は、第二次調査（調査区一二）から土師器甕（模倣）一点が、第六次調査（調査区二四）から土師器甕六〇点・土師器坏三点・布目圧痕土器五二点・滑石製石鍋七八点等が確認されている（名瀬市教育委員会一九九九・二〇〇三）。

また喜界島では兼久式土器出土遺跡で認められた外来土器が主体を占める遺跡が複数確認されている。小野津巻畑B・C遺跡では、B遺跡から土師器甕六一点・土師器坏三点・須恵器壺二点・須恵器甕五点・滑石製石鍋二点等が、C遺跡から土師器甕六点が確認されている（喜界町教育委員会一九九三）。島中B遺跡Ⅱでは、須恵器若干と土師器坏一点が確認されている（喜界町教育委員会一九八九b）。山田中西遺跡は二〇〇三（平成十五）年に、山田半田遺跡は二〇〇四（平成十六）年に発掘調査が開始されていて、まだ発掘調査が継続しているために出土点数等は明らかではないが、両者ともに土師器甕・須恵器甕・滑石製石鍋等が主体を占めている(2)。

以上一一遺跡で確認されている外来土器の種類は、土師器・須恵器・布目圧痕土器・滑石製石鍋等である。土師器は甕形土器が圧倒的に多く、若干の坏形土器・埦形土器が認められる。須恵器は甕形土器・壺形土器が認められるが、帰属年代の位置づけが可能な資料が含まれている。甕形土器を中心にいずれも帰属年代の位置づけができるものはほとんど含まれていない。これらの外来土器については、最近、池田榮史による総括的研究成果が獲得されているので（池田二〇〇五b）、本章では池田による土師器の年代理解を踏まえながら帰属年代を確認するだけに止めておきたい。

まず土師器甕形土器であるが、器形の特徴から長胴甕と丸底甕に大別することができる。土師器甕形土器の編年的理解から、この大別は長胴甕が古段階、丸底甕が新段階の前後関係に置き換えて考えられるので、共伴する兼久式土器を新古に大別できる重要な手かがりとなる。

土師器長胴甕は、小湊フワガネク遺跡群第二次調査の調査区一二から出土した土師器模倣土器の一例だけが認められる。当該土器は土師器長胴甕を忠実に模倣したものであると考えられる。その系譜は判然としないが、上村俊雄は霧島山麓の加久藤盆地から都城盆地の一帯における古墳時代後半期の土師器に類似するものが認められると指摘している（上村二〇〇二b）。管見が及んだ類例として宮崎県都城市の鶴喰遺跡から出土した土師器長胴甕を上げておきたい（都城市教育委員会二〇〇四）。鶴喰遺跡における土師器長胴甕は、共伴している須恵器坏から七世紀前半の帰属年代が与えられているので、小湊フワガネク遺跡群の土師器模倣土器も同時期の所産として理解できそうである。また鶴喰遺跡における土師器長胴甕には底部外面に木葉痕を有するものが認められ、兼久式土器の特徴である木葉痕と関連もうかがわれる。

土師器丸底甕は、小野津巻畑Ｂ・Ｃ遺跡・山田中西遺跡・山田半田遺跡・先山遺跡・土盛マツノト遺跡・万屋下山田遺跡・万屋泉川遺跡・和野長浜金久遺跡の九例が認められて、出土事例の大半を占めている。いずれも「く」の字状に短く屈曲する特徴的な口縁部を有しており、おおよそ同時期の所産と考えられるものである。すべて搬入資料と見なされるもので、金峰町等の旧薩摩国側で同様の土師器丸底甕が多数確認されている。中村和美による南九州における土師器編年研究の成果によるならば（中村一九九四・一九九七）、これらの土師器丸底甕について現段階では九世紀後半〜十世紀前半の帰属年代が与えられている。(3)

土師器坏形土器・土師器埦形土器の出土事例は、小野津巻畑Ｂ・Ｃ遺跡、土盛マツノト遺跡、万屋下山田遺跡、和野長浜金久遺跡の五例が認められる。いずれも搬入資料であるが、ほとんど細片ばかりでその系譜は判然としない。土盛マツノト遺跡の高台付坏は、大宰府Ⅷ期類に相当すると考えられるもので、十世紀前後に位置づけられる（山本一九八八）。

小湊フワガネク遺跡群第六次調査の調査区二四から出土した土師器丸底甕と土師器高台付坏は、類須恵器（カムィヤキ）を共伴していて兼久式土器が出土しないので、より新出の一群であると考えられる。土師器丸底甕は、厚手で器面に叩き目調整が施された特徴的なもので、南九州にはほとんど認められないものである。おおよそ平安時代後半の帰属年代が想定される。また土師器高台付坏はいわゆる内黒土器で、小片のため判然としないが、器形から「九州系Ⅳ類（黒色土器B類）」に分類できると考えられるものである。九州系Ⅳ類は、おおよそ十一世紀前後に位置づけられると思われる（森一九九五）。万屋下山田遺跡では類須恵器と兼久式土器が共伴していて、最古の類須恵器・最新の兼久式土器となる可能性があるが、厳密なる共伴関係にあるのか判然としないので判断は保留しておきたい。ほかの類須恵器出土遺跡では兼久式土器はほとんど出土していないことから、類須恵器が出現する十一世紀代の段階には兼久式土器は消失していると考えられる。

②銭　貨

用見崎遺跡と面縄第一貝塚で舶載銭の「開元通宝」が出土している。用見崎遺跡は、第二次調査で兼久式土器が出土したⅥ層直上となるⅣ層最下部から「開元通宝」一点が出土している。Ⅳ層は水田造成時の整地土層（攪乱層）でⅥ層を削平しながら形成されたと理解されているので、「開元通宝」は兼久式土器に本来共伴していたと考えられている。[4] 面縄第一貝塚は、一九八二（昭和五十七）年の発掘調査で兼久式土器を出土するA-0区の貝層最下部から「開元通宝」三点が出土している。一九三〇（昭和五）年の発掘調査でも貝層下部から「開元通宝」一点が出土している。

銭貨は伝世するため、鋳造年代を出土遺跡の帰属年代としてそのまま理解することはできないが、初鋳造の年代よりも共伴遺物の年代が古くさかのぼることはないので、ある上限年代の指標として利用できる。用見崎遺跡出土土器と面縄第一貝塚出土土器は、おおよそ類似した土器群であると理解されるので、共通した年代理解のなかで「開元通宝」の共伴関係を考えられる。すなわち「開元通宝」が初鋳造された六二一年、七世紀前葉以降にこれらの土器群の帰属年代を考えられる。

2　出土層位

前章で確認した一〇カ所の兼久式土器出土遺跡について、出土土器の層位的重畳が確認できるものが八遺跡九事例認められる。これらの事例は、兼久式土器出土層の下層から兼久式土器と異なる土器群（スセン當式土器）が出土する場合、兼久式土器出土層が重畳する場合、兼久式土器出土層の上層から兼久式土器と異なる土器群（類須恵器）が出土する場合の三者に大別できる。特に前二者については、兼久式土器の帰属年代や兼久式土器の型式学的変化を確認する手かがりになるので検討してみたい。

①スセン當式土器と兼久式土器の層位的重畳関係

筆者によるスセン當式土器の検討では、用見崎遺跡・須野アヤマル第二貝塚・和野長浜金久遺跡・喜瀬サウチ遺跡・小湊フワガネク遺跡群（第六次調査）の五遺跡で兼久式土器出土層の下層からスセン當式土器に相当する土器群の出土を指摘した（髙梨二〇〇五ａ）。

筆者がスセン當式土器と指摘する土器群の評価は別としても、兼久式土器出土層の下層から弥生時代並行期の土器群とは相違する一群が出土している事実には注目しなければならない。当該事実は、兼久式土器の起源が弥生時代並行期の土器群に後続して理解できないことを示しているからである。

須野アヤマル第二貝塚の発掘調査では、池畑耕一が「（兼久式土器は）当遺跡では弥生時代遺物を出土する第一・

第二グリッド、第五・第六トレンチにはまったくみられず、第二トレンチではⅥｄ類の上の層から出土している。先に記したようにⅥｄ類を笹貫式土器並行期とすれば、その始まりは早くとも古墳時代後期であることを示していよう」と指摘して、弥生時代には比定できないⅥｄ類が兼久式土器出土層の下層から出土した事実を根拠として兼久式土器の年代理解に言及している（笠利町教育委員会一九八四）。

また和野長浜金久遺跡の発掘調査では、弥栄久志が「兼久式土器の前段階として、第二一層より出土した土器をあてた。この土器は沈線文土器で器形も異なっている」と指摘して、兼久式土器の古段階を七世紀代に位置づける年代理解から、第二一層出土土器の帰属年代をおおよそ六世紀代に求めている（鹿児島県教育委員会一九八五）。

兼久式土器の帰属年代を弥生時代後期とする年代理解に対して、兼久式土器の層位的重畳関係を根拠として、池畑耕一や弥栄久志が兼久式土器の新たなる年代理解を提起していた。それは、いずれも兼久式土器の起源が弥生時代後期には求められないとする反論的問題提起が含まれる重要なものである。

発掘調査における確認事実による池畑耕一や弥栄久志の問題認識は、ふたたび小湊フワガネク遺跡群第六次調査であらためて確認されることになる。小湊フワガネク遺跡群第六次調査では、調査区二四で第Ⅲ層から類須恵器（カムィヤキ）、第Ⅴａ層から兼久式土器、第Ⅴｂ層から型式不詳土器が出土する層位的重畳関係が認められて、兼久式土器に先行する段階には少なくとも弥生時代並行期の土器群とは異なる一群が存在する事実が明らかにされたのである。第Ⅴｂ層の型式不詳土器は、スセン當式土器の良好なる標本として理解されたため、兼久式土器の前段階にスセン當式土器が位置づけられる編年的関係も確認できたのである（高梨二〇〇五ａ）。

スセン當式土器の型式学的変化について、筆者は施文帯の拡大と文様の複雑化を指摘していて、小湊フワガネク遺跡群調査区二四第Ⅴｂ層出土土器は施文帯が胴部上半（Ⅳ施文帯）まで拡大して沈線文による幾何学文の盛行が認められるので、スセン當式土器の新段階に位置づけている（高梨二〇〇五ａ）。小湊フワガネク遺跡群出土土器における第1類は沈線文のみが施文されたもので、兼久式土器の典型が刻目隆帯文（Ⅲ施文帯）を有する一群に求められると理解するならばいちじるしく特徴が相違する土器群であると考えられる。沈線文だけで文様構成されている第1類は、むしろスセン當式土器の要素に近接していると考えられる。しかし、第1類のⅤ施文帯には兼久式土器甕形土器における特徴である木葉痕が認められ、スセン當式土器の範疇では理解できない。そうした第1類の特徴は、スセン當式土器の要素を継承した兼久式土器の初源的様相として理解できるのではないか。そして第2a類に認められるⅣ施文帯まで沈線文の施文が及ぶ特徴も、同様の要素として理解できると考えられる。すなわち第1類・第2a類が多数含まれる小湊フワガネク遺跡群第二次調査出土土器の様相は、兼久式土器の最古段階を示すものであると理解できそうである。スセン當式土器から兼久式土器へ、両者は連続的に型式学的変化していく過程が解りはじめている。そして小湊フワガネク遺跡群第二次調査上層出土土器に七世紀前半に位置づけられる土師器長胴甕が共伴していて、第二次調査下層出土土器も時間的にいちじるしくさかのぼるとは考えられないので、兼久式土器の最古段階はおおよそ七世紀をさかのぼらないと理解できる。

②兼久式土器の層位的重畳関係

兼久式土器出土層が上下に重畳して堆積していた事例は、土盛マツノト遺跡・赤尾木手広遺跡・小湊フワガネク遺跡群（第二次調査）・面縄第一貝塚の四遺跡で確認されている。とくに土盛マツノト遺跡・小湊フワガネク遺跡群（第二次調査）は、重畳関係で理解できる出土土器が多数得られていて注目される。

土盛マツノト遺跡の上層出土土器と下層出土土器は、様相の相違がいちじるしい土器群である。そのため、兼久式土器における型式学的変化の確認が期待される資料である。発掘調査報告書が発刊されていないため予察的検討にしかならないが、上層出土土器・下層出土土器の特徴を比較しておきたい。上層出土土器の文様は、第2b類・第2c類・第3類が中心で、第1類・第2a類はほとんど認められない。対して下層出土土器の文様は、第1類・

第2a類・第2b類が中心で、第2c類がほとんど認められない。それから上層出土土器の施文帯は、Ⅰ施文帯・Ⅳ施文帯が認められず、Ⅲ施文帯は刻目が端整に施された一群や簡素に施された一群が認められる。対して下層出土土器の施文帯は、Ⅰ施文帯・Ⅳ施文帯が認められて、Ⅲ施文帯は刻目が粗雑に施された一群が認められる。以上、下層出土土器から上層出土土器へ変化を確認してみるならば、沈線文が消失して文様が単純化していく方向が看取できる。そうした単純化の方向は、施文帯の消失から考えてみるならば、施文帯の縮小として理解できる。

それから小湊フワガネク遺跡群第二次調査出土土器は、調査区域のB列・C列付近で局部的に文化層が上下二層に分かれるため、二群に大別できると考えられる。上下二層に重畳している部分では、第1類が下層に分布する様子が認められるので、第1類が時間的に先行すると理解できる。しかし、第二次調査出土土器の上層相当部分と下層相当部分は、土盛マツノト遺跡上層出土土器・下層出土土器に比較して様相の相違があまり認められない土器群であり、厳密に区別することは実際には難しい。第2b類に分類できる出土土器一二八は、第一次調査出土土器と第二次調査出土土器が接合したものであり、当該接合関係から第二次調査出土土器の一部は第一次調査出土土器と同一時間を共有している事実が解る。それから土師器模倣土器が、B-6グリッドの上層部分から出土している。上層部分は局部的分布にかぎられることから、第二次調査出土土器の多数は基本的に下層部分に含まれるものであると考えられる。出土土器一二八に認められた接合関係や第1類の垂直分布状態から判断して、第二次調査出土土器の上層部分とは第一次調査出土土器に共通する一群と理解できるだろう。小湊フワガネク遺跡群第一次調査出土土器・第二次調査出土土器に認められる相違は、時間的前後関係で理解できるものであり、土盛マツノト遺跡上層出土土器・下層出土土器における時間的差異よりもはるかに近接した時間的差異である。第二次調査下層出土土器から第二次調査上層出土土器へ、すなわち第二次調査出土土器から第一次調査出土土器への変化は、第1類・第2a類の減少と第2c類の増加として理解できる。

3　帰属年代と型式学的変化の考察

共伴遺物による帰属年代を検討した結果、まず小湊フワガネク遺跡群第一次調査出土土器が共伴する土師器長胴甕からおおよそ七世紀前半に、土盛マツノト遺跡上層出土土器が共伴する土師器丸底甕からおおよそ九世紀後半～十世紀前半に位置づけられた。当該事実から、兼久式土器を土師器長胴甕に共伴する一群と土師器丸底甕に共伴する一群に大別して、それぞれを古段階と新段階の前後関係に置き換えて理解することができる。

小湊フワガネク遺跡群第一次調査出土土器・第二次調査出土土器は、すでに確認したように第二次調査出土土器が二時期の土器群に大別できる。第二次調査下層出土土器は、第4類・第5類を除いて考えるならば、第1類・第2a類・第2b類を中心に第2c類が若干加わる土器群であると考えられる。上層部分が分布していないD～G列の出土土器がおおよそ相当すると考えられるが、厳密には区別できない。第二次調査上層出土土器は、第一次調査出土土器と同一時期に位置づけられる一群で、土師器長胴甕が共伴する。第一次調査出土土器は、第2b類・第2c類に中心に第1類・第2a類が若干加わる土器群である。土師器長胴甕の共伴関係から、第一次調査出土土器・第二次調査上層出土土器はおおよそ七世紀前半に位置づけられ、第二次調査下層出土土器も上層出土土器から時間的にいちじるしく離れているとは考えられないので七世紀をさかのぼらないと思われる。大隅諸島でも、土師器・須恵器の流入時期は七世紀代からである（中園一九八八）。

土盛マツノト遺跡上層出土土器は、第2b類・第2c類・第3類が中心になると考えられる土器群で、これらが土師器丸底甕を共伴する十世紀前後の様相として理解することができる。土師器丸底甕の共伴が認められた和野長浜金久遺跡出土土器は、第1類から第5類まで全部の土器群が混在して認められるが、土盛マツノト遺跡上層出土土器の事例から考えるならば、F列やJ列で認められる第2c類・第3類が中心になる土器群が土師器丸底甕に共伴する一群であると理解できる。

用見崎遺跡出土土器は、船載銭の「開元通宝」一点を共伴していた可能性が高いと考えられ、面縄第一貝塚Ａ-０区出土土器は「開元通宝」三点を共伴していたので、兼久式土器のある段階が「開元通宝」の鋳造年代である六二一年以降、すなわち七世紀前葉以降に位置づけられると確認された。「開元通宝」に共伴する兼久式土器について、面縄第一貝塚Ａ-０区出土土器には第１類も含まれているが、いずれも第２ａ類・第２ｂ類を中心とする土器群で、これらを「開元通宝」に共伴する兼久式土器として理解することができる。

共伴遺物から導かれた帰属年代より、小湊フワガネク遺跡群第一次調査出土土器・第二次調査上層出土土器と用見崎遺跡出土土器・面縄第一貝塚Ａ-０区出土土器は、七世紀前半という同一の年代理解のなかに位置づけられることになるが、共伴する兼久式土器の特徴もおおよそ共通していると見なされる。土師器長胴甕・「開元通宝」の共伴遺物から導かれる年代理解は矛盾していないといえる。

以上、共伴する土師器甕形土器を指標として、兼久式土器は土師器長胴甕に共伴する一群と土師器丸底甕に共伴する一群に大別され、前者を古段階に後者を新段階に置く前後関係で理解できた。大別した兼久式土器の二群を比較検討してみるならば、新段階の土器群では第１類・第２ａ類が消失している様子が看取される。当該事実から、兼久式土器の型式学的変化の方向として、沈線文の減少・文様の単純化が確認できた。

それから土盛マツノト遺跡で認められた兼久式土器の層位的重畳関係について、第１類・第２ａ類・第２ｂ類が中心になると考えられる下層出土土器から第２ｃ類・第３類が中心になると考えられる上層出土土器へ変化する様子から、第１類・第２ａ類の消失や第３類の出現が看取され、文様の単純化・沈線文の減少等が確認できた。これは共伴遺物による兼久式土器の大別から確認された土器群の前後関係と同一結果であり、共伴遺物による兼久式土器の分布論的理解と層位的重畳関係による兼久式土器の型式論的理解は整合的で正しいことが検証された。

また小湊フワガネク遺跡群第六次調査で認められたスセン當式土器と兼久式土器の層位的重畳関係やスセン當式土器と兼久式土器の型式学的検討から、スセン當式土器から兼久式土器へ連続して変化する様子が明らかになり、小湊フワガネク遺跡群第二次調査下層出土土器は最古段階の兼久式土器として理解できたのである。兼久式土器の起源はおおよそ七世紀段階に求められると考えられ、すでに二〇年前に提起された池畑耕一や弥栄久志の年代理解が正鵠を射ていたことをようやく確認できたのである。

四　兼久式土器の編年

以上、いわゆる兼久式土器と称される土器群について、小湊フワガネク遺跡群出土土器を中心に一〇遺跡の出土土器における器種・器形・文様等の特徴を確認してきた。そして共伴遺物から土器群の帰属年代の一端を、さらに層位的重畳関係から兼久式土器の型式学的変化の方向を明らかにして、土器群相互の相対的位置づけの検証を進めてきた。小湊フワガネク遺跡群出土土器というまとまりある資料群を獲得して、兼久式土器に対する理解を以前よりも深化させることができたのではないかと思われる。本章における考察の目的はすでに果たしたと考えられるが、この考察を進めていく過程で兼久式土器に対する編年的理解も深められたので、これまで指摘されてきた兼久式土器研究の課題を確認しながら、最後に編年作業まで取り組んでみたい。

1　兼久式土器の研究略史

いわゆる兼久式土器は、奄美諸島特有の在地土器として知られている。しかし、兼久式土器の編年研究はいちじるしく遅滞していて、その帰属年代は弥生時代終末~平安時代という約一〇〇〇年間にも及ぶ漫然たる時間幅で理解されている。しかも、型式細分も行われていないため、実際の年代尺度としてほとんど機能を果たすことができない。

兼久式土器の編年研究に最初に着手したのは、河口貞徳である。河口は、奄美諸島で確認されている平底で木葉痕を有する特徴的な甕形土器について類例を集成・検討した結果、一型式を構成する土器群であると結論づけ、面縄兼久貝塚（面縄第三貝塚）の出土土器を標識として「兼久式土器」と命名した。そして兼久式土器の帰属年代について、弥生時代終末と思われる笹貫遺跡出土土器に類似した脚台を共伴すると考えられる点、口縁部下に回らされている刻目突帯が南九州の弥生時代後期土器（成川式土器）に類似している点、共伴遺物に石斧が認められず、南九州で石斧が消失するのは弥生時代後期以降と考えられる点等を根拠として、弥生時代後期の年代理解を提起した（河口一九七四）。

その後、一九八〇年代に和野長浜金久遺跡、万屋泉川遺跡、万屋下山田遺跡、須野アヤマル第二貝塚、面縄第一貝塚の発掘調査が相次いで実施されて、ほとんど採集資料が主体を占めていた兼久式土器に多数の発掘調査資料が追加された。中山清美は、兼久式土器の総括的分類を行い、五群に大別して実態の把握を試みている（中山一九八三・一九八四）。池畑耕一や弥栄久志等により層位的重畳関係・共伴遺物等を根拠として兼久式土器の起源を古墳時代後期以降とする新たなる年代理解が示され、従前の兼久式土器の年代理解に対して疑問が提起されたのであるが（笠利町教育委員会一九八四、鹿児島県教育委員会一九八五）、再検討の機運を醸成するにはいたらないまま今日に移行した。しかし、この段階で兼久式土器の年代理解の基礎は示されていたことに注意しなければならない。

つづいて一九九〇年代に土盛マツノト遺跡、用見崎遺跡、小湊フワガネク遺跡群の緊急発掘調査が相次いで実施されて、これらの一連の発掘調査でまとまりある資料群が多数獲得された。中山清美は、古段階の兼久式土器の帰属年代を弥生時代終末～古墳時代初頭ごろに位置づけて、あらためて河口貞徳の年代理解を支持した（中山一九九二）。中山の年代理解の根拠として、用見崎遺跡の発掘調査で広田遺跡上層型貝札と兼久式土器の共伴関係が確認された事実が重視されている（中山一九九二）。土盛マツノト遺跡の発掘調査成果から、下層出土土器が古段階の兼久式土器で上層出土土器が新段階の兼久式土器であると理解されていたが（笠利町教育委員会一九九二）、土盛マツノト遺跡下層出土土器と用見崎遺跡出土土器は共通する土器群であると指摘されている（中山一九九二）。これらの事実関係から、古段階の兼久式土器の帰属年代を弥生時代終末～古墳時代初頭に求めたと考えられる。しかし、熊本大学文学部考古学研究室による用見崎遺跡の発掘調査で出土土器が七～八世紀に年代比定されて、中山が古段階の兼久式土器であると理解した土器群の帰属年代は新しい年代に位置づけられるという矛盾が生じた。さらに広田遺跡上層型貝札の帰属年代も、二〇〇二（平成十五）年に広田遺跡の発掘調査報告書が発刊されて（広田遺跡学術調査委員会二〇〇三）、根拠としていた広田遺跡上層の年代は古墳時代後期まで下げられる事態が生じて、古段階の兼久式土器の年代理解を弥生時代終末～古墳時代初頭に求める根拠が失われたと考えられる。河口や中山が指摘する兼久式土器が弥生土器を共伴している事実（河口一九八六、中山一九八五）についても疑問が残る(5)。

筆者は、土盛マツノト遺跡出土土器を中心として、先山遺跡・用見崎遺跡・須野アヤマル第二貝塚・万屋泉川遺跡・和野長浜金久遺跡・喜瀬サウチ遺跡・赤尾木手広遺跡・面縄第一貝塚の九遺跡における類例を検討して、文様の特徴から兼久式土器を以下の三群に大別した。

兼久式土器A～口縁直下に一条の突帯が回らされ、突帯上には粗雑な刻目が施される。雑然とした意匠を持つ文様が施され、施文部位は突帯の上下に及ぶものがある。

兼久式土器B～口縁直下に一条の突帯が回らされ、突帯上には刻目が連続的に施されるが、単純化されたものも含まれる。文様は単純なものが施されるが、無文のものも多い。文様の施文部位は、突帯の上部にほぼ限定される。

兼久式土器C～口縁下部に一条の突帯が回らされるが、全周しないものも多い。突帯上に施される刻目は非常に単純化され、疎らである。全く刻目が施されないものも多い。文様はほとんど施されず、無文である。

そして土盛マツノト遺跡出土土器は、上層出土土器が兼久式土器B・C、下層出土土器が兼久式土器Aに分類できることから、その層位的重畳関係より兼久式土器A→兼久式土器B・Cの変化を確認した。また兼久式土器Bと兼久式土器Cの関係については、兼久式土器Aから兼久式土器B・Cへ文様装飾が単純化していく変化が看取されることから、兼久式土器B→兼久式土器Cの変化を確認した。これらの帰属年代については、兼久式土器Aに分類できる面縄第一貝塚出土土器が開元通宝を共伴する事実、同様に用見崎遺跡出土土器が広田遺跡上層型貝札を共伴する事実等から、兼久式土器Aを五～七世紀の年代幅のなかに、兼久式土器Bは土盛マツノト遺跡上層出土土器が九州から搬入された外来土器（土師器・須恵器）を共伴する事実から、おおよそ七～九世紀の年代幅のなかに位置づけた（髙梨一九九五b）。

大西智和も兼久式土器の分類をめぐる検討を実施しているが、従前に行われている分類案の分析に止まり、大西自身の分類案は示されていない。分類の指標となる属性として、口縁端部の形態・口縁部形態・突帯の有無・突帯の形状・突帯の刺突の有無・突帯の刺突の種類・突帯の刺突の間隔・文様の有無・文様の位置・文様の種類・器面調整の方法・底部の形態・木葉痕の種類が上げられている。また兼久式土器の年代理解については、兼久式土器の起源を河口貞徳以来の弥生時代後期に求める見解を示した（大西一九九七）。しかし、その根拠は上村俊雄・中村直子が提起した奄美諸島の弥生時代並行期における在地土器編年に依拠するものであり、具体的根拠を伴うものではない。兼久式土器の前段階にはスセン當式土器が位置づけられる事実が確認されているので（名瀬市教育委員会二〇〇三)、兼久式土器の起源を弥生時代並行期の土器群に連続させて位置づける理解論は成立しないと考えられる(髙梨二〇〇五a)。

さらに筆者は、小湊フワガネク遺跡群の発掘調査で出土した大量の兼久式土器を、有文土器と無文土器に大別して、有文土器を文様の特徴から以下の二群に分類した。

第1類土器~口縁部に沈線文のみ施すもの

第2類土器~口縁部下(もしくは頸部)に刻目を施した隆帯を一条回らせて、口縁部のみか隆帯を挟んで口縁部・胴部に沈線文を施すもの

そして第二次調査で調査区域の一部(B・C列)で文化層の重畳関係が確認され、上層から第2類土器が、下層から第1類土器が出土する傾向が確認されたことから、第1類土器と第2類土器は前後関係を有していると理解した。小湊フワガネク遺跡群で確認された土器群のそうした細別を手がかりとして、従前に筆者が提起した兼久式土器の編年的理解について、さらに①沈線文の土器群→②刻目隆帯+沈線文の土器群→③刻目隆帯+無文の土器群→④貼付位置が下がる刻目隆帯の土器群→⑤隆帯文の土器群とする五段階の変化を提起した。これらの兼久式土器の帰属年代は、おおよそ六~十世紀に位置づけられ、兼久式土器の起源は古くさかのぼらないことが強調されている(髙梨一九九九b)。

その後、鼎丈太郎も、兼久式土器の基礎研究として小湊フワガネク遺跡群出土土器を中心に用見崎遺跡・万屋泉川遺跡・和野長浜金久遺跡出土土器の分類作業を実施して、新たなる分類案を提起した(鼎二〇〇一)。

Ⅰ類~無文土器

Ⅱ類~有文土器

Ⅱ-A類~沈線文のみの一群

Ⅱ－B類～隆帯文を持つ一群
Ⅱ－B－a類～隆帯を横位方向に一条回らせる一群
Ⅱ－B－a－1類～隆帯文のみで構成されるもの
Ⅱ－B－a－1－イ類～縦位方向の隆帯文があるもの
Ⅱ－B－a－1－ロ類～縦位方向の隆帯文がないもの
Ⅱ－B－a－1－ロ－あ類～口縁部に横位方向の隆帯文が貼り付けられるもの
Ⅱ－B－a－1－ロ－あ－（a）類～横位方向の隆帯文が変化するもの
Ⅱ－B－a－1－ロ－あ－（b）類～横位方向の隆帯文が変化しないもの
Ⅱ－B－a－1－ロ－い類～胴部に横位方向の隆帯文が貼り付けられるもの
Ⅱ－B－a－1－ロ－い－（a）類～横位方向の隆帯文が変化するもの
Ⅱ－B－a－1－ロ－い－（b）類～横位方向の隆帯文が変化しないもの
Ⅱ－B－a－2類～隆帯文と沈線文で構成されるもの
Ⅱ－B－a－2－①類～隆帯文の上部に沈線文が施されるもの
Ⅱ－B－a－2－①－イ類～縦位方向の隆帯文が貼り付けられるもの
Ⅱ－B－a－2－①－ロ類～縦位方向の隆帯文が貼り付けられないもの
Ⅱ－B－a－2－②類～隆帯文の上下に沈線文が施されるもの
Ⅱ－B－a－2－②－イ類～縦位方向の隆帯文が貼り付けられるもの
Ⅱ－B－a－2－②－ロ類～縦位方向の隆帯文が貼り付けられないもの
Ⅱ－B－b類～隆帯を横位方向に廻らせない一群

Ⅱ－Ｂ－ｂ－α類～口縁部に縦位方向の隆帯文が貼り付けられるもの

Ⅱ－Ｂ－ｂ－α－１類～縦位方向の隆帯文のみのもの

Ⅱ－Ｂ－ｂ－α－２類～縦位方向の隆帯文に沈線文が施されるもの

Ⅱ－Ｂ－ａ－β類～口縁部に耳状隆帯文が貼り付けられるもの

Ⅱ－Ｂ－ａ－β－１類～耳状隆帯文のみのもの

Ⅱ－Ｂ－ａ－β－２類～耳状隆帯文に沈線文が施されるもの

鼎は、過去に行われている兼久式土器の分類が遺跡単位の個別的分類に終始している反省に立ち、兼久式土器の総括的分類を試みて、階層的構造の系統的序列にまとめて対象資料の文様属性から分類序列を選択して同一階層で比較検討ができるようにした。分析を実施した四遺跡について、特定の文様分類に数量が集中する事実が指摘されていて、それぞれの遺跡の出土土器における主体を占める土器群として理解されている。文様分類の比較検討から土器群相互の相対化を図ることが今後の編年研究に必要であると指摘している。

以上、兼久式土器の編年研究について、簡単に学史的確認を進めてきたが、最後にこれまで筆者が提起してきた兼久式土器の分類について、小湊フワガネク遺跡群における今回の出土土器分類に対照させながら課題を確認してみたい。

まず土盛マツノト遺跡出土土器を手がかりとして兼久式土器を三大別した段階では、以下の対照関係になると考えられる。

兼久式土器Ａ→第２ａ類・第２ｂ類

兼久式土器Ｂ→第２ｂ類・第２ｃ類

兼久式土器Ｃ→第３類

当該分類案では、第1類が理解の射程に含まれていない。第1類については、これまで兼久式土器の範疇に含めて理解してよいのか判断できず、小湊フワガネク遺跡群で多数の第1類が確認されてからも検討を繰り返し、ようやくスセン當式土器の編年研究に取り組む過程で解決が得られている（高梨二〇〇五ａ）。また型式学的変化の指標として隆帯（Ⅲ施文帯）の変化に着眼していたため、施文帯の構成の変化を分類に十分反映できていない弱点がある。それから共伴関係が認められた外来土器（土師器・須恵器）に対して十分なる年代理解を所有することができないでいたため、好資料に恵まれていたにもかかわらず、帰属年代の決定にいたることができていない弱点もある。

次に小湊フワガネク遺跡群出土土器を手がかりとして兼久式土器を五大別した段階では、以下の対照関係になると考えられる。

①沈線文の土器群↓第1類
②刻目隆帯＋沈線文の土器群↓第２ａ類・第２ｂ類
③刻目隆帯＋無文の土器群↓第２ｃ類
④貼付位置が下がる刻目隆帯の土器群↓第３類
⑤隆帯文の土器群↓第４ａ類

当該分類案と層位的重畳関係による型式学的変化の検証から兼久式土器における変化の過程はおおよそ確認できたと考えられるが、小湊フワガネク遺跡群出土土器の分類作業を詳細に進めてみた結果、大きな時間幅を有しているとは考えられない小湊フワガネク遺跡群出土土器に①段階・②段階・③段階の土器群が同時に含まれている事実が確認された。各段階の単純遺跡がさらに存在する可能性も考えられたが、①から⑤へ分類要素の段階的変化としてとらえる理解では、複数の分類要素を含んでいる小湊フワガネク遺跡群出土土器は十分説明することはできない。

当該分類案は、そのまま編年には適用できない弱点が存在していた。また共伴関係が認められる外来土器（土師器・須恵器）は、新しい資料が増加しているにもかかわらず、依然として十分なる年代理解を所有することができないでいたので、帰属年代の決定も判然としない部分を多く残していた。そうした課題を克服してさらなる編年研究の階段を進んでいくために、あらためて兼久式土器の研究方法について次節で検討して、以上で確認した弱点に備えておきたい。

2　兼久式土器の研究方法

兼久式土器の編年研究が停滞する一因としてしばしば指摘されてきたのは、砂丘遺跡における不安定な層序の問題である。河口貞徳は砂丘遺跡における遺物の上下移動現象の危険性を繰り返し指摘していて（河口一九八四）、その指摘そのものは正鵠を射ていると思われる。しかし、出土遺物の共伴関係や重畳関係が判然としない原因を砂丘遺跡の属性によるものとする見解が示されてきた（大西一九九七、岸本ほか二〇〇〇、安座間二〇〇二）。少なくとも小湊フワガネク遺跡群の発掘調査で、砂丘層序の混乱は認められていない。実際に層序の混乱が認められる遺跡とはどこなのか、それは本当に砂丘が備えている属性によるものなのか、そうした事実関係について再検討する必要があると考えられる。また危険性を回避するためにどのような発掘調査方法で問題を解決するのか、その具体的議論を伴わないままそうした指摘を繰り返すことは、出土土器の一括性を検証するための発掘調査方法の練磨に止揚していかないおそれがある。

根幹的問題は、土器群のまとまりが発掘調査でとらえられていない一点に尽きると考えられる。同時存在していた土器はどれとどれなのか、土器群の把握が発掘調査できちんとできていない。文様・器形等の同時存在する要素が確認できないから、いつまでも型式がとらえられない。まず端緒的研究段階では、土器群の分布論的同一性の確認が行われなければ検討が先に進められない。次に型式論的同一性が検討されて、その後に相互相対化が行われるべきである。

土器群の分布論的同一性の確認方法については、すでに筆者は詳論したことがある（高梨一九九三）。出土遺物のまとまり（廃棄時の同時性）は、出土遺物のいわゆる全点記録と接合作業により確認することができる。丹念な全点記録の実践により、層序の混乱等をめぐる危険性はかなり解消できるはずである。奄美諸島・沖縄諸島・先島諸島で行われている発掘調査において、全点記録方式を採用する遺物取り上げ方法はあまり採用されていない。同一文化層の出土遺物を一括して取り上げる方法が盛行している。和野長浜金久遺跡・用見崎遺跡では全点記録方式の発掘調査が行われているにもかかわらず、出土状態の記録に止まり、出土遺物の分布論的検討が行われていない。これでは出土遺物の分布論的同一性を正しく把握することは難しい。勢い理化学的年代測定法に依拠した安直なる編年研究へ展開してしまう結果ともなるのである。型式学研究で層位論はもちろん重要であるが、分布論も重要である。土器編年研究を停滞させる真の原因は、砂丘遺跡における層序の問題よりも発掘調査方法に内在していると指摘しておきたい。小湊フワガネク遺跡群の発掘調査・整理作業は、そうした土器群の分布論的同一性の確認に最大の注意を払いながら進めてきたのである。

兼久式土器編年研究について、小湊フワガネク遺跡群出土土器や土盛マツノト遺跡出土土器等が獲得されている現在、「資料が蓄積した段階で検討したい」という考古学の常套句がもはや通用する段階ではないと思われる。まず共伴遺物が認められる一括資料の吟味を十分行い、共伴遺物による土器群の大別と分類を行う一方で、層位的重畳関係が認められる土器群から変化の方向を検証する。次に土器群相互の相対的比較検討により、同一と見なされる土器群の分類を繰り返し、土器変化の方向にもとづいて土器群の相対的序列を確認していく作業を確実に推し進めていくしかない。土器の諸属性における組列を検証しながら、一個体における諸属性の並存関係を確認して土器変化の段階措定を行う方法（田中一九七九、田中・松永一九八四等）は、分析対象資料の分布論的同一性をめぐる検討が十分ではなく、編年研究の端緒的段階ではある程度まで有効かもしれないが、細分研究を進めていく編年研究の発展段階では限界がある。そして共伴遺物の十分なる編年研究から考古学的相対年代の決定が進められるべき作業であり、それから理化学的年代測定法による絶対年代の決定が導入されるという手順が進められるべきである。そのためには、今後の発掘調査における出土遺物の全点記録作業と分布論的検討の実践が欠かせない。一度の発掘調査ですべての問題解決が図れるわけではなく、十分なる問題認識を備えながら調査研究を確実に継続していくことが、今後の兼久式土器編年研究における確かなる枠組を作り上げていくと思われる。

3　兼久式土器の編年

①兼久式土器の細分

兼久式土器の細分に関しては、すでに3節3でも示したところであるが、前節で確認した研究方法に従いながら、最後に兼久式土器の総括的検討を試みたい。3節3と記述内容が重複する部分も出てくると思われるが了解されたい。

これまでの検討作業から、ある程度の資料点数が確保されていて一括性が高いと考えられる資料、しかも共伴遺物が認められる資料として、用見崎遺跡出土土器・土盛マツノト遺跡出土土器・小湊フワガネク遺跡群等が中核資料として理解されてくる。

まず兼久式土器を共伴遺物から大別してみる。小湊フワガネク遺跡群第二次調査出土土器に共伴した土師器甕形土器（模倣土器）が長胴甕であるのに対して、土盛マツノト遺跡上層出土土器に共伴した土師器甕形土器は丸底甕である。これらの土師器甕形土器は、南九州における土師器編年研究の成果から長胴甕がおよそ七世紀前半に、丸底甕はおおよそ九世紀後半～十世紀前半に位置づけられた。兼久式土器は共伴する土師器甕形土器から、土師器長胴甕に共伴する一群と土師器丸底甕に共伴する一群に大別することができ、土師器の編年的理解から前後の二時期に位置づけられる。

次に大別した兼久式土器の特徴を比較検討してみたい。大別された土器群は時間的前後関係を有していることから、両者を比較検討することにより土器群の型式学的変化の方向が確認できる。まず土師器長胴甕を共伴した小湊フワガネク遺跡群第二次調査出土土器であるが、層位的重畳からさらに上層・下層の二時期の土器群に大別されている。第二次調査上層出土土器は、第一次調査出土土器と同一時期と考えられるもので、土師器長胴甕を共伴している一群である。小湊フワガネク遺跡群第二次調査出土土器の大別は、実際には厳密に区別できないため、第二次調査上層出土土器の様相を第一次調査出土土器から確認してみたい。第４類・第５類を除いて考えるならば、第２ｂ類・第２ｃ類を中心に第１類・第２ａ類が加わる構成であると理解できる。また土師器丸底甕を共伴した土盛マツノト遺跡上層出土土器について、同様に第４類・第５類を除いて考えるならば、第２ｃ類・第３類が中心になる構成と考えられる。両者の構成を比較検討してみるならば、土師器丸底甕が出現する段階で第１類・第２ａ類が消失している事実が指摘できる。当該事実から、小湊フワガネク遺跡群第二次調査出土土器（古段階の兼久式土器）から土盛マツノト遺跡上層出土土器（新段階の兼久式土器）に変化していく過程で、Ⅳ施文帯の消失やⅡ施文帯における無文化の方向が確認できる。すなわち施文帯の縮小、文様の単純化(無文化)等の型式学的変化が確認できる。

それから土師器以外の共伴遺物についても、共伴する兼久式土器の相対的整理をしておきたい。

兼久式土器出土遺跡で「開元通宝」の共伴が認められる事例は、用見崎遺跡と面縄第一貝塚である。用見崎遺跡は、兼久式土器出土層（Ⅵ層）の直上となるⅣ層から「開元通宝」一点が出土したが、本来Ⅵ層に含まれていたものと考えられている。出土土器は、第４類・第５類を除いて考えるならば、第２ａ類・第２ｂ類を中心に若干の第

1類・第2c類で構成されている。面縄第一貝塚は、兼久式土器出土層（貝層）の最下部から「開元通宝」三点が出土した。当該遺跡で特徴的に認められた第2類の亜類と見なされる第1類について、第2類として分類した場合の土器様相は、第2b類を中心に若干の第1類・第2a類・第2c類が加わる構成で、小湊フワガネク遺跡群第一次調査出土土器に類似が認められる。ただし、口唇部（Ⅰ施文帯）に刻目は施されないので、その点では用見崎遺跡出土土器により類似していると考えられる。だから用見崎遺跡出土土器と面縄第一貝塚出土土器は、ほとんど同一様相の土器群であると理解できる。共伴する「開元通宝」の帰属年代にいちじるしい伝世等はなく、鋳造年代に接近したものであると考えられる。「開元通宝」の初鋳造年は六二一年で七世紀前半に比定されることから、土師器長胴甕を共伴する小湊フワガネク遺跡群第二次調査上層出土土器や小湊フワガネク遺跡群第一次調査出土土器とおおよそ同一段階に位置づけられることになる。これらの土器群には、Ⅰ施文帯に刻目施文したものが多く含まれていて、用見崎遺跡出土土器・面縄第一貝塚出土土器よりも古い様相を示している。

兼久式土器出土遺跡でイモガイ製貝札の共伴が認められる事例についても触れておきたい。用見崎遺跡・土盛マツノト遺跡上層・和野長浜金久遺跡・小湊フワガネク遺跡群第一次調査・小湊フワガネク遺跡群第二次調査からいわゆる広田遺跡上層型貝札が出土しているが、土盛マツノト遺跡上層・和野長浜金久遺跡は出土土器の様相に時間幅が認められて、貝札と共伴関係にある土器群が確認できないので、これらの遺跡は保留しておく。用見崎遺跡・小湊フワガネク遺跡群第一次調査・小湊フワガネク遺跡群第二次調査における出土貝札の文様は、用見崎遺跡と小湊フワガネク遺跡群第一次調査のものが共通している。小湊フワガネク遺跡群第二次調査のものは、若干複雑に描出されていて区別されると考えられる。だから貝札文様から兼久式土器を大別してみるならば、用見崎遺跡出土土器・小湊フワガネク遺跡群第一次調査出土土器と小湊フワガネク遺跡群第二次調査出土土器に分けられる。すでに小湊フワガネク遺跡群第一次調査出土土器と小湊フワガネク遺跡群第二次調査出土土器には相違が認められ、第一次調査出土土器が用見崎遺跡出土土器に類似することも確認しているので、貝札文様によるこの大別結果も妥当なものである。ただし、「開元通宝」に共伴する土器群のところで述べたように、用見崎遺跡出土土器はⅠ施文帯にほとんど刻目施文されないので、その点でより後出的様相を示していると考えられる。

つづいて層位的重畳関係から型式学的変化の方向をあらためて検証してみたい。まず須野アヤマル第二貝塚・和野長浜金久遺跡・小湊フワガネク遺跡群第六次調査（調査区二四）で確認されている兼久式土器とスセン當式土器の層位的重畳関係から、兼久式土器に先行する段階にスセン當式土器が位置づけられる事実が解る。当該事実から、弥生時代並行期の土器群に後続させて兼久式土器の生成を考える理解論は成立しないことが明らかである。筆者によるスセン當式土器の検討から、スセン當式土器新段階には施文帯の拡大や幾何学文等の沈線文の盛行が認められて、兼久式土器の第1類・第2a類はスセン當式土器の系譜で理解できる見通しが得られている。すなわちスセン當式土器から兼久式土器へ、拡大した施文帯や複雑化した文様等が継承されながら連続して変化する過程が確認されている。第1類・第2a類を多数含んでいる小湊フワガネク遺跡群第二次調査出土土器は、兼久式土器の最古段階に位置づけられる土器群として理解できる。次に異なる兼久式土器の層位的重畳関係が認められた土盛マツノト遺跡下層出土土器・上層出土土器の検討から、第1類・第2a類・第2b類を中心とする土器群（下層）から第2b類・第2c類・第3類を中心とする土器群（上層）へ変化する重要事実が確認された。下層出土土器から上層出土土器へ、施文帯の縮小・沈線文の減少・文様の単純化等の型式学的変化が看取できる。さらに小湊フワガネク遺跡群第二次調査で部分的に認められた上下二層の層位的重畳関係から、第二次調査出土土器は新段階・古段階に大別されていて、その微妙なる変化は第1類の減少と第2c類の増加として看取されている。第1類が下層から出土する様子が認められるので、沈線文が卓越する第1類・第2a類が古相の要素として考えられる。第1類・第2a類は、前述したようにスセン當式土器と連続して理解できることからも、これらを多数含んでいる土器群は古く考えられる。以上、古段階の兼久式土器から新段階の兼久式土器へ層位的重畳関係から確認できる型式学的変化は、施文帯の縮小・沈線文の減少・文様の単純化（無文化）等である。当該結果は、土師器による兼久式土器の大別的理解と一致するもので両者は整合的に理解できる。

大別した土器群と共通する土器群を確認しておきたい。まず小湊フワガネク遺跡群第二次調査下層出土土器は、現段階で同一特徴を備えている土器群は認められない。兼久式土器の最古段階に相当する土器群として唯一のものである。そして小湊フワガネク遺跡群第二次調査上層出土土器は、小湊フワガネク遺跡群第一次調査出土土器が共通する土器群で、さらに土盛マツノト遺跡下層出土土器・喜瀬サウチ遺跡出土土器もおおよそ同一と考えられる土器群である。小湊フワガネク遺跡群第一次調査出土土器に類似しているが、口唇部（Ⅱ施文帯）に刻目をほとんど施さず、より後出の様相を示す土器群が用見崎遺跡出土土器であるが、面縄第一貝塚出土土器がおおよそ共通すると考えられる土器群である。それから兼久式土器の新しい部分に位置づけられる土盛マツノト遺跡上層出土土器は、長浜金久遺跡出土土器・赤尾木手広遺跡第三層出土土器がおよそ同一の土器群と考えられる。万屋泉川遺跡出土土器は、第3類を中心に第4類が加わる土器群で、後出の様相を示している。

一括を単位とした土器群について、型式学的変化にもとづいて時間的前後関係を与えてみたい。まず前節で確認した共通する土器群を、時間的前後関係に従いながら以下に並べてみたい。

①群　小湊フワガネク遺跡群第二次調査下層出土土器

②群　小湊フワガネク遺跡群第二次調査上層出土土器
　　　小湊フワガネク遺跡群第一次調査出土土器
　　　土盛マツノト遺跡下層出土土器
　　　喜瀬サウチ遺跡第二地点Gトレンチ出土土器？

③群　用見崎遺跡出土土器
　　　面縄第一貝塚出土土器？
④群　赤尾木手広遺跡第三層出土土器
　　　先山遺跡一一トレンチ出土土器？
⑤群　土盛マツノト遺跡上層出土土器
　　　長浜金久遺跡第一九層出土土器
⑥群　万屋泉川遺跡出土土器
　　　万屋下山田遺跡出土土器？

兼久式土器の型式学的変化は、総じて複雑から単純へ変化する傾向が認められる。兼久式土器の最古段階は、第1類・第2a類・第2b類・第2c類・第4a類・第4b類・第5類が認められ、第1類のみで構成されるような単純な様相ではない。当該事実は、兼久式土器の編年的理解を難解にしていた要因のひとつである。兼久式土器の変遷は、まず第1類が消失して、次に第2a類、その次に第2b類、さらに第2c類が消失というように、分類群の段階的消失に特徴づけられるといえる。

万屋下山田遺跡出土土器は、類須恵器（カムィヤキ）と共伴しているので、最新段階の兼久式土器に相当する可能性がある。ただし、出土土器は細片ばかりで出土点数も少なく、確実に共伴関係が確認できるわけではないので保留せざるをえない。基本的には類須恵器の盛行する段階には兼久式土器は共伴しなくなる。

最後に土器群の序列に年代を与えてみたい。すでに共伴遺物から帰属年代を確認しているが、土師器長胴甕・丸底甕の共伴関係から、小湊フワガネク遺跡群第一次調査出土土器・第二次調査出土土器の①群・②群は七世紀前半に、土盛マツノト遺跡上層出土土器・長浜金久遺跡第一九層出土土器の⑤群は九世紀後半～十世紀前半に位置づけられる。③群は、「開元通宝」を共伴していて七世紀前半を含む可能性があるが、②群よりも後出の要素が認められるので七世紀中葉、もしくは七世紀後葉ごろまで下げて位置づけられるかもしれない。⑥群も、⑤群よりも後出の要素が認められるので、十世紀後半～十一世紀前半ごろに位置づけられるかもしれない。

②兼久式土器の編年

以上に確認してきた兼久式土器の年代理解を整理してみたい。現段階ではきわめて雑駁なる段階措定しかできないが、おおよそ一〇〇年単位で考えてみたい（第1表）。

Ⅰ期（六世紀後半～七世紀前半）

兼久式土器の最古段階である。七世紀前半にほとんどおさまると考えられ、七世紀をさかのぼらないと思われる。第1類・第2a類・第2b類・第2c類・第4a類・第4b類・第5類で構成される。0施文帯・Ⅰ施文帯に施文するものが認められ、特にⅠ施文帯に刻目を施すものが多く認められる。第1類・第2a類・第2c類の数量的増減の様相から、さらに古段階・新段階に大別できる。実質的に約五〇年間を前後に大別して理解できることになる。古段階は、第1類・第2a類を多く含んで若干の第2c類が加わるもので、小湊フワガネク遺跡群第二次調査下層出土土器が該当する。また新段階は、若干の第1類・第2a類に第2c類が多く含まれるもので、小湊フワガネク遺跡群第二次調査上層出土土器・小湊フワガネク遺跡群第一次調査出土土器・土盛マツノト遺跡下層出土土器が該当するほか、喜瀬サウチ遺跡第二地点Gトレンチ出土土器も含まれると考えられる。新段階の土器群は、土師器長胴甕を共伴する。小湊フワガネク遺跡群第二次調査下層出土土器はⅠ期古段階、小湊フワガネク遺跡群第一次調査出土土器はⅠ期新段階の標本資料になるものである。

Ⅱ期（七世紀後半～八世紀前半）

第1類が消失する段階である。第2a類・第2b類・第2c類・第4a類・第4b類・第5類で構成され

第1表　兼久式土器の文様分類と編年（高梨2005ｃ）

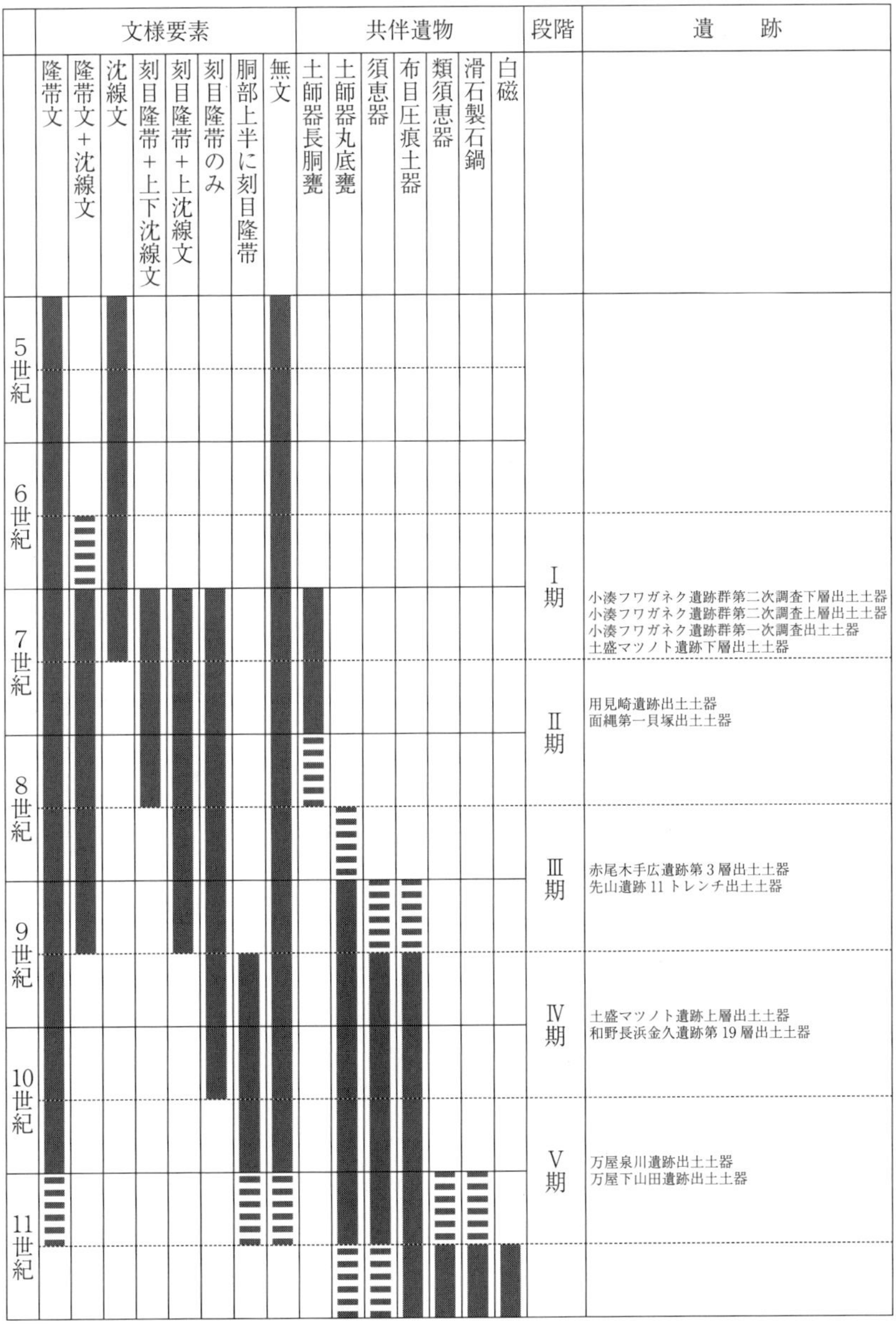
文様要素
隆帯文
隆帯文＋沈線文
沈線文
刻目隆帯＋上下沈線文
刻目隆帯＋上沈線文
刻目隆帯のみ
胴部上半に刻目隆帯
無文
共伴遺物
土師器長胴甕
土師器丸底甕
須恵器
布目圧痕土器
類須恵器
滑石製石鍋
白磁
段階
遺　跡
5世紀
6世紀
7世紀
8世紀
9世紀
10世紀
11世紀
Ⅰ期
小湊フワガネク遺跡群第二次調査下層出土土器
小湊フワガネク遺跡群第二次調査上層出土土器
小湊フワガネク遺跡群第一次調査出土土器
土盛マツノト遺跡下層出土土器
Ⅱ期
用見崎遺跡出土土器
面縄第一貝塚出土土器
Ⅲ期
赤尾木手広遺跡第3層出土土器
先山遺跡11トレンチ出土土器
Ⅳ期
土盛マツノト遺跡上層出土土器
和野長浜金久遺跡第19層出土土器
Ⅴ期
万屋泉川遺跡出土土器
万屋下山田遺跡出土土器

る。Ｉ施文帯も消失する。用見崎遺跡出土土器・面縄第一貝塚出土土器は、僅少の第1類が含まれているがＩ施文帯がほとんど消失しているので、当該段階に含めて考えておきたい。用見崎遺跡出土土器・面縄第一貝塚出土土器は、七世紀中葉から七世紀後葉に比定できると考えられる。用見崎遺跡出土土器は、Ⅱ期の標本資料になるものである。

Ⅲ期（八世紀後半～九世紀前半）

第2ａ類が消失する段階である。第2ｂ類・第2ｃ類・第4ａ類・第4ｂ類・第5類で構成される。赤尾木手広遺跡第三層出土土器・先山遺跡一一トレンチ出土土器が該当すると考えられる。

Ⅳ期（九世紀後半～十世紀前半）

第2ｂ類がほとんど消失して、新たに第3類が出現する段階である。第2ｃ類・第3類・第4ａ類・第5類で構成される。土師器丸底甕を共伴する。土盛マツノト遺跡上層出土土器・長浜金久遺跡第一九層出土土器が該当すると考えられる。

Ⅴ期（十世紀後半～十一世紀前半）

判然としないが、第2ｃ類が消失する段階であると考えられる。第3類・第4ａ類・第5類で構成される。万屋泉川遺跡出土土器・万屋下山田遺跡出土土器が該当すると考えられる。類須恵器（カムィヤキ）が出現する直前段階に相当する。万屋下山田遺跡出土土器は類須恵器と共伴関係が認められるので、類須恵器出現直後の最新段階に位置づけられる兼久式土器の可能性があるが確実ではない。

五　結論的覚書

小湊フワガネク遺跡群出土土器の検討を中心に兼久式土器の分類を行い、帰属年代を確認する作業の延長として兼久式土器の編年まで検討してきた。最後に兼久式土器について結論的にまとめておきたい。

兼久式土器は琉球弧の奄美諸島を中心に用いられた土器文化で、おおよそ七世紀前後に成立して十一世紀代に消失する。器種は基本的に甕形土器・壺形土器から構成されていて、坏形土器等は含まれない。構成比率は、甕形土器が圧倒的多数を占めていて、約九割に達する。甕形土器の約九割、壺形土器の約八割が沈線文・隆帯文で装飾されていて、甕形土器のほとんどは底部に木葉痕が施されている。

その出現から終焉まで五段階に大別することができ、出現段階の土器群は沈線文のみを施すもの・刻目隆帯文を回らせて沈線文を施すもの・隆帯文を貼り付けるもの・無文のもの等で多彩に構成されているが、段階が新しくなるにつれて沈線文が次第に減少して、単純化（無文化）していく特徴が認められる。とくに刻目隆帯文を回らせて沈線文を施す一群が兼久式土器の典型と考えられるもので、出現段階では刻目隆帯文の上下に沈線文を施すもの・刻目隆帯文の上部のみに沈線文を施すもの・刻目隆帯文のみのものが並存するが、まず刻目隆帯文の上下に沈線文を施すものが消失、次に刻目隆帯文の上部のみに沈線文を施すものが消失、さらに刻目隆帯文のみのものが消失して、段階的に消失して単純化していく様子がうかがわれる。

兼久式土器の先行段階には「スセン當式土器」と称される古墳時代並行期の特徴的土器群が存在する。兼久式土器はスセン當式土器の文様を継承しながら土師器の影響を受けて底部形態は脚台から平底に変化して成立したと考えられ、土器型式の交代には連続的変化が認められる。また兼久式土器の後続段階には、類須恵器（カムィヤキ）と称される陶器生産が開始されていて、その生産開始直後に兼久式土器は消失する。

兼久式土器が用いられたと考えられる七世紀～十一世紀の時期は、古代国家の地方統治政策が展開されていた時期に相当する。琉球弧は「南島」と称されて、武力行使による威圧的政策と賜物・賜姓による懐柔的政策が展開されていた。奄美大島は統治政策の拠点地域として機能していたと考えられていて（鈴木一九八七）、新たなる対外交流が急激に進行する社会動態のなかで兼久式土器は成立・展開したと理解できる。琉球弧における従前の考古学研究では、奄美諸島・沖縄諸島の島嶼社会は十二世紀前後まで漁撈採集経済段階の停滞的社会が営まれてきたと理解されてきたが、古代国家の地方統治政策を背景とした対外交流が活発化することにより、小湊フワガネク遺跡群をはじめとして少なくとも奄美諸島の一部の地域では鉄器文化を受容して階層化社会が出現していたのではないかと考えられている（高梨二〇〇〇c・二〇〇一）。そうした理解論に立つならば、あらためて確認できた兼久式土器の年代理解から、兼久式土器を北海道地方の擦文土器に対比させて位置づけることも可能であると考えている。(6)そうした比較史的視点から、兼久式土器の歴史的意義をあらためて考察してみたいと考えている。

以上、兼久式土器の分類と編年について、小湊フワガネク遺跡群出土土器の分析を中心とした仮説を述べてきた。小湊フワガネク遺跡群以外に充実した資料が不足しているため、実証の作業が不十分である箇所も少なくないと思われるが、とにかく土器型式として実効性を備えさせるために現段階で確認できる分類と編年を考察してみた次第である。今後、さらなる実証的検討が必要であることは言をまたない。大方の教示と叱正を賜り、さらなる土器編年研究の深化に努めたいと考えている。

注

（1）兼久式土器の総括的分類を試みた事例として、中山清美による先駆的研究のほか（中山一九八三）、土盛マツノト遺跡シンポジウム・小湊フワガネク遺跡群シンポジウムにおける筆者の報告（高梨一九九五・一九九九b）がある。さらに新しい研究成果として、鼎丈太郎による兼久式土器の分類の検討がある（鼎二〇〇一）。

（2）喜界町教育委員会のご高配により、二〇〇四（平成十六）年七月に池田榮史（琉球大学）・永山修一（ラ・サール学園）とともに出土遺物を実見した。

（3）南九州における土師器編年は、坏形土器の編年を中心とするもので、甕形土器の細分研究は今後の課題である。喜界島・奄美大島から出土した土師器について、中村和美（鹿児島県立埋蔵文化財センター）の教示による。

（4）用見崎遺跡第二次調査の発掘調査報告書（熊本大学文学部考古学研究室一九九五）で、出土した開元通宝は初唐のものであると報告されている。

（5）新しい文化層が形成される際、しばしば古い遺物が混入する現象が認められるので、土器編年研究の端緒的段階では、本来の共伴関係として理解できるものかとくに注意が必要である。

（6）擦文土器は、七世紀～十二世紀とする年代理解が有力となりつつある（横山二〇〇〇等）。底部外面に刻印が施されたものが北海道南部を中心に分布していて、兼久式土器の木葉痕に類似しているといえる。器種構成には供膳形態が含まれていて、兼久式土器よりも土師器の影響が強く認められる。

第三章　奄美諸島の土器編年

今日、日本歴史を学ぶ人びとにおいて、琉球弧（南西諸島）の島嶼地域が本土地域と異なる歴史を歩んできた事実は、常識的知識として認識されているだろう。しかし、その個性的な歴史変遷は、ほとんど沖縄本島の歴史に収斂して理解されていると断言しても過言ではない。先島諸島をはじめとして、「沖縄県」に含まれる島嶼すべてが一律に同じ歴史を歩んできたわけでは決してないし、そうした個性的な歴史変遷は「鹿児島県」に帰属する奄美諸島にも所有されているのであるが、残念ながらそうした情報は十分に認識されているとはいい難いし、そもそも先島諸島や奄美諸島の歴史変遷の実態そのものが十分に明らかにされていない。

「沖縄県」の考古学では、沖縄諸島について、旧石器時代・貝塚時代・グスク時代から成る独自の時代区分が行われていて、奄美諸島も当該区分に準拠して説明される場合が多い（第2表）。日本列島における土器編年研究を概観してみるならば、琉球弧の土器編年には相当の不詳部分が残されていて、列島最大の空白部分を形成している。加えて「貝塚時代後期」は、沖縄諸島・奄美諸島の土器編年のなかでもいちじるしく研究が遅滞している段階である。そのため、考古資料の実態を把握する作業全般に深刻な事態をもたらしている。そこで本章では、奄美諸島における土器編年研究の総括として、「貝塚時代後期」並行期における編年研究の成果をまとめておきたい。本書における年代尺度となるものである。

「貝塚時代後期」は、奄美諸島史で通有に用いられている段階区分ではない。また奄美諸島史には、共通認識さ

第2表　沖縄諸島の土器編年（高宮 1991）

本土		沖縄	土器型式	沖縄諸島発見の九州系土器	その他の編年資料	現行編年
縄文時代	草創期	前期 I	↑（ヤブチ式土器） ↑（野国第四群）			
	早期	II	野国第四群 ヤブチ式土器 東原式土器	} 爪形文土器	ヤブチ式 6670±140y. B. P. 東原式 6450±140y. B. P.	早
	前期	III	条痕文土器 室川下層式土器 曽畑式土器 神野A式土器 神野B式土器	条痕文土器 曽畑式土器	曽畑式土器（渡具知東原） 4880±130y. B. P.	期
	中期	IV	面縄前庭I式土器← 面縄前庭II式土器← 面縄前庭III式土器← 面縄前庭IV式土器← 面縄前庭V式土器←	旧具志川A式 旧具志川B式 旧具志川C式 旧神野C式 旧面縄前庭式		
	後期	V	神野D式土器 神野E式土器 伊波式土器 荻堂式土器 大山式土器 室川式土器	 出水系土器 市来式土器	伊波式（熱田原） 3370±80y. B. P. 伊波式（室川） 3600±90y. B. P.	前期
	晩期	VI	室川上層式土器 宇佐浜式土器 仲原式土器		入佐式並行 黒川式土器	中期
弥生時代	前期	後期 I	真栄里貝塚	板付II式土器 亀ノ甲類似土器		後期
	中期	II	具志原式土器	山ノ口式土器		
	後期	III	アカジャンガー式土器	免田式土器	アカジャンガー式は中津野式並行か？	
古墳時代 ∫ 平安時代		IV	フェンサ下層式土器		類須恵器	

れている時代区分そのものがじつは存在していない。そのため、ここでは便宜的に「貝塚時代後期並行期」と呼称して、当該段階のさらに細かい区分については、日本列島史の時代区分に対比させながら（同様に「〇〇時代並行期」と表記）、奄美諸島における土器の変遷について解説してみたい。

一　概観

琉球弧（南西諸島）の島嶼は、文化的区分として（呼称に相違が認められるが）、北琉球（大隅諸島・トカラ諸島）、中琉球（奄美諸島・沖縄諸島）、南琉球（先島諸島）の三地域に大別されてきた。奄美諸島は、中琉球に含まれるため、沖縄諸島とつねにいっしょに概観されてきた。

たしかに貝塚時代前期（縄紋時代並行期）における土器様相は、沖縄諸島の土器様相とよく共通している。しかし、貝塚時代後期並行期になると、双方の土器様相はいちじるしく相違してくる。それは、弥生時代〜古墳時代に南海産大型貝類製の腕輪着装の習俗が西日本を中心に特定の社会階層で盛行して、原材となるゴホウラ・イモガイ等の貝類が中琉球（奄美諸島・沖縄諸島）から運び出される交易や、さらには古代〜中世段階に国家統治の影響が奄美諸島に及んでくる等の新たなる対外交流による影響と考えられる。

沖縄諸島ではきわめて強い在地色を備えた土器群がいわゆるグスク時代になるまで存続するのに対して、奄美諸島では南九州から大隅諸島における土器変遷に連動した土器変化が認められる。また奄美諸島・沖縄諸島で認められる外来土器の動態も、そうした対外交流の様子をよく示している。とくに古代〜中世段階では、国家境界領域となる奄美諸島で外来土器の出土が顕著に認められ、沖縄諸島では外来土器の出土がほとんど認められなくなる傾向がある。沖縄諸島と奄美諸島の土器様相に関して、同じ文化圏に含まれるから同一であると単純に理解するのは適切ではない。

奄美諸島の考古学研究で用いられている今日の土器編年大綱は、奄美諸島の土器編年研究を喫緊の課題として位置づけていた河口貞徳氏が、一九五五（昭和三十）年の九学会連合考古学班に参加して実施した発掘調査成果に、一九七四（昭和四十九）年一月に実施した奄美大島の嘉徳遺跡（瀬戸内町嘉徳）の発掘調査成果等を加えて、一九七四（昭和四十九）年六月に発表したものにもとづいている（河口一九七四）。

奄美諸島の調査研究に取り組んだ九学会連合考古学班の問題認識は、琉球弧における先史時代の調査研究に向けられていて、河口貞徳氏も同様に縄紋時代並行期の土器編年研究を指向していたため、この土器編年大綱は弥生時代並行期以降の土器編年が十分触れられていないという特徴がある。すなわち奄美諸島の考古学研究で用いられている土器編年大綱は、縄紋時代並行期が中心となるもので、弥生時代並行期から室町時代並行期（琉球王国統治時代）にいたる約一五〇〇年間をほとんど欠いているものであることに注意しなければならない。そのため、貝塚時代後期並行期における土器編年の確立は、奄美諸島の考古学研究における喫緊の課題なのである。

以下で、奄美諸島における貝塚時代後期並行期の土器について、各段階別に概観していく。土器変遷の様子をより明らかにするため、貝塚時代後期並行期の前後段階まで概観しておきたい。

二　縄紋時代晩期並行期

弥生時代並行期の直前段階における土器様相は、沖縄諸島とよく共通した特徴が認められる。きわめて強い地域色を備えた土器群が盛行している。既知の土器型式としては、いわゆる「宇宿上層式土器」が知られていて、沖縄諸島の「仲原式土器」におおよそ相当すると考えられる。宇宿上層式土器の標識遺跡は、宇宿貝塚（笠利町）であ

第３表　奄美諸島の土器編年（高梨 2003 b を一部改変）

北海道地方	東北地方～九州地方		琉球弧・奄美諸島		琉球弧・沖縄諸島		琉球弧・先島諸島
縄紋時代晩期	縄紋時代晩期		縄紋時代晩期		貝塚時代前期		無土器時代
続縄紋時代	弥生時代	前期	弥生模倣土器の段階		貝塚時代後期	尖底土器群	無土器時代
続縄紋時代	弥生時代	中期	弥生模倣土器の段階		貝塚時代後期	尖底土器群	無土器時代
続縄紋時代	弥生時代	後期	弥生模倣土器の段階		貝塚時代後期	尖底土器群	無土器時代
続縄紋時代	古墳時代	前期	スセン當式土器	古段階	貝塚時代後期	尖底土器群	無土器時代
続縄紋時代	古墳時代	後期	スセン當式土器	新段階	貝塚時代後期	尖底土器群	無土器時代
擦文時代	奈良時代		兼久式土器	Ⅰ期	貝塚時代後期	尖底土器群	無土器時代
擦文時代	奈良時代		兼久式土器	Ⅱ期	貝塚時代後期	平底土器群	無土器時代
擦文時代	平安時代		兼久式土器	Ⅲ期	貝塚時代後期	平底土器群	無土器時代
擦文時代	平安時代		兼久式土器	Ⅳ期	貝塚時代後期	平底土器群	無土器時代
擦文時代	平安時代		兼久式土器	Ⅴ期	貝塚時代後期	平底土器群	無土器時代
擦文時代	平安時代		類須恵器の段階		グスク時代		スク時代
（アイヌ文化）	鎌倉時代		類須恵器の段階		グスク時代		スク時代
（アイヌ文化）	南北朝時代		貿易陶磁器の段階		グスク時代		スク時代
（アイヌ文化）	室町時代		琉球王国統治時代		琉球王国時代		琉球王国統治時代

る。一九五五（昭和三十）年、国分直一・河口貞徳等が実施した宇宿貝塚の発掘調査成果にもとづいて、型式設定したものである（国分・河口ほか一九五九）。

器種構成は、深鉢形土器と壺形土器が主体となるが、浅鉢形土器や皿形土器等も若干認められる。深鉢形土器も壺形土器も、丸底の器形を呈していて平底は僅少である。壺形土器は、胴部がいちじるしく大きいフラスコ形の特徴的器形を呈する。文様等の装飾は、器種に関係なくほとんど施されないが、深鉢形土器も壺形土器も口縁部が肥厚している点が宇宿上層式土器の特徴である。

当該段階に認められる外来土器には、赤尾木ウフタ遺跡（龍郷町）で本土から搬入されたと考えられる縄紋晩期土器が出土しているほか（龍郷町教育委員会二〇〇二）、赤尾木手広遺跡（龍郷町）ではいわゆる刻目突帯文土器の深鉢形土器、遠賀川式土器の壺形土器の小片が出土している（龍郷町教育委員会一九八四）。宇宿上層式土器は、縄紋時代晩期後半並行期に位置づけて理解されてきたが、その下限は弥生時代初頭に達していると考えられる。

当該時期は、奄美諸島の先史遺跡において、多数の遺跡が認められる段階のひとつである。主要遺跡としては、奄美大島の宇宿貝塚（笠利町）、赤尾木ウフタ遺跡（龍郷町）、赤尾木手広遺跡（龍郷町）、城サームトゥ遺跡（住用村）、喜界島の西目ハンタ遺跡（喜界町）、徳之島の兼久塔原遺跡（天城町）、沖永良部島の住吉貝塚（知名町）、与論島の麦屋上城遺跡（与論町）等がある。

三　弥生時代並行期

沖縄諸島に認められる尖底土器はほとんど認めらず、土器様相の相違がいちじるしくなる。九州地方における土器文化の影響が強く認められるようになる。しかし、当該段階における発掘調査事例が僅少で、標本となる資料に恵まれていない。そのため、既知の土器型式は皆無である。

器種構成は、深鉢形土器と壺形土器にほとんどかぎられる。甕形土器は、前段階の丸底形の深鉢形土器からいちじるしく変化して、九州地方の弥生土器における器形の特徴を模倣したものに変化している。器形の模倣は、口縁部の形態や胴部の突帯等が主体となる。壺形土器は、前段階における特徴的器形の系統が継承されている。甕形土器は、しばしば沈線文が施される。波状文等の規則的な幾何学文のほか、意匠が判然としない文様も認められる。甕形土器と壺形土器の器種構成は認められるが、甕形土器のみにかぎられた器形変化等の土器様相は、弥生文化受容地域のどこにも認められない特殊なものであり、弥生文化を受容したとは考えられない。

当該段階における外来土器は、貝製腕輪の原材となるゴホウラ・イモガイ等の南海産大型貝類の交易が盛んに行われていたため、そうした対外交流を反映した外来土器の動態が沖縄諸島まで認められる。当該段階の遺跡からは、奄美諸島・沖縄諸島ともに九州地方の弥生土器が若干量であるが高い頻度で出土する。これらの帰属年代は、弥生時代前期から後期まで及んでいるが、その搬出地域については十分明らかにされていない。また沖縄諸島において、しばしば「弥生系土器」と呼称されてきた弥生模倣土器の一群は、沖縄諸島における外来系土器である事実にはまちがいないが、奄美諸島の土器に位置づけられるものが相当数含まれていると考えられる。

当該段階の主要遺跡としては、まず奄美大島の喜瀬サウチ遺跡（笠利町）が上げられる。現在、当該段階のまとまりある資料群が得られている唯一の資料である。当該遺跡の第Ⅲ層出土土器はいわゆる兼久式土器で、共伴出土した鞴等とともに弥生時代に位置づけられてきたが、この帰属年代は訂正されなければならない（笠利町教育委員会一九七九）。そのほかの遺跡としては、奄美大島の宇宿港遺跡（笠利町）、和野長浜金久遺跡（笠利町）、赤尾木手広遺跡（龍郷町）、徳之島の面縄第一貝塚（伊仙町）等が上げられる。

四　スセン當式土器段階（古墳時代並行期）

奄美諸島の土器変遷のなかで、もっとも判然としない段階である。発掘調査事例がいちじるしく僅少であるため、標本となる資料に恵まれず、土器様相がほとんど明らかではない。若干の資料にうかがわれる土器様相からは、前段階に引き続き九州地方における土器文化の影響が強く認められ、沖縄諸島の土器様相と相違がいちじるしい。既知の土器型式としては、いわゆる「スセン當式土器」が知られているが、実態が明らかではない。スセン當式土器の標識遺跡は、沖永良部島のスセン當貝塚（知名町屋子母）である。一九八二（昭和五十七）年に鹿児島大学考古学研究室が発掘調査を実施して、上村俊雄・本田道輝が型式設定したものである（上田・本田一九八四）。

器種構成は、甕形土器と壺形土器にかぎられると考えられるが、甕形土器以外の様相がほとんど明らかではない。甕形土器は、前段階の弥生土器を模倣した平底形の甕形土器から大きく転換して、南九州地方の成川式土器、あるいは土師器の器形の特徴を模倣したものに変化している。すなわち脚台部を有した台付甕形土器が主体を占めると考えられる。これらの甕形土器には、口縁部から胴部上半にかけて、文様装飾がしばしば認められる。口縁部を中心として細い隆帯が貼り付けられたり、半弧文を多用した幾何学的意匠の沈線文が施される。

当該段階の外来土器は、須野アヤマル第二貝塚（笠利町）でいわゆる成川式土器小片の出土が認められるぐらいである（笠利町教育委員会一九八四）。沖縄諸島でも、当該段階に位置づけられる外来土器はほとんど認められない。脚台部の出土が若干認められる程度であるが、これらの土器群は、奄美諸島の土器が含まれている可能性が濃厚である。ただし、半弧文に特徴づけられる幾何学文や脚台を有する器形等は、たとえば、上能木野貝塚（西之表市）・鳥之峯遺跡（中種子町）・広田遺跡（南種子町）・火野神山遺跡（上屋久町）等に認められる大隅諸島の土器とよく共通する要素である。そうした土器様相から、当該段階には大隅諸島と交流が緊密化していた様子がうかがわれる。帰属年代も十分明らかにされていないが、おおむね古墳時代に位置づけられると考えられる。

当該段階の主要遺跡としては、まず沖永良部島のスセン當貝塚が上げられるが、出土土器が細片ばかりで実態が十分把握できない。また新資料として注目されるのは、奄美大島の小湊フワガネク遺跡群（名瀬市）第六次調査における調査区二四第Ⅴa層出土土器である（名瀬市教育委員会二〇〇二）。比較的まとまりある資料群が獲得され、兼久式土器包含層の下層から当該土器群が出土して、層位的先後関係が確認された重要資料である。そのほか、奄美大島の万屋泉川遺跡（笠利町）、須野アヤマル第二貝塚（笠利町）、与路島の与路集落遺跡（瀬戸内町）等が上げられる。当該遺跡出土土器については、これまで尖底土器と理解されてきたが、台付甕形土器の脚台部が欠失したものと考えられる。

五　兼久式土器段階（古墳時代終末〜平安時代後期並行期）

古代に並行する当該段階の土器様相は、ふたたび沖縄諸島と類似するようになる。しかし、前段階までに比べて、九州地方の土器文化の影響は顕著ではない。地域色を強く備えた土器群が、盛行するようになる。既知の土器型式としては、いわゆる兼久式土器が知られていて、沖縄諸島のアカジャンガー式土器・フェンサ下層式土器におおよそ相当すると考えられる。兼久式土器の標識遺跡は、徳之島の伊仙町面縄の面縄第三貝塚（兼久貝塚）である。一九七四（昭和四十九）年、河口貞徳が奄美大島の皆津崎遺跡（瀬戸内町）、明神崎遺跡（笠利町）、徳之島の面縄第三貝塚（伊仙町）、本川貝塚（徳之島町）等の出土資料を比較検討して、型式設定したものである（河口一九七四）。

器種構成は、甕形土器と壺形土器にほとんどかぎられる。甕形土器は、前段階の台付甕形土器からふたたび平底の器形に変化している。これらの甕形土器は、口縁部の下部に刻目隆帯が一条（まれに二条も）回らされ、底部に木葉痕を有するのが特徴である。壺形土器は、前段階におけるフラスコ形の特徴的器形の系統が継承されている。壺形土器も、口縁部の下部に刻目隆帯が一条しばしば回らされる。甕形土器と胎土が若干相違しており、底部には木葉痕を有していない。

甕形土器は、口縁部から胴部上半にかけて、沈線文による文様装飾がしばしば認められる。刻目隆帯を付さず、沈線文も施されない無文土器も相当数含まれている。また沈線文だけで隆帯を付していない土器群も認められ、これらを含む一群が兼久式土器の最古段階に相当すると考えられる。沈線文は、幾何学的意匠が多く認められるが、意匠が判然としないものもある。小湊フワガネク遺跡群の出土土器には、この沈線文だけで装飾された土器が多数含まれているほか、総じて口唇部に刻目が施されているものが多く認められる。この口縁部の施文については、波状文・鋸歯文が施されるものが大多数を占める。

兼久式土器は、成立段階で沈線文だけで装飾された土器以外にも、刻目隆帯の上下に沈線文が施された一群・刻目隆帯の上側だけに沈線文が施された一群・沈線文が施されなくなり刻目隆帯のみが付された一群等の多彩なる文様構成が認められるが、沈線文の施文部分（文様帯）に注目してみるならば次第に無文化していく傾向が認められ、まず沈線文だけで装飾された一群が消失して、次に刻目隆帯の上下に沈線文が施された一群が消失、そして刻目隆帯の上側だけに沈線文が施された一群が消失、さらに沈線文が施されなくなり刻目隆帯のみが付された一群が消失するというように文様装飾されている土器群が、段階的に消失していくと考えられる。そして最新段階の兼久式土器は、隆帯が全周しないでだらけた一群が相当すると考えられる。甕形土器については、以上の五段階の文様変化が考えられている（髙梨二〇〇五ｃ）。壺形土器も、甕形土器とおおむね同様の沈線文による文様装飾が認められる。

帰属年代は、まず上限については、古段階と考えられる土器群が船載銭の「開元通宝」と共伴する出土事例が認められるので、初鋳造の六二一年以降の年代に位置づけられると考えられる。また小湊フワガネク遺跡群における発掘調査成果において、兼久式土器包含層の下層からスセン當式土器に相当すると考えられる土器群が出土した事実から（名瀬市教育委員会二〇〇三）、兼久式土器を弥生土器に後続する土器群と位置づける理解はもはや成立しないことが明らかで、その上限は七世紀前後と考えられる。そして下限については、類須恵器と確実に共伴する出土事例はこれまで認められないので、[1]おそらく十一世紀代には終焉を迎えるのではないかと考えられている。

当該段階の外来土器は、沖縄諸島ではほとんど認められないが、奄美諸島では、九州地方の土師器・須恵器等が、九世紀後半～十世紀前半を中心に前後の時期まで含めて、若干量であるがふたたび頻繁に出土するようになる。

当該時期は、多数の遺跡が認められる段階で、標本資料となるまとまりある資料群が獲得されている遺跡として、奄美大島の土盛マツノト遺跡（笠利町）、用見崎遺跡（笠利町）、小湊フワガネク遺跡群（名瀬市）が上げられる。ほかにも奄美大島の用安良川遺跡（笠利町）、和野長浜金久遺跡（笠利町）、万屋泉川遺跡（笠利町）、赤尾木手広遺跡（龍郷町）、蘇苅皆津崎貝塚（瀬戸内町）、喜界島の先山遺跡（喜界町）、徳之島の面縄貝塚群（伊仙町）等がある。

六　類須恵器段階（平安時代後期～鎌倉時代並行期）

兼久式土器は消失する。沖縄諸島でいわゆるグスク土器と呼称される鍋形・壺形の土器群が奄美諸島にも存在するようであるが、実態は明らかでない。最近、奄美大島の宇宿貝塚、小湊フワガネク遺跡群、喜界島の山田中西遺跡（喜界町）、徳之島の小島後竿遺跡（伊仙町）、沖永良部島の内城友竿遺跡（和泊町）等で、実態が明らかにされていない在地土器の出土事例が相次いで確認されはじめている。

十一世紀代に徳之島で窯業生産が突然開始され（カムィヤキ古窯跡群）、当該窯跡の生産品（類須恵器もしくはカムィヤキと呼称される）が琉球弧全域に流通するようになる。さらに白磁（玉縁口縁碗）・滑石製石鍋・布目圧痕土器（焼塩壺）も同時に流通している。こうした動態が、奄美諸島では土器文化の終焉を加速させていくようである。

小湊フワガネク遺跡群第六次調査の調査区二四では、類須恵器・白磁・滑石製石鍋大型破片・布目圧痕土器等が出土したが、(2) さらに十一世紀後半の北九州の内黒土器（高台付埦形土器）、十一世紀代の中九州の土師器甕形土器がいっしょに出土して、当該窯業生産の開始期の様相がうかがわれる資料として注目されている（名瀬市教育委員会二〇〇二）。

注

（1）万屋下山田遺跡では、類須恵器・滑石製石鍋とともに若干の兼久式土器が出土していて、最新段階の兼久式土器となる可能性があるが、本来の共伴関係として認められるものなのか判然としないので保留しておきたい。

（2）小湊フワガネク遺跡群第六次調査では滑石製石鍋破片が多数出土しているが、池田榮史による考察で滑石混入土器の原材として最初から破片として搬入された可能性が指摘されている（池田二〇〇三）。

第四章　小湊フワガネク遺跡群の発掘調査

雑駁なる年代尺度であるが、古墳時代並行期〜平安時代並行期における奄美諸島の土器編年の大枠が得られたので、ヤコウガイ大量出土遺跡の実態について確認していきたい。

筆者が発掘調査を担当した奄美大島名瀬市の小湊フワガネク遺跡群は、現段階でヤコウガイ大量出土遺跡に関する情報をもっとも多く備えている遺跡である。まず小湊フワガネク遺跡群の発掘調査成果を概観して（名瀬市教育委員会一九九九b・二〇〇三・二〇〇五）、ヤコウガイ大量出土遺跡の実態を確認してみたい(1)。

一　遺跡の立地と環境

鹿児島県に帰属する琉球弧の島嶼は「薩南諸島」と称されていて、その南縁を構成しているのが「奄美諸島」である。奄美諸島は、喜界島・奄美大島・加計呂麻島・請島・与路島・徳之島・沖永良部島・与論島の有人八島から構成されている。

小湊フワガネク遺跡群は、奄美大島名瀬市の小湊集落に所在している。小湊集落は、太平洋に面していて、南北に広がる海岸線に沿いながら二列の海岸砂丘が発達している（第17図）。当該砂丘列は、完新世における気候変化で生じた海面変動（海進海退）により形成されたものであると考えられる。現在の海岸部分に位置している砂丘列

第17図　小湊フワガネク遺跡群の位置（名瀬市教育委員会 2003）

第18図　小湊フワガネク遺跡群全景

が新砂丘、奥部に位置している砂丘列が古砂丘に相当するものであると理解されている(2)。

海岸部分に位置している砂丘は、奄美大島でも屈指の規模を誇る大型砂丘である。当該砂丘の北側部分は畑地、南側部分は集落として利用されている。小湊フワガネク遺跡群は、この畑地部分の一帯に所在していて、標高九メートル前後を測る（第18図）。遺跡が分布している小湊集落の畑地一帯は細かく分割され、その土地境界にはソテツが古くから植栽されていて、ソテツの大群落を形成している。シマウタ（奄美民謡）にも「ソテツぬキョラさや古見金久（ソテツが美しい小湊集落）」と謡われている。

二　調査の経緯・経過

一九九五（平成七）年四月、当該砂丘上に学校法人日章学園「奄美看護福祉専門学校」が開校した。一九九七（平成九）年、同校が計画した施設拡張事業に際して、名瀬市教育委員会が確認発掘調査を実施し

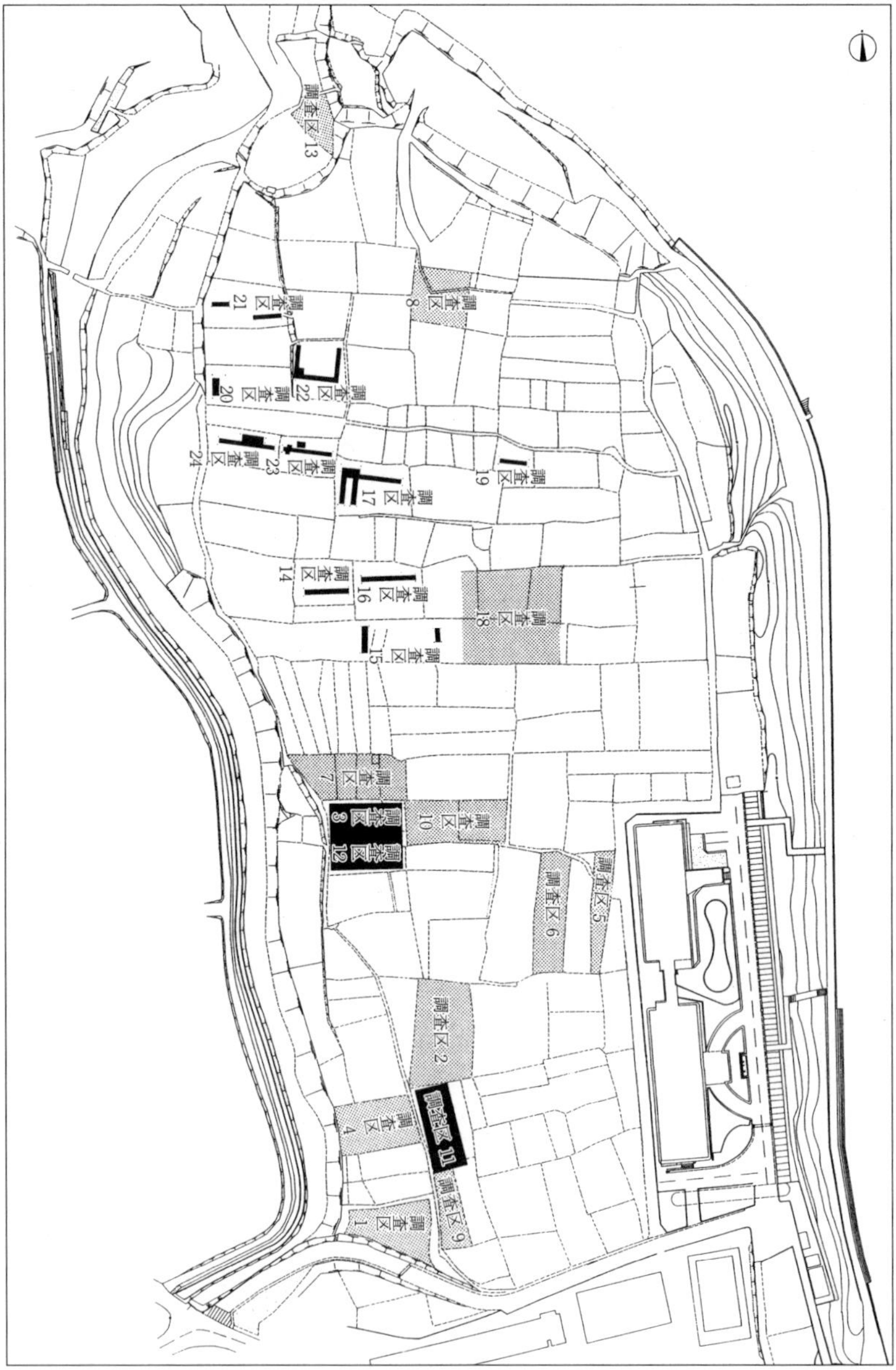

第19図　小湊フワガネク遺跡群の発掘調査箇所（名瀬市教育委員会 2003）

た結果、事業計画区域の一部から埋蔵文化財包蔵地が確認されたため、緊急発掘調査が行われたのである（第一次調査・第二次調査）。確認発掘調査は一月二十一日～四月五日、第一次調査は五月十二日～六月十四日、第二次調査は七月二十二日～十二月十九日と、奄美諸島の砂丘遺跡ではほとんど前例がない合計八カ月にも及ぶ長い発掘調査が実施されている。発掘調査箇所は、確認発掘調査が調査区一～調査区一〇、第一次調査が調査区九・調査区一一、第二次調査が調査区三・調査区一二の合計一二カ所である（第19図）。最初に埋蔵文化財包蔵地が確認された字外金久の小字地名から、当初、遺跡名称は「小湊フワガネク（外金久）遺跡」と命名された。

その後、名瀬市教育委員会は、当該遺跡の重要性を踏まえて、遺跡の保護保存を目的とした遺跡範囲確認の発掘調査を二〇〇〇（平成十二）年～二〇〇二（平成十四）年まで実施した。その結果、字外金久に隣接する字長金久、字下金久の一帯からも遺跡が確認され、当該砂丘一帯に遺跡が分布している様子が明らかにされた。そのため、遺跡名称について、最初に遺跡が発見された小字地名を代表させて、二〇〇二（平成十四）年に「小湊フワガネク遺跡群」と変更した。確認された遺跡面積は、約二五〇〇〇平方メートルにも達している。

三　平成九年度の緊急発掘調査

一九九七（平成九）年の発掘調査（第一次調査・第二次調査）では、七世紀前後に位置づけられる遺跡が確認され、掘立柱建物跡（四軒）、貝匙製作跡（五カ所）等の遺構をはじめとして、兼久式土器（七六二八点）、鉄器（一八点）、ヤコウガイ貝殻（約三〇〇〇点）、ヤコウガイ製貝匙（九一点）、ヤコウガイ製有孔製品（四四点）、イモガイ製貝札（三〇点）、イモガイ製貝玉（一七〇三点）、礫（約一五〇〇点、石器を含んでいる）等の多数の出土遺物が発見されている。現段階で当該遺跡に関する中核を成す資料群である。

掘立柱建物跡は、四軒とも第二次調査区域から確認されている。平面形態はいずれも長方形を呈しており、四メートル×二メートル前後の共通した規模が認められる。床面中央からやや偏向した位置に炉跡（地床炉）が設けられている。柱穴は、砂層に構築されている関係で深さ五〇センチメートル前後も掘り込まれていて、壁際に並んで位置している。これらの建物跡で注目される特徴は、遺構検出段階で建物跡部分に出土遺物の分布がほとんど認められず、遺物包含層のなかに長方形の無遺物部分が形成されていた事実である。同様の掘立柱建物跡は、用見崎遺跡の第一次調査でも確認されている。二メートル×三メートルを測る長方形の掘立柱建物跡が二軒隣接して位置していたが、やはり建物跡部分は長方形の無遺物部分が形成されていた。こうした遺物包含層中の無遺物部分は、従前の発掘調査でもたびたび存在していたと思われるが、建物遺構として認識され、調査が加えられた事例はほとんど皆無である[3]。今後、遺構認識の転換を図り、発掘調査方法の再検討が行われなければ、これらの建物跡を検出することは難しいと考えられる。

貝匙製作跡は、第一次調査区域から二カ所、第二次調査区域から三カ所確認されている。ヤコウガイ貝殻が集積されたり、おびただしい数の破片が集中した状態で出土している（第20～23図）。当該箇所から、製作途上段階のヤコウガイ製貝匙がいっしょに出土するほか、貝殻破片の割れ方にはいちじるしく高い共通性が認められる様子等から、そうしたヤコウガイ貝殻の集中出土箇所は貝匙製作に関係した作業跡として理解されている（第24図）。

ただし、小湊フワガネク遺跡群において貝匙製作跡として報告している遺構は、貝匙製作のみが厳密に営まれていたわけではないと考えられる。有孔製品として報告した環状のヤコウガイ製品が製作されているし、貝匙製作に利用できない用途不明のヤコウガイ貝殻破片生産も行われている。さらに、イモガイ製貝札やイモガイ製貝玉も多数出土している。これらの貝札・貝玉についても、整理作業の途中であるため判然としないが、やはり製作に関係する資料群であると考えられる。小湊フワガネク遺跡群における貝匙製作跡については、単なる貝匙製作に止まらない各種貝殻の加工場所等として検討を深めていかなければならない[4]。

第20図　ヤコウガイ貝殻集積（第二次調査）

第21図　ヤコウガイ貝殻破片集積（第二次調査）

第22図　割り取りされているヤコウガイ貝殻（第一次調査）

第23図　割り取りされているヤコウガイ貝殻（第一次調査）

出土土器は、第一次調査・第二次調査のいずれもいわゆる「兼久式土器」と呼ばれている奄美諸島特有の在地土器が認められた。第一次調査区域は土器があまり出土していないが、第二次調査区域は土器がきわめて多数出土していて、全点記録したものだけでも六九〇六点を数える。器種構成は、甕形土器と壺形土器からなり、有文土器と無文土器が認められる。有文土器は、文様の特徴から第1類～第4類まで四大別できる。また第二次調査区域から、兼久式土器といっしょに土師器模倣土器が一点出土している。出土土器に関しては、第二章で分類と編年を試みているので参照されたい。

それから鉄器が一八点出土している。第一次調査区域から五点、第二次調査区域から一三点の合計一八点が出土しているが、釣針が七点（第一次調査二点、第二次調査五点）含まれている（第25図）。釣針以外のものについては、ほとんどが破片で錆で膨らんでいるため、器種の特定は困難である。兼久式土器の年代理解の深化は、第一次調査・第二次調査で確認された鉄器一八点の帰属年代の位置づけにも影響し、琉球弧における鉄器使用開始年代に問題を投げかけている。すなわち琉球弧の鉄器使用開始時期は、ほとんど常識的事実として十二世紀前後に位置づけられてきたが、小湊フワガネク遺跡群における発掘調査成果はその通説よりもいちじるしくさかのぼるからである。小湊フワガネク遺跡群にかぎらず、兼久式土器出土遺跡からは地中で腐りやすい鉄器が多数発見されている。しかも、並行時期となる沖縄諸島の貝塚時代後期の遺跡は、実施された発掘調査の絶対数の点で奄美諸島よりも圧倒的多数であるにもかかわらず、鉄器出土遺跡は僅少なのである。当該事実から、奄美諸島と沖縄諸島では鉄器の普及年代が相違していた様子もうかがえるのではないか。奄美諸島では十二世紀以前から鉄器使用が開始されていた事実はまちがいなく、白木原和美の兼久式土器段階は鉄器時代に突入していたとする従前の指摘にはあらためて傾聴しなければならない（白木原一九九二b）。

ヤコウガイ製貝匙は、第一次調査区域から二二点、第二次調査区域から六九点の合計九一点が出土している（第

第 24 図　貝匙製作跡（第一次調査）

第 25 図　鉄器（第一次調査・第二次調査）

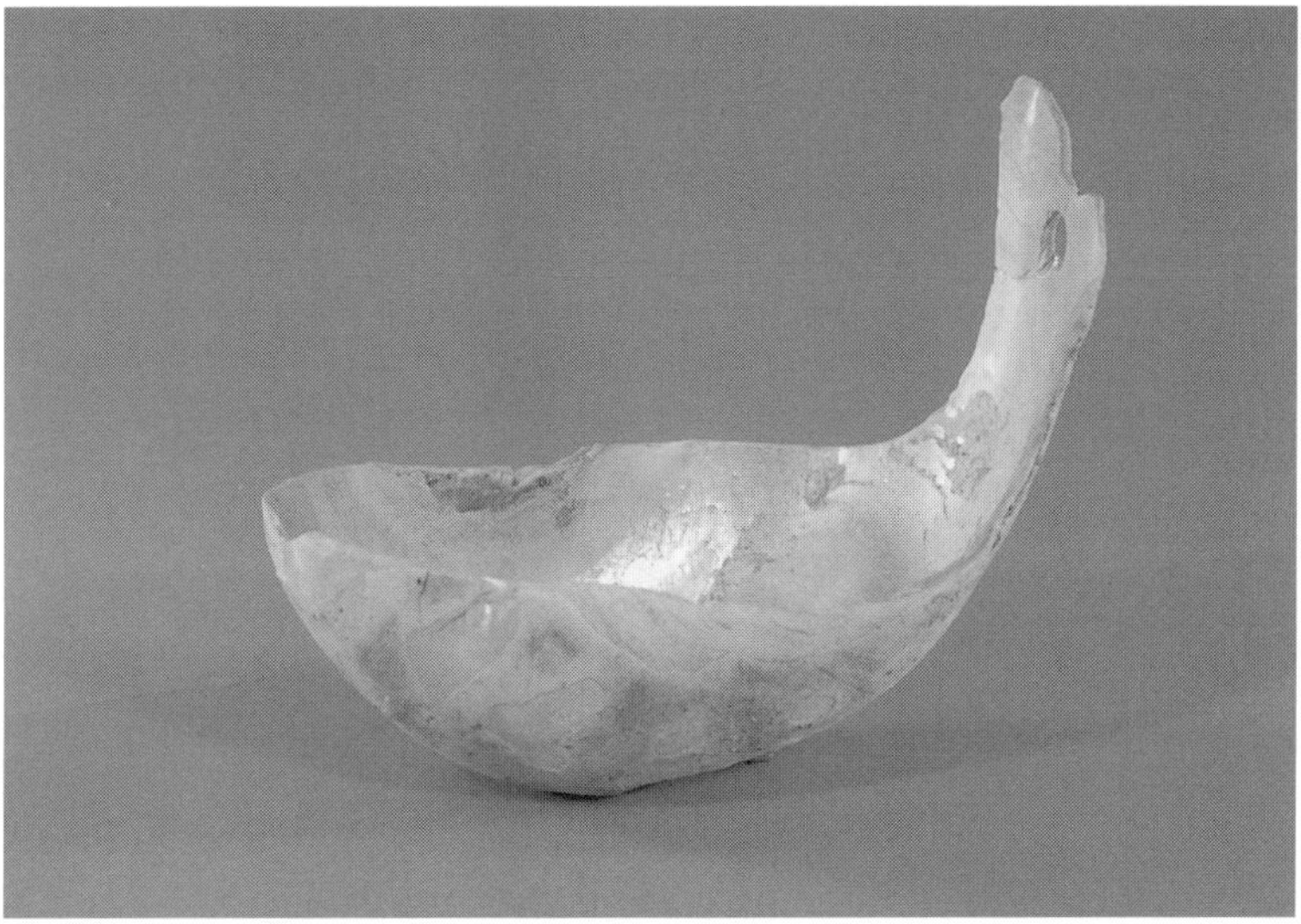

第 26 図　ヤコウガイ製貝匙（第二次調査）

第 27 図　ヤコウガイ製有孔製品（第一次調査）

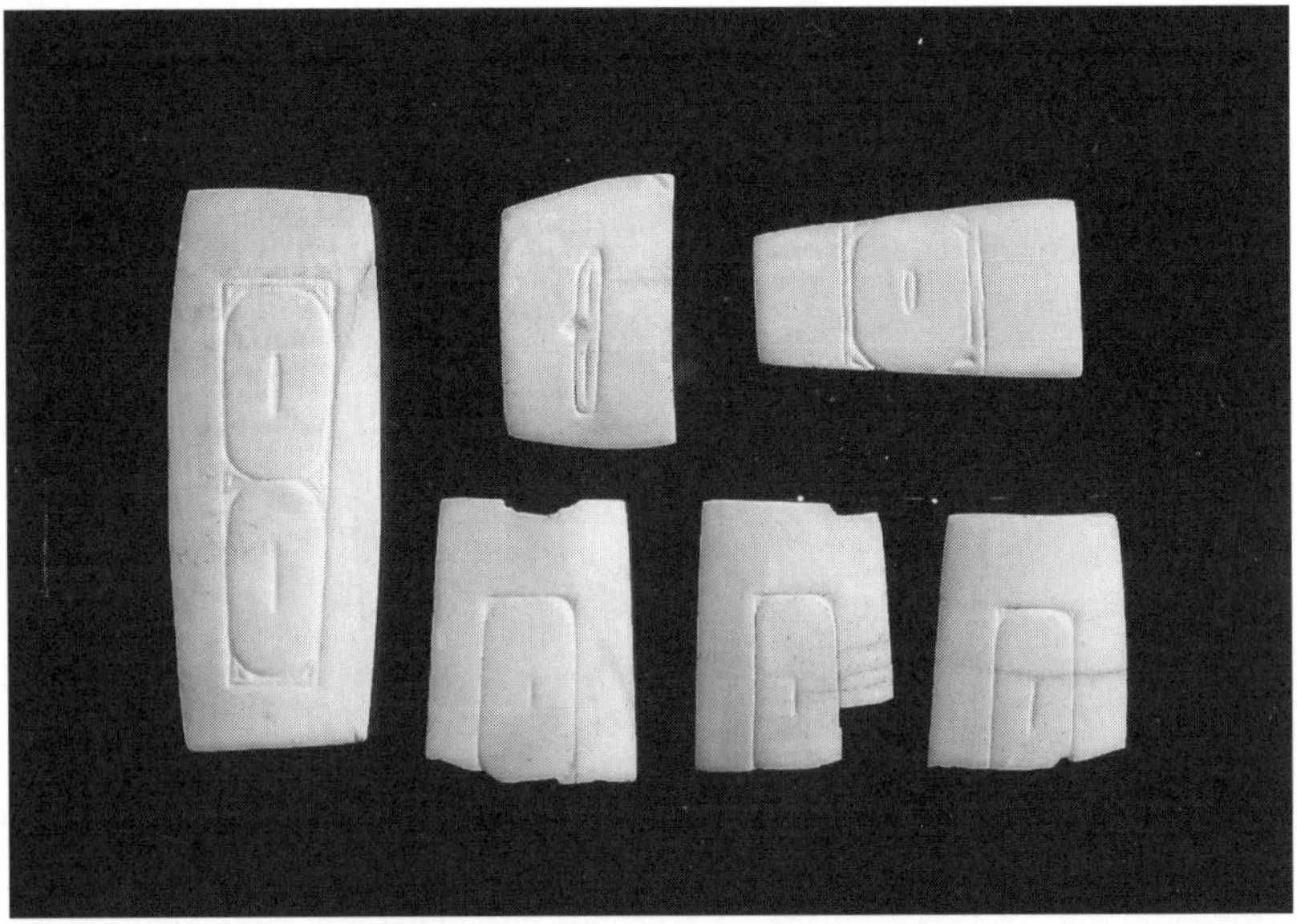

第28図　イモガイ製貝札（第一次調査）

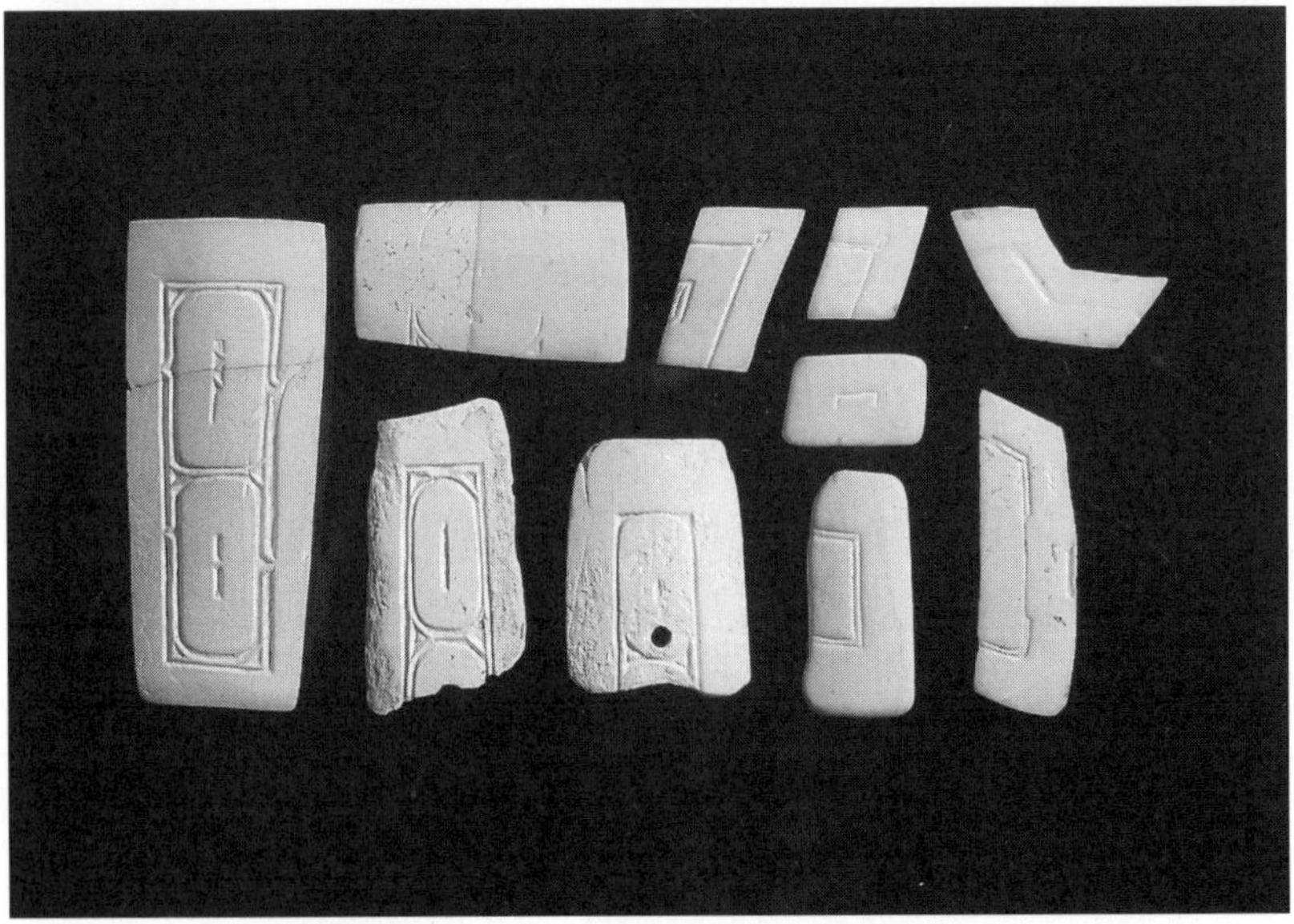

第29図　イモガイ製貝札（第二次調査）

26図)。これらのなかには整形途上のものや外面の研磨途上のもの等の未製品も含まれている。また貝匙製作の利用部分を貝殻から割り取る様子がうかがえる接合資料等も認められ、貝匙製作の工程が理解されてくる。貝匙の形態は杓子形を呈しているが、大型で深い体部に細身で長い柄部を備えたものと、ひと回り小型で浅い体部に細身で長い柄部を備えたものに大別できる。

ヤコウガイ製有孔製品は、第一次調査区域から三〇点、第二次調査区域から一四点の合計四四点が出土している。貝殻の殻口に近い部分の破片を利用して製作されているもので、破片に大型の穿孔を施している(第27図)。小湊フワガネク遺跡群におけるヤコウガイ貝殻の加工製品は、貝匙と有孔製品にかぎられるが、当該製品の用途は判然としない。

イモガイ製貝札は、第一次調査区域から六点、第二次調査区域から二四点の合計三〇点が出土している(第28・29図)。いわゆる「広田遺跡上層型貝札」の範疇に含まれるものであるが、すべて兼久式土器に共伴している。貝札の出土箇所は、第一次調査、第二次調査ともに貝匙製作跡と重複する傾向が認められる。第一次調査、第二次調査における双方の出土資料を比較してみると、文様の意匠には共通性は認められるが、文様の表現方法は若干相違している。兼久式土器の年代理解の深化は、兼久式土器と共伴出土した広田遺跡上層型の貝札の帰属年代にも影響を与えている。広田遺跡上層型貝札については、これまで弥生時代後期に位置づけられて理解されてきたため、その帰属年代の再検討は必至の事態である。先般、広田遺跡の発掘調査報告書が発刊され、広田遺跡上層については古墳時代後期に位置づけられている(広田遺跡学術調査委員会ほか二〇〇三)。ただし、広田遺跡上層については、年代決定根拠が脆弱であると考えられ、なお検討を必要とすると考えられる。奄美諸島・沖縄諸島における広田遺跡上層型貝札の出土遺跡の帰属年代は、古墳時代初頭、あるいは四~五世紀に位置づけられている遺跡が認められるが、今後検討されなければならない。

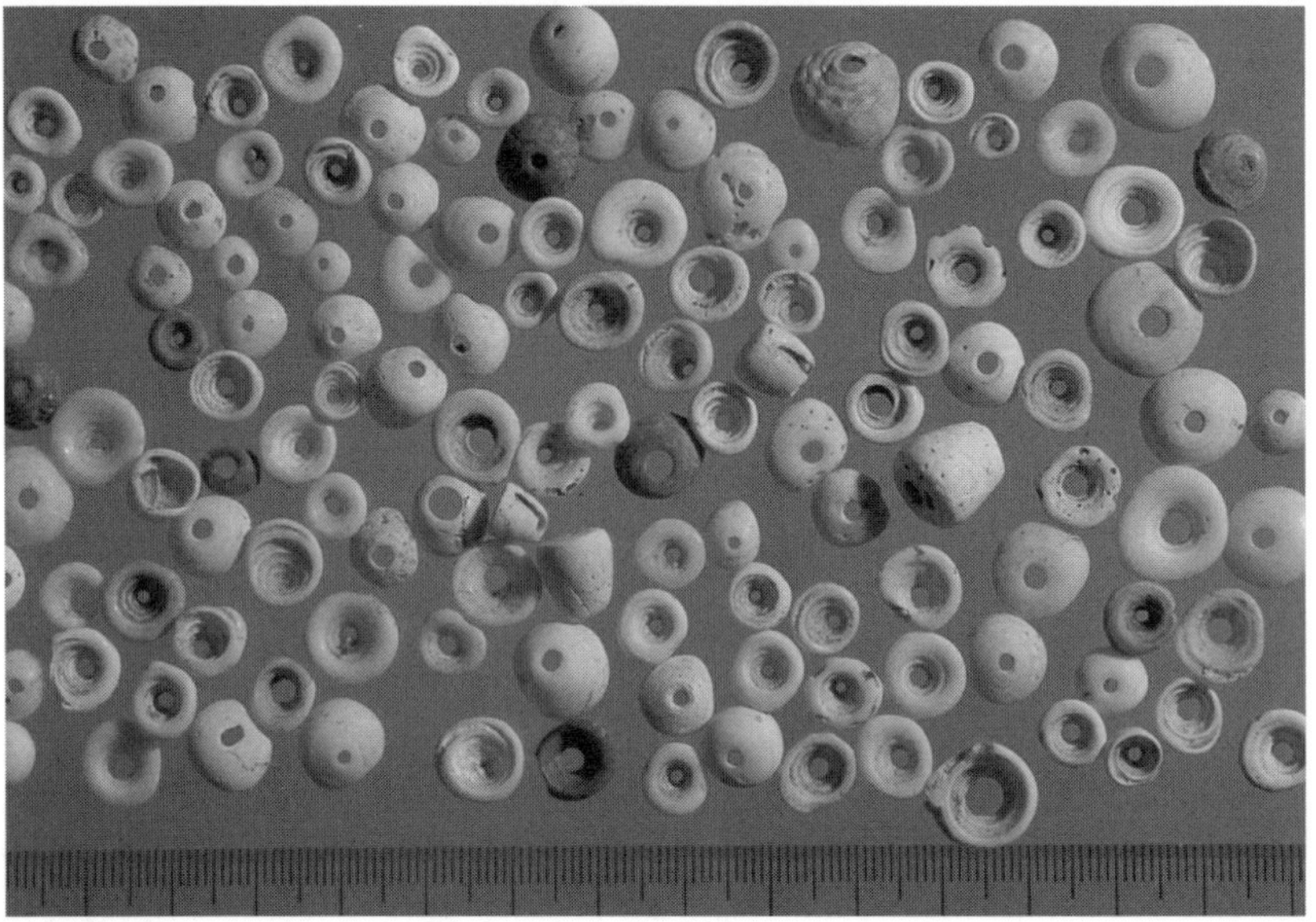
第30図　貝玉（第二次調査）

イモガイ製貝玉は、小型のイモガイ類を用いたもので、第二次調査区域から二七〇三点全点が出土していて、第一次調査区域からは出土していない（第30図）。貝玉の出土箇所も、貝匙製作跡と重複する傾向が認められる。貝玉の形態は、貝殻の螺塔部分を利用しているものと、貝殻の体層部分を残しているものに大別される。いずれの分類も、無加工のものと加工（研磨）を施したものが認められる。無加工のものについても、赤色顔料の付着が多数認められるので、自然遺物ではないと理解している。(5) これらの貝玉については、琉球大学大学院の大嶺恵による研究成果がある（大嶺二〇〇四）。琉球弧における貝玉は、広田遺跡を除外するならば大量出土した事例はほとんど認められない。そうした意味で、小湊フワガネク遺跡群における二七〇三点の出土点数はきわめて多いものである。この出土点数については、小湊フワガネク遺跡群の特殊性を思量していく一方で、琉球弧の砂丘遺跡における発掘調査方法の再検討を提起するのである。すなわち結果的に考えるならば、発掘調査で篩がけを作業員全員が常時行いながら掘り進めていたからこそ玉類を遺漏せずに確認することができたわけである。従前の発掘調査方法では、こうした貝玉が確認できない可能性は高い。だから小湊フワガネク遺跡群だけが大量の貝玉を保有しているのかどうかは解らないのである。琉球弧の砂丘遺跡における今後の発掘調査方法で、包含層の篩がけが実践されることを期待したい。

石器については、研磨痕や敲打痕が残されている大小の石器が貝匙製作跡の周辺部分から多数出土しているが、礫類の水洗作業が十分進んでいないため、実数が判然としていない。貝匙製作に関係して使用されていた可能性が高いと考えられる。

そのほか食料残滓と考えられる自然遺物（貝殻・獣骨・魚骨等）も多数出土している。

四　平成十二・十三年度の遺跡範囲確認発掘調査

つづいて新たに行われた小湊フワガネク遺跡群の範囲確認発掘調査であるが、一九九七（平成九）年度の緊急発掘調査箇所が砂丘南半部分に位置していたため、今度は北半部分を中心に発掘調査を実施して、全体の遺跡範囲確認を意図したものである。二〇〇〇（平成十二）年の発掘調査（第四次調査）はトレンチ五カ所、二〇〇一（平成十三）年の発掘調査（第六次調査）はトレンチ七カ所で発掘調査を実施している。いずれも狭小なる調査面積であるため、確認されている遺構・遺物は多くない。

まず第四次調査では、調査区一四・一五・一六から第一次調査・第二次調査と同様に兼久式土器段階のヤコウガイ貝殻集積が確認されているほか、調査区一七から埋葬遺構一基が発見されている。当該遺構は、隅丸長方形の墓壙側縁に大型礫を配した箱形石棺墓に類似したもので、長さ一六〇センチ、幅六五～七〇センチ、深さ八センチ前後を測る。攪乱を受けていたため、人骨の大半が失われていて、遊離歯・上腕骨・下肢骨の一部が若干残存していたのみである。

成人女性の可能性が推測されているが、年齢は不明である。副葬品として、貝製小玉二二〇点・ガラス玉一二点の合計二三二点の玉類が確認されている。これらの副葬遺物から墓壙の構築使用年代は決定できないが、墓壙の構築層位から古墳時代並行期に位置づけられると考えられる。

そして第六次調査は、調査区二二・二三・二四等から十一世紀後半～十二世紀前半に位置づけられる文化層が確認されて、遺構として集石土坑、遺物として類須恵器・玉縁口縁白磁椀・滑石製石鍋・土師器・布目圧痕土器・滑石混入土器・鉄器・滑石製品等が出土している。

また調査区二四の下層からは、いわゆる「スセン當式土器」と考えられる型式不詳土器を主体とする文化層が確認されている。当該土器は、甕形土器と壺形土器の器種構成が認められるのではないかと考えられるが、甕形土器以外の様相については判然としない。甕形土器は、脚台部を有した台付甕形土器が主体を占めると考えられる。これらの甕形土器には、口縁部から胴部上半にかけて、口縁部に細い隆帯が貼り付けられたり、半弧文を多用した幾何学的意匠の沈線文等が施されている。当該土器の帰属年代は、器形・文様等の特徴からおおよそ古墳時代に位置づけられると考えられる。

調査区二四では、この型式不詳土器を主体とする文化層の上層に兼久式土器段階の文化層が確認され、さらに上層には類須恵器段階の文化層も確認され、文化層の重畳が認められた。第一章・第二章でも取りあげているように、この文化層の重畳は奄美諸島の土器編年研究を進める上できわめて重要であると理解される。

それから調査区二二・二四を中心に、滑石製石鍋が一二三点も出土している。これらの滑石製石鍋については、多数の穿孔が施されていて、底部にまで穿孔が施されているものが認められるほか、複数個体の破片がいっしょに出土していること等から、完形の状態で使用されたものとは異なる使用状態、すなわち最初から破片で搬入された可能性が考えられる（池田二〇〇三）。

以上に報告した小湊フワガネク遺跡群の発掘調査記録と出土遺物は、名瀬市教育委員会の名瀬市立奄美博物館に保管されている。

五　小　結

一九九七（平成九）年度に小湊フワガネク遺跡群の緊急発掘調査を実施してから、すでに八年の歳月が経過した。発掘調査概報が一九九九（平成十一）年に発刊され、発掘調査報告書は二〇〇五（平成十七）年に第一分冊がようやく刊行された。その間にも小湊フワガネク遺跡群の発掘調査成果は注目を集めつづけ、大量出土したヤコウガイ貝殻は、考古学の専門家のみならず文献史学や美術工芸等の専門家からも多数の関心を寄せられてきた。ヤコウガイをめぐる考古学的検討は、ようやく開始されたばかりである。小湊フワガネク遺跡群をはじめとして、今後のヤコウガイ大量出土遺跡の調査研究に実態の解明が委ねられている。

小湊フワガネク遺跡群の発掘調査成果は、琉球弧の従前の考古学研究における常識的知識では説明できない部分が多数含まれている。それらの齟齬の解決に向けて課題が山積しているといわなければならないが、そうした検討作業は琉球弧の考古学研究における重要課題の確認になるにちがいない。

小湊フワガネク遺跡群は、広大なる面積の一部分が姿を現したばかりである。今後、さらなる学術的検討の積み重ねを図らなければならないし、発掘調査成果に関係する研究成果を発表していく責務を当然負うものと受け止めている。

注

（1）本章における挿図写真は、すべて名瀬市教育委員会の提供による。

（2）奄美諸島から先島諸島における海岸砂丘は、砂層の不整合等から新砂丘と旧砂丘に大別されている。新砂丘の形成時期は、おおよそ弥生時代の小海退以後と考えられている。

（3）従前の調査事例としては、用見崎遺跡第一次調査で確認されている二棟の掘立柱建物跡調査が唯一のものである。さらに当該建物跡については、用見崎遺跡第四次調査で再調査されているが、第一次調査の際に建物跡を囲んで検出された柱穴跡は確認できないと報告されている（熊本大学文学部考古学研究室一九九七）。小湊フワガネク遺跡群における発掘調査方法で指摘されているように、砂丘遺跡における遺構確認は砂層の保水状態を維持されていなければきわめて困難である（名瀬市教育委員会二〇〇三）。

（4）今後、実態の確認に伴い、あらためて適切な遺構名称を与える必要がある。

（5）これらの貝玉については、発掘調査時にはじつは確認されていない。発掘調査では包含層を篩にかけて、選別された遺物はすべて持ち帰りながら掘り進めていた。そうした遺物群について、整理作業の段階であらためて篩がけして選別した結果、当該遺物が含まれている事実を確認したものである。

第五章　ヤコウガイ交易

小湊フワガネク遺跡群や土盛マツノト遺跡等の奄美大島北部で進められているヤコウガイ大量出土遺跡の発掘調査に対して、文献史学の専門家から強い関心が集まりはじめている。その理由は、ヤコウガイが交易物資として利用されていた可能性を文献史学の専門家が史料から予測していたからにほかならない。すなわち平安時代の史料にもたびたび姿を現すヤコウガイは螺鈿原材等として知られてきたが、その供給地は未だ突き止められていない。そうした事情があるから、いわゆる南島関係史料の舞台である奄美大島でヤコウガイ貝殻が大量出土する遺跡が発見された事実に対して大いなる期待と関心が寄せられているのである。奄美大島における一連の発掘調査が進められるなかで浮かび上がりはじめたヤコウガイ大量出土遺跡の実態により、文献史学側の期待は急速に現実味を帯びつつあると思われる。当該遺跡の検討は、喫緊の課題として認識されてくるのである。そこでヤコウガイ大量出土遺跡を中核とする考古資料の検討によりまず新しい事実認識を提示して、ヤコウガイをめぐる遠隔地交易の問題について新しい仮説を提起してみたい。

一　ヤコウガイ抄録

本稿で取り上げるヤコウガイについて、基礎知識を確認しておきたい。ヤコウガイ（Turbo［Lunatica］

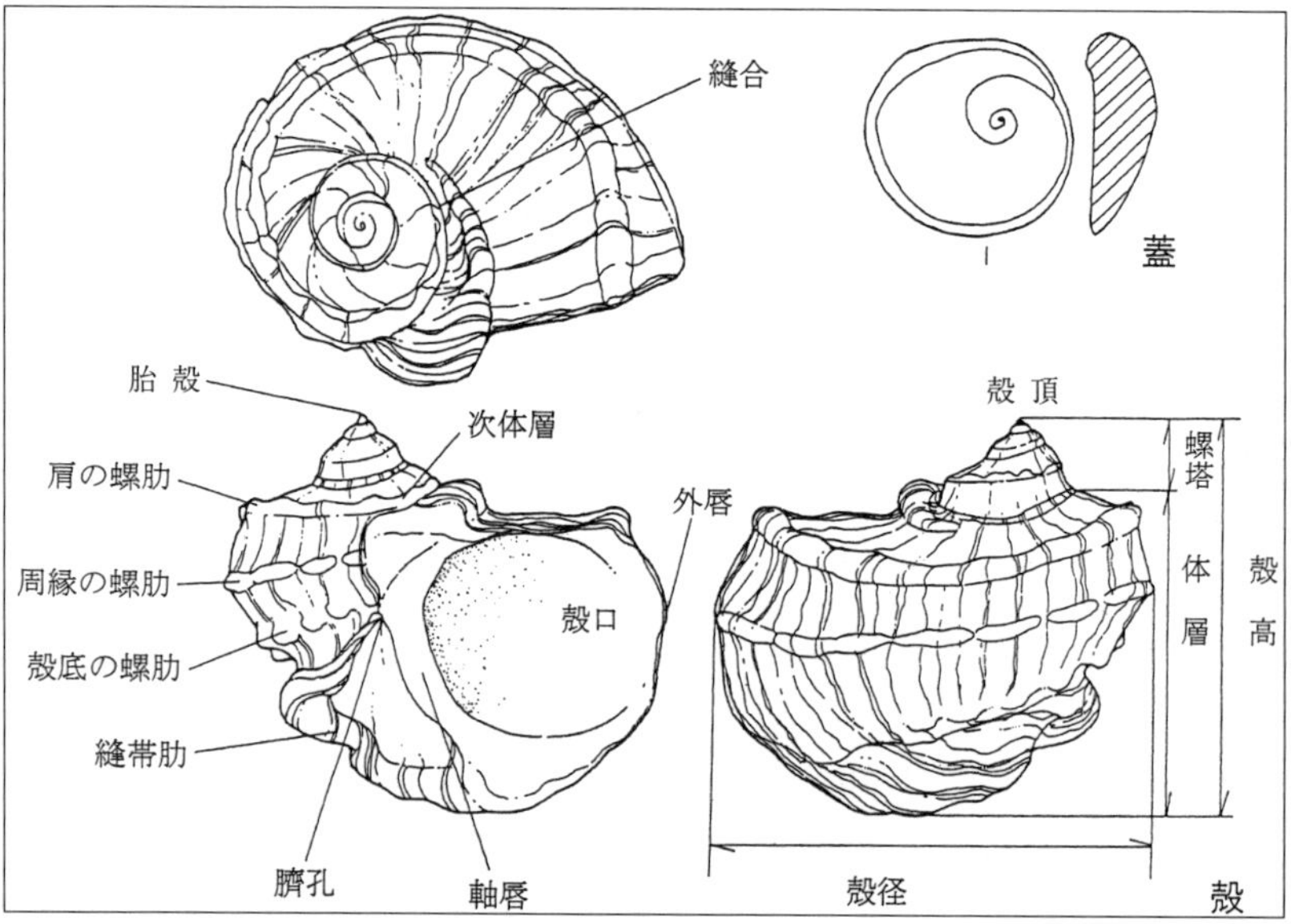

第31図　ヤコウガイ貝殻の部位名称（藤江2000を一部改変）

marmorata）は、リュウテンサザエ科に属する大型巻貝である。殻径・殻高はいずれも二〇センチ前後に達して、重量は二キログラムを超過する。殻表全体は暗緑色を呈し、赤茶色の斑点を有している。貝殻は分厚で頑丈であり、その内面は美しい真珠光沢を有している（第31図）。生息地城はインド洋・太平洋の熱帯海域にかぎられるようであるが、確実な情報は意外に乏しい。岩礁などの堅い海底地形に生息して、砂泥質の海底地形には認められない。サンゴ礁地形における礁縁部分（第32図）の外洋側に形成される礁斜面に好んで生息する。

古い時期からヤコウガイの貝殻はアジア各地で螺鈿等の工芸原材として用いられつづけている。産業的多産地域としては、フィリピン諸島、アンデマン諸島・ニコバル諸島（インド）、奄美諸島・沖縄諸島・先島諸島の琉球弧が知られている。螺鈿にかかわる事柄は、後で詳しく検討する予定であり省略しておく。軟体部は先史時代以来食料として利用されているが、奄美諸島・沖縄諸島における江戸時代並行期の文献史料に拠れば、軟体部の塩漬が上納品として用いられていた事実も確認できる。(1)

ヤコウガイは、本来ヤクガイと呼称されていたようである。奄美諸島の地域名称は、ヤクゲー・ヤッコゲなどであり、沖縄諸島・先島諸島の地域名称は、ヤクゲー・ヤクンガイなどである。こうした地域名称には、ヤコウガイの古称が保有されているとも考えられる。名称の問題も、後でふたたび触れてみたい。

二　ヤコウガイ大量出土遺跡

ヤコウガイ大量出土遺跡に対する考古学側の検討作業は、新しい観察事実であることもあり、不足しているといわねばならない。その帰属年代をめぐる議論も十分とはいい難い。現段階で文献史学側の取組みが先行しており、考古学側の資料分析が十分伴わないまま独り歩きする危険性も備えている。まずヤコウガイ大量出土遺跡にかかわる現段階の確認事実を整理して、輪郭の素描を試みたい。

1　ヤコウガイ大量出土遺跡の事例

ヤコウガイ大量出土遺跡における最大の特徴は、文字どおりヤコウガイ貝殻の大量出土である。ヤコウガイは奄美諸島・沖縄諸島の先史遺跡で通有に認められる食料残滓であるが、出土数は決して多くない。ところが、ヤコウガイ大量出土遺跡は、異常とも思われる個体数が出土する。

筆者がヤコウガイ大量出土遺跡として分類している事例は、ほとんど奄美大島北部に集中している。北側より列記するならば、用見崎遺跡・土盛マツノト遺跡・万屋泉川遺跡・和野長浜金久遺跡・小湊フワガネク遺跡群等である（第5表）。沖縄諸島・先島諸島は、奄美諸島をはるかに上回る発掘調査成果の蓄積があるにもかかわらず、兼久式土器に並行する貝塚時代後期後半の先史遺跡で類例がほとんど見当たらない。管見の及んだところでは、久米

第32図　干潮で露出したサンゴ礁（奄美大島用安海岸）

第4表　兼久式土器出土遺跡主要遺跡一覧（高梨2000 cを一部改変）

遺　跡	時　期	貝匙	貝札	鉄器	開元通宝	外来土器	備　考
先山遺跡	8世紀後半〜9世紀前半					○	
用見崎遺跡	7世紀後半	○	○		○		ヤコウガイ大量出土
須野アヤマル第2貝塚	8世紀後半〜9世紀前半?			○			
土盛マツノト遺跡(上層)	9世紀後半〜10世紀前半	○	○	○		○	ヤコウガイ大量出土
土盛マツノト遺跡(下層)	7世紀前半						ヤコウガイ大量出土
万屋泉川遺跡	10世紀後半〜11世紀前半	○		○		○	ヤコウガイ大量出土
和野長浜金久遺跡	9世紀後半〜10世紀前半	○	○	○		○	ヤコウガイ大量出土
喜瀬サウチ遺跡(上層)	7世紀前半			○			
赤尾木手広遺跡	8世紀後半〜9世紀前半			○			
小湊フワガネク遺跡群	7世紀前半	○	○	○		○	ヤコウガイ大量出土
面縄第1貝塚	7世紀後半?			○	○		

島の清水貝塚・北原貝塚が該当すると考えられる。

ただし、琉球王国の王府が所在していた那覇市首里周辺では、琉球王国時代の遺跡からヤコウガイ貝殻が大量出土している。(2) そうした遺跡も検討する必要があるが、帰属年代から区別できるもので、本章の検討対象からは除外することとしたい。

奄美大島北部のヤコウガイ大量出土遺跡に共通する立地環境として、大規模の海岸砂丘（新砂丘(3)）上に営まれている点、サンゴ礁が発達している海岸を擁する点等があげられる。

2　ヤコウガイ大量出土遺跡の帰属年代

奄美大島北部で確認されているヤコウガイ大量出土遺跡の出土土器は、すべて奄美諸島特有の在地土器として知られているいわゆる「兼久式土器」である。兼久式土器の編年研究が混迷しているため、遺跡形成年代の検討材料として兼久式土器が必ずしも有効に用いられていない現状にある。しかし、ヤコウガイ大量出土遺跡の出土土器が、共通する在地土器で構成されている事実をまず認識するべきである。つまりヤコウガイ大量出土遺跡は、おおよそ共通する帰属年代を有している点を理解しなければならない。

ヤコウガイ大量出土遺跡の帰属年代は、当該遺跡に関心を寄せている考古学と文献史学の専門家たちがもっとも必要としている情報であると思われる。しかし、兼久式土器が弥生時代終末～平安時代という漫然たる時間幅でとらえられているため、年代尺度として事実上ほとんど機能を果たしていない。こうした研究状況を打開するべく、筆者は兼久式土器の編年研究を進めてきた。すでに第二章で示しているように、兼久式土器はおおよそ七～十一世紀に年代比定できる見通しが得られ、試案であるが五段階まで編年できている。

当該編年案に従うならば、ヤコウガイ大量出土遺跡の各年代は、古いほうから列記するならば、小湊フワガネク遺跡群第一次調査・第二次調査が七世紀前半、土盛マツノト遺跡下層も七世紀前半、用見崎遺跡が七世紀後半〜八世紀前半、土盛マツノト遺跡上層と和野長浜金久遺跡（第Ⅰ遺跡）が九世紀後半〜十世紀前半、万屋泉川遺跡は十世紀後半〜十一世紀前半と考えられる。ヤコウガイ大量出土遺跡が盛行する年代は、現段階で七世紀以降と考えられる。

3　ヤコウガイ大量出土遺跡の実態

ヤコウガイ大量出土遺跡は、以下で説明していくヤコウガイ貝殻の出土状態等から、単なる食料残滓の廃棄であるとは考えられない。そうした出土状態に認められる特徴こそ、遺跡を分類する際の判断基準ともなるものである。

まず特異な様子をうかがわせる貝殻の出土状態として、多数の貝殻を寄せ集めた貝殻集積の存在を取り上げなければならない（第20図）。土盛マツノト遺跡で確認されている貝殻集積は典型ともいえる事例であるが、集積されているヤコウガイ貝殻がとにかく夥しい個体数に達する。類似の貝殻集積は用見崎遺跡・小湊フワガネク遺跡群でも検出されているが、土盛マツノト遺跡に比べて個体数は少数である。小湊フワガネク遺跡群では、幼貝もかなり捕獲されているにもかかわらず、貝殻集積は成貝からのみ構成されており、幼貝の貝殻がほとんど含まれていない。こうした点から、集積される貝殻のサイズが意識されていたとも考えられる。集積されている貝殻は欠失部分が認められるものもあるが、総じて残存状態が良好である。

そして貝殻集積の周辺部分から、ヤコウガイ破片が多数出土している点も注意される。こうした破片のなかにいわゆる貝匙の破片が相当数含まれており、製作途上と考えられる資料が多数確認されている。土盛マツノト遺跡と小湊フワガネク遺跡群では、貝匙製作プロセスを示していると考えられるヤコウガイ破片が多数出土しており、ヤコウガイの貝殻利用における技術体系の存在が想定されている。とくに小湊フワガネク遺跡では、貝匙製作跡と考

第5表　ヤコウガイ大量出土遺跡一覧（髙梨2001を一部改変）

	遺跡名称	帰属時期	ヤコウガイ 貝匙	ヤコウガイ 有孔製品	ヤコウガイ 貝殻	貝札	開元通宝	鉄器	外来土器	備考
奄美諸島	用見崎遺跡	7世紀後半	9	4	約300	○	○			奄美大島笠利町
	土盛マツノト遺跡	9世紀後半～10世紀前半	多数	多数	多数	○		○	○	奄美大島笠利町
	万屋泉川遺跡	10世紀後半～11世紀前半	25	2					○	奄美大島笠利町
	和野長浜金久遺跡	9世紀後半～10世紀前半	47	4	多数	○		○	○	奄美大島笠利町
	小湊フワガネク遺跡群	7世紀前半	91	44	約900	○		○	○	奄美大島名瀬市
沖縄諸島	北原貝塚	貝塚時代後期後半	17		238	○	○		○	久米島具志川村
	清水貝塚	貝塚時代後期後半	35	1	1698	○		○	○	久米島具志川村

えられるヤコウガイ破片の集積箇所がはじめて詳細に記録されており、貝匙製作にかかわる各種技術の分析が進められている。ヤコウガイを大量捕獲した動機として、まず貝匙製作の原材確保が考えられる。

しかし、ヤコウガイの貝殻利用は貝匙製作に限定されるものではないらしい。ヤコウガイ大量出土遺跡でヤコウガイの破片集積がしばしば認められるが（第21図）、こうした集積遺構は貝匙製作と直接的関連性が希薄であると思われる。なぜならば、小湊フワガネク遺跡群の事例を検討したところ、貝匙に利用できない状態の小型破片ばかり集められている様子が確認されているからである。貝匙以外で通有に認められるヤコウガイ原材の貝器として有孔製品があげられるが、当該資料にも対応しない部分が多数含まれている。貝殻破片を割り取るというよりも、細かく解体していくという様子であり、別途の貝殻利用が推定される。当該地域で認められるヤコウガイ製貝器を検討するかぎり、そうした小型破片に対応する製品が判然としないことから、これらのヤコウガイ破片は琉球弧以外の地域で消費されていたという大胆な推測も成立しうるであろう。

ヤコウガイ貝殻は、従前の発掘調査で食料残滓として片づけられてしまう場合が多く、貝匙原材等として正当な取扱いをほとんど受けていない。そのため、残念ながら貝殻利用の実態は現段階で判然としない部分が多い。小湊フワガネク遺跡群における出土資料の観察を通して、貝殻利用の多様な実態がようやく解りはじめているところである。しかし、ヤコウガイ大量出土遺跡が形成される要因として、単一原材の獲得という強い意図が存在している点はまちがいない。そうでなければ、ヤコウガイの異様な貝殻集積は理解できないものである。そして貝匙製作以外に用途が存在するという点も確実である。こうしたヤコウガイ大量出土遺跡の様相から、原材獲得という性格がうかがわれる。

4　ヤコウガイ製貝匙の検討

小湊フワガネク遺跡群の発掘調査成果は、ヤコウガイ製貝匙についても新しい問題を提起している。ヤコウガイ大量出土遺跡の性格を考える材料になると思われるので、若干述べてみたい。

いわゆるヤコウガイ製貝匙は、当該地域特有の考古資料として知られているが、形態的に類似する資料は縄紋時代並行期から存在している。木下尚子は、ヤコウガイ製貝匙を精製品と粗製品に大別できることを指摘しているが（木下一九八一）、筆者は木下による当該分類は首肯できない。小湊フワガネク遺跡群出土資料より理解される製作状況に拠れば、木下が分類した粗製品と精製品は、やはり一連の製作プロセスのなかで理解するべきものであり、形態が成形・整形されて背面の研磨が入念に施されているものをヤコウガイ製貝匙の完成品として考えることができる。そうした資料を概観してみると、大半が別表のとおり兼久式土器段階に比定されると考えられ、当該時期に盛行する資料としてとらえられそうである（第6表）。

ヤコウガイ製貝匙にかかわる出土遺跡集成の結果、当該地域で貝匙完形品が僅少である事実に気づく。小湊フワガネク遺跡群で出土している貝匙も九一点を数えるが、完形品はわずか二点にすぎない。完形品が僅少である原因として、使用中に破損しているか、製作途上で破損していることが考えられる。小湊フワガネク遺跡群における多数の貝匙残欠は、破損箇所がおおよそ共通している様子を観察できる。そうした破損箇所を類別してみると、三類

第6表　ヤコウガイ製貝匙出土遺跡一覧（高梨2000cを一部改変）

	遺跡名称	時期	貝匙	有孔製品	貝殻（破片含む）	備考
奄美諸島	用見崎遺跡	7世紀後半	9	4	約300	奄美大島笠利町
	土盛マツノト遺跡	9世紀後半～10世紀前半	多数	多数	多数	奄美大島笠利町
	万屋泉川遺跡	10世紀後半～11世紀前半	25	2		奄美大島笠利町
	和野長浜金久遺跡	9世紀後半～10世紀前半	47	4	多数	奄美大島笠利町
	赤尾木手広遺跡	8世紀後半～9世紀前半	多数			奄美大島龍郷町
	小湊フワガネク遺跡群	7世紀前半	91	44	約3,000	奄美大島名瀬市
	犬田布貝塚	縄紋時代晩期	42		24	徳之島伊仙町
沖縄諸島	東原貝塚	貝塚時代後期	13			伊平屋島伊平屋村
	久里原貝塚	貝塚時代前期	31			伊平屋島伊平屋村
	宇座浜B遺跡	貝塚時代前期	25		27	沖縄本島国頭村
	ナガラ原西貝塚	貝塚時代後期	45		105	伊江島伊江村
	シヌグ堂遺跡	貝塚時代前期	17		2	宮城島与那城村
	北原貝塚	貝塚時代後期	17		238	久米島具志川村
	清水貝塚	貝塚時代後期	35	1	2,529	久米島具志川村

程度に大別できそうである。破損箇所の共通度が高い事実は、一定の使用方法か一定の製作方法が存在することを示唆するものであろう。小湊フワガネク遺跡群で貝匙残欠の出土状態を確認してみると、貝匙製作跡と考えられる剥片集中箇所とほとんど重複して出土していることがわかる。貝匙残欠の接合資料も確認されており、そうした事実から製作途上で破損したものであると理解できたのである。

小湊フワガネク遺跡群における貝匙製作跡の出土資料から、貝匙製作は、①使用部分の割り取り、②成形・整形、③背面の研磨というおおよそ三段階のプロセスが看取できる。割り取り時で最大五～七ミリメートルくらいに達する貝殻の厚みを有しているが、二～三ミリメートルの厚みまで薄く仕上げられていることから、半分程度の厚みまで研ぎ上げる作業が施されているらしい。貝匙残欠の大半が背面部分まで研磨されていることから、おそらく最終仕上の研磨段階で破損している可能性が濃厚である。

そうすると、貝匙完形品が僅少である実態は何を意味しているのか。使用中に破損していないとすると、貝匙完形品はまさしく僅少な存在として理解されてくる。[4] しかし、貝匙製作跡の出土資料から考えるかぎり、貝匙製作の難度が高く少数しか製作できないという様子はどうしても想定できない。むしろ、貝匙完形品は島嶼地域で使用されていないから僅少であると考えた方が理解しやすい。すなわち島嶼地域以外のところへ運び出されていたのではないかという推測が浮び上がる。そうすると、ヤコウガイ製貝匙の検討からも、前節と同様ヤコウガイを島嶼地域で消費している様子があまり認められないというまったく意外な結果が導き出されてくるのである。

この仮説に関係するヤコウガイ製貝匙の出土事例が確認されている。韓国東側となる慶尚北道（キョンサンプクト）の南部、高霊（コリョン）に所在している池山洞（チサンドン）古墳群四四号墳の副葬遺物からヤコウガイ製貝匙が出土しているのである。(5) 池山洞古墳群の年代は、韓国側で五世紀後半頃と考えられているので帰属年代に問題が残るが、(6) ヤコウガイ製貝匙が島嶼地域の外側へ運び出されていた事実を示す具体的資料であり、しかも加那の有力都市と考えられている高霊の王墓に副葬されていたことからも、威信財として認識されていた様子がうかがわれる。

三　知られざる古代交易

1　史料による考察

ヤコウガイが古代の史料に記録されている事実は、琉球弧における従前の考古学研究においてほとんど看過されてきたと思われる。平安時代を中心とする史料の渉猟により、本土近海で獲得できないヤコウガイ貝殻の供給地として琉球弧の島嶼地域を想定した小島瓔禮の先行研究は見逃せない。

ヤコウガイの古称であるヤクガイ（夜久貝・夜句貝・益救貝・屋久貝）については、『倭名類聚抄』の「夜久乃斑貝、今案俗説云、紅螺杯出二西海益救島一、故俗呼為爲二益救貝一」、『釈日本紀』で引用する『日本紀私記』の「掖玖者西海別嶋也、出二美貝一。今俗謂二之夜句貝一。但此嶋與二大隅國一相近耳」という通説は退けられ、ヤク（掖玖・益救・夜句）は大隅諸島以南の島嶼地域全体の総称であると今日理解されている（角田一九三七）。すなわち『日本書紀』のいわゆる南島関係史料は、初見となる推古朝～舒明朝（七世紀前葉）の段階で「掖玖」という地名のみが用いられているが、天武朝（七世紀中葉）以後は島嶼地域の地名が詳しくなる事実から、初期段階で「掖玖」という用語は琉球弧の汎称として用いられていたと考えられている。そうするとヤクガイとは、ヤク地方に産する貝という呼称として理解できるのである。

つづいてヤコウガイの用途として、先述した『倭名類聚抄』の記載をはじめとして、『枕草子』の「公卿、殿上人、かはりがはり盃とりて、はてには屋久貝といふ物して飲みてたつ」、『江家次第』の「螺盃延喜三十一賀茂臨時祭五戯後夜久螺觴進使等次銅觴進陪従」という記載から、小島はヤコウガイが酒盃として使用されていた事実を指摘している（小島一九八一）。『儀式』の「夜久貝壷坏八口朱漆窪手代二口通二用二箇日一」という記載も、容器としての用途であると考えられる（小島一九九〇）。小島は、「螺杯」「螺盃」が貝殻自体を容器として転用したものであると理解している（小島一九九〇）。この点に関して、『江家次第』に「螺杯」の使用が記録されている賀茂臨時祭の絵巻が残されていて、「螺杯」の形態が確認できる[7]。絵巻に見える「螺杯」は、椀形の形態を呈していてヤコウガイ貝殻ではないことが解る。そして『宇津保物語』の「白きところには、白きものには屋久貝をつきまぜて塗りたれば、きらきらとす」という記載から、ヤコウガイ貝殻が螺鈿をはじめとする工芸材料として古くから発達していたという見解も提起されている（小島一九九〇）。『宇津保物語』の記述で注意しなければならないところは、ヤコウガイが工芸材料として破片でも利用価値を有していたという点であろう。そうした一連の史料の理解から、ヤコウガイ貝殻の用途を確認することができると考えられる。

ヤコウガイの交易をうかがわせる史料も認められる。『新猿楽記』で「東臻二千浮囚之地一、西渡二於貴賀之嶋一」と記されているとおり、全国規模で活動していた「八郎眞人」なる商人が取り扱う物産一覧のなかに「夜久貝」とあり、交易物資であることが理解できる（真栄平一九九一）。また『小右記』で藤原実資のところへ、大隅国の藤原良孝が「赤木二切、檳榔三百把、夜久貝五十口」等を送り届けたとの記載があり、贈答品として利用されていた様子もうかがわれる（永山一九九五）。赤木・檳榔等の南方物産も注意されるところである。

それから中世段階の史料であるが、鹿児島県長島町に伝えられている「千竈文書」も注目されるべきものである。十四世紀初頭において、得宗領薩摩国河辺郡の地頭代官である千竈時家の所領処分状のなかに大隅諸島・トカラ諸島・奄美諸島の島名が列記されており、交易権の得分ではないかと考えられている（村井一九九七）。千竈家が南海の島嶼地域で所有していた交易権とは何であるのか。石上英一や永山修一は、螺鈿原材であるヤコウガイに注目している（石上一九九七、永山一九九七）。当麻寺の本堂当麻曼荼羅厨子基壇における螺鈿蒔絵には一二四三（寛元元）年の製作終了が記されているので、中世の段階もヤコウガイが交易されていたと考えられる（石上一九九七）。

2　螺細による考察

最近、古代螺鈿でも新しい研究成果が獲得されており、研究情報の飛躍的増大が認められる。ヤコウガイ貝殻の用途は、やはり螺鈿原材が主体となるものである。文献史料につづいて、螺鈿資料からヤコウガイ貝殻の消費の様子を探ることとしたい。

まず正倉院宝物における螺鈿・貝殻の材質調査が平成四〜五年に実施されており、原材の特定が果たされている（和田ほか一九九六）。正倉院宝物はほとんど奈良時代の所産であるが、今回の調査によりヤコウガイを主要原材とすることがようやく判明したのである。調査結果を概観すると、ヤコウガイ貝殻利用の多様な実態があらためて確認される。

第一に、螺鈿以外にも正倉院宝物として、ヤコウガイ貝殻を原材とする製品が存在している点である。斑貝鞊鞢御帯・貝玦・貝環等の製品が認められるので、工芸原材として広く利用されていた様子がうかがわれる。第二に、貝殻全体を無駄なく利用している点である。螺鈿の使用部分が詳細に識別されており、肩の螺肋周辺の平坦部分はもちろん、螺塔・殻軸・縫帯肋まで各部が余すところなく使用されている事実は注目される。螺鈿原材としてヤコウガイ貝殻の利用価値の高さもうかがわれるであろう。

また正倉院宝物として四弦琵琶が五面伝えられているが、使用木材・顔料・螺鈿原材等の用材的特徴が一面だけ相違している事実から、初期段階でも国産螺鈿が存在している可能性が指摘されている。初期の螺鈿製品がすべて舶載品であるとはかぎらない事実が判明した点はきわめて重要である。

そして中里壽克により八〜十二世紀における古代螺鈿の技術的検討が進められており、古代螺鈿の技法変遷が詳らかにされている（中里一九九五・一九九六）。螺鈿の最古資料はすべて正倉院宝物であるから、その初源を八世紀まで辿ることができる。螺鈿技法は十三世紀に驚異的発達を遂げており、「厚貝螺鈿」から「薄貝螺鈿」へ一大転換を果たす。そうした変遷を辿るなかで、中里も『西大寺資財流記帳』の記録を傍証としながら、正倉院宝物の紫檀螺鈿木画檜和琴を国産螺鈿として考え、初期段階で螺鈿技法が国内に導入されている状況を想定している点に注意したい。

また螺鈿資料の渉猟結果から、古代螺細の盛行時期が十二世紀に求められる点もあらためて確認されるところである。原材となるヤコウガイ貝殻は、天文学的数字の個体数が消費されていたと考えられる。さらにヤコウガイ貝殻の消費を考える上で、「組み合わせ螺鈿」と「丸味螺鈿」の螺鈿技法は重要であると思われる。組み合わせ螺鈿は、大型文様の表現方法として数枚の貝片を組み合わせる技法である。一枚貝で表現できる小型文様に組み合わせ螺鈿を用いている事例は認められないことから、文様サイズによる必然性に応じたものであると理解されている。装飾効果は組み合わせ螺鈿文が高いと感じられるが、螺鈿の価値としては一枚貝文様が大きいほど高くなる。なぜならば、ヤコウガイ一個体から一枚貝片は一点しか得ることができず、大型サイズの一枚貝片は大変珍重されていたからである。中里は中尊寺金色堂における一枚貝文様と組み合わせ文様の配置箇所を検討した結果、一枚貝文様が正面となる主要箇所に集中して施文され、組み合わせ螺鈿文は正面から目につきにくい側面に施文されている事実を突き止め、一枚貝文様こそ螺鈿文として認識されていたと指摘する。一枚貝文様が豊富に使用されている当該事例は、潤沢な原材が十分用意されていた事実を物語る。また曲面に施文される丸味螺鈿も、装飾対象の曲線に合わせて多数の貝片が必要となることからやはり良貝獲得が必須の条件であり、原材が十分満たされていた様子がうかがわれるのである。こうした螺鈿技法の理解から、螺鈿原材であるヤコウガイ貝殻が大量消費されていた実態をうかがい知ることができるであろう。

3　ヤコウガイ交易

以上、史料と螺鈿における研究成果から、本土におけるヤコウガイ消費の様子がおおよそ把握できたのではないか。主として史料から用途の在り方を、螺鈿から大量消費の様子をうかがい知ることができる。奈良時代以降、本土でヤコウガイ貝殻がかなり消費されていた事実がまず認識されなければならない。ヤコウガイが本土近海で採取できない事実は疑いようがないので、交易物資として持ち込まれたものであることはまちがいない。

もっとも関心をかき立てられる課題であるヤコウガイの供給地比定は、文献史学側から琉球弧を想定する見解が提起されており、当該地域における考古学の研究成果に対しても重大な関心が寄せられている。ヤコウガイの古称であるヤクガイをヤク地方で採れる貝と考えるかぎり、その名称こそがヤコウガイの供給地を明示する証拠ともなるものである。こうした文献史学側の見解を裏付けるとも考えられる注目すべき発掘調査成果、すなわちヤコウガイ大量出土遺跡が土盛マツノト遺跡を嚆矢として奄美大島北部でつぎつぎと確認されはじめたことから、ヤコウガイ供給地をめぐる問題は急展開しはじめたのである。

ヤコウガイ大量出土遺跡は、兼久式土器の新しい年代理解によりヤコウガイが記されている一連の文献史料とも年代がおおよそ接近するところとなり、しかも来朝記事の筆頭にあげられている奄美大島から発見されたことから、俄然意味を帯びてきたと考えられる。発掘調査事例の蓄積がある沖縄諸島や先島諸島から、ヤコウガイ大量出土遺跡がほとんど発見されていないという事実も注意しなければならない。そうしたコンテクストのなかで、ヤコウガイ大量出土遺跡の実態をもう一度確認してみたい。

ヤコウガイ大量出土遺跡における最大の重要事実は、大量捕獲されているヤコウガイの消費が島嶼地域であまり認められないという点に求められる。つまり単一原材が大量確保されているにもかかわらず、製品として消費されている様子が判然としないところである。筆者は、当該事実を最大根拠として、ヤコウガイが島嶼地域の外側世界へ運び出されていたと推測する。ヤコウガイの搬出先は、史料や螺鈿の検討で確認したとおり、高いヤコウガイ需要がある本土地域を想定するのがもっとも妥当であると考えられる。ヤコウガイ大量出土遺跡で認められた貝殻集積や破片集積も、原材供給を果たすための集積行為であると考えるならば納得できるのではないか。日本国内におけるもっとも古いヤコウガイ消費は、正倉院宝物の国産品と考えられる螺鈿製品に求められるので、八世紀代までしかさかのぼることができない。さらにヤコウガイ関係記事が認められる一連の史料の成立年代はほとんど九世紀以後のものであることから、小湊フワガネク遺跡群等の七世紀代におけるヤコウガイ大量出土遺跡をただちに本土側のヤコウガイ需要に直結させることはできないが（永山二〇〇一c、蓑島二〇〇〇、田中二〇〇五）、少なくとも土盛マツノト遺跡・和野長浜金久遺跡等の古代並行期後半段階のヤコウガイ大量出土遺跡は、大型のヤコウガイ製貝匙はほとんど製作されなくなりヤコウガイ貝殻の供給に対応するために営まれたものと考えられるので、本土側のヤコウガイ需要におおよそ対応する動静として理解されてくるのである。そうしたヤコウガイ大量出土遺跡は、交易物資であるヤコウガイの集中管理による所産ではないかと推測される。ここに奄美大島北部がヤコウガイ供給地として注目されてくる。さらに七世紀代にヤコウガイ大量出土遺跡が突然出現する様子も、ヤコウガイ貝殻を大量集積してヤコウガイ製貝匙の大量製作をはじめとする貝器製作に特化していた事実からするならば、古代国家の南島政策による対外交流を契機として、螺鈿原材以前の前段階としてのヤコウガイ交易が開始されていた可能性があると考えられる。(8) ヤコウガイ大量出土遺跡が七世紀前後から突然盛行しはじめる様子は、本土側のヤコウガイ需要におおよそ対応する動静として理解できそうである。ヤコウガイ大量出土遺跡は、交易物資であるヤコウガイの集中管理による所産ではないかと推測されるのである。ここに奄美大島北部がヤコウガイ供給地として注目されてくる。

以上の見解に立つならば、いわゆるヤコウガイ製貝匙の不可解なる製作状況も、交易物資としてやはり島嶼地域外へ運び出されていたと考えることにより説明できるのではないか。筆者は、文献史料に見える「螺杯」「螺盃」とはヤコウガイ製貝匙ではないかと推測するのであるが、荒唐無稽の思いつきではない。年代は新しくなるが、『琉球国志略』にヤコウガイが酒杯・杓匙として使用されている事実が記されているからである（周一七五七）。ヤコウガイ製貝匙は、本土地域から発見されていないが、今後発見例が出てこないともかぎらない。

また土盛マツノト遺跡における上層出土貝匙と下層出土貝匙を比較してみると、前者が大型で深い貝匙、後者が小型で浅い貝匙であるという大別もできそうである（笠利町教育委員会一九九二）。小湊フワガネク遺跡群出土貝匙は、土盛マツノト遺跡下層出土貝匙と同一のものである。上層・下層の層位的重畳から、ヤコウガイ製貝匙は大型で深い貝匙から小型で浅い貝匙へ変化している様子がうかがえる。貝匙柄部における装飾も後者が簡素化しており、貝匙製作における手抜きの方向性として理解できるかもしれない。螺鈿原材としての需要の高まりに応じて、貝匙製作が次第に減じているとも考えられる。こうした貝匙製作や貝殻利用について分析を積み重ねていくなかで、本土側のヤコウガイ消費に対応した変化についても、ヤコウガイ大量出土遺跡のなかで読み取ることができるのではないか。

それから、ヤコウガイ大量出土遺跡は、多彩な搬入遺物が出土している点でも興味深い。兼久式土器出土遺跡の主要遺跡における共伴遺物は別表（第４表）のとおりであるが、ヤコウガイ大量出土遺跡である土盛マツノト遺跡・万屋泉川遺跡・和野長浜金久遺跡（第Ⅰ遺跡）・小湊フワガネク遺跡群等で搬入遺物が多く認められる傾向がある。とくに兼久式土器出土遺跡で、鉄器が相当数出土している事実には注目したい。当該事実は、兼久式土器段階で鉄器が普及している様子を物語る証拠に他ならない。奄美諸島および沖縄諸島で鉄器が普及する時期は十二世紀紀以後であると考えるのが通説であるから、重大な訂正事実となる。また兼久式土器と並行段階の沖縄諸島で、鉄器がほとんど知られていない点も重要である。搬入遺物も総じて僅少であり、奄美諸島の様子と相違がいちじるしい。兼久式土器段階の奄美諸島と平底土器段階の沖縄諸島において、こうした搬入遺物の相違に対する注意はあまり払われていないが、鉄器普及が意味するところはきわめて重要である。ヤコウガイ大量出土遺跡から鉄器が相当数出土している事実を思量するならば、鉄器こそが島嶼社会へもたらされた主要なる交換物資であると考えられる。

ヤコウガイ・赤木（山里一九九五）・檳榔（小島一九七六）・ホラガイ（木下一九九六ａ）等から成る南方物産の交易により、島嶼社会が鉄を獲得していた様子も想定されてくる。こうした南方物産の獲得にかかわる遠隔地交易において、多数の運搬量を占めていた輸出財こそヤコウガイであると考えられる。奄美諸島は、そうした交易活動の拠点地域として機能していたのではないか。当該地域における従前の考古学研究でほとんど注意されていない古代交易が、先史時代と考えられている貝塚遺跡から浮かび上がりはじめている。

四　先行研究の批判的検討

奄美諸島・沖縄諸島で貝の遠隔地交易を取り上げるならば、弥生~古墳時代並行期のゴホウラやイモガイをめぐる遠隔地交易の事例がすぐに想起されるであろう。日本考古学で知られている遠隔地交易の代表事例の一つとして、あまりにも有名である。一九六〇年代後半から一九七〇年代前半にかけて、九州地方で考古学研究に従事している三島格・永井昌文・高倉洋彰・橋口達也・河口貞徳等が推し進めた基礎研究により、九州を中心とする西日本地域の弥生~古墳時代遺跡から出土する大型巻貝製腕輪は、ゴホウラやイモガイ等の南海産貝類である事実が突き止められ、弥生文化研究に飛躍的進展をもたらした（三島一九六八、河口一九七三、高倉一九七五、永井一九七七、三島・橋口一九七七）。

その後、木下尚子が琉球弧側の資料にも十分配視しながら膨大な事例研究を積み重ね、弥生~古墳時代各時期の詳細な動向が解明されてきた。木下の調査研究は、琉球弧で二〇年以上にわたり継続されており、現段階の到達点ともいえる考古学的事実の集大成も成し遂げられている（木下一九九六b）。南海産貝輪研究は、消費地側におけ る出土資料の分類と消長を繰り返し確認しながら進められてきたが、木下はそうした消費地側の動向に対応する供給地側の様子も探求していくなかで、遠隔地交易の分析視角を深化させてきたといえる。

しかし、南海産貝類の遠隔地交易研究は、結局モノ（考古資料）の移動と変遷という考古学的現象について、発見と記述を繰り返してきたにすぎないのではないか。木下における一連の研究でも、考古学的現象の記述に膨大な紙数が費やされていて、経済活動の領域での説明が乏しく、遠隔地交易という経済システムはほとんど論じられていない。こうした接近方法は、日本考古学できわめてなじみ深いスタイルであり、帰納的資料操作が推し進められ、考古資料に認められる各種パターンを繰り返し検証していく伝統的手法として確立されている。木下による当該研究もそうした事例の典型であると考えられるが、実証主義が標榜される科学的考古学研究の実態とは、考古資料の即物的解釈に止まるものなのであろうか。物質文化資料である考古資料の検討がどれだけ詳細化しても、全体像を説明したことには決してならない。「資料が蓄積した段階で検討したい」という常套句が考古学でしばしば用いられるが、どれだけ資料が蓄積されても過去は決して帰納できないという事実を自覚するべきである。

過去を復元するための方法論的練磨が、従前の日本考古学で十分実践されてきたとはいい難い。日本考古学の研究方法は、「過去の物質文化資料のパターン認識から生み出される考古学的経験則を至上のものとし、直截に文化的・集団的表象とみなして時間軸に配列し、もっぱら文化の伝播と集団の移動によって説明する伝統的な方法―文化史復元」（佐藤一九九二）に依拠してきたと考えられるが、安斎正人や佐藤宏之等が進めている考古学革新論で提起されているとおり[9]、考古学の理論と方法に対する研究は、今後比重を増していかなければならない。

市町村レベルにおける文化財保護行政の浸透により、鹿児島県や沖縄県においても相当数の考古資料が急速に蓄積されつつある。しかし、実証という言葉の下で経験主義的資料論が横行している現状は、日本考古学の新たなる潮流とほとんど無縁の世界で遺構・遺物カタログのごとき発掘調査報告書を生み出しつづけている。考古資料の分布や変遷を記述する作業だけでは、先史学・歴史学における考古学の役割は果たせないはずである。考古資料は人間行動の所産であるから、その背後にさまざまなシステムが必ず存在している。そうしたシステムを描き出す作業として、理論的検討による全体像の仮説提示が進められなければならない。すなわち考古学モデルの構築こそが必須の課題となる。南海産貝類をめぐる遠隔地交易研究でも、経済活動の領域を説明できる考古学モデルが必要とされている。

そして、南海産貝類をめぐる遠隔地交易研究がかかえるさらなる問題として、供給地側である島嶼社会の様子を描き出す研究姿勢の脆弱性も指摘しておかなければならない。交易と文化復元が南島研究の課題であると述べている木下をして、島嶼地域の考古資料等を詳しく論じていながら主体となるべき島嶼社会をほとんど論じていない様子がうかがえる(髙梨一九九六)。「地域で研究する」ことと「地域を研究する」ことは決して同義ではない。木下の遠隔地交易論は、弥生社会や古墳社会の側から論じられたものであり、当該地域における弥生文化波及と定着の問題や、貝塚時代後期における土器編年の問題等、解決しなければならない地域研究の課題にはほとんど触れないで進められている。木下の研究方法は、対象とする考古資料の分布論を機軸とした解釈論の提示に特徴づけられると思われるが、そのために問題認識を深めていく過程において、新しい接近方法を発掘調査および資料分析のなかで開発していく方向性が認められず、関心ある考古資料へ集約された情報切り取り型の接近方法が繰り返し採用されてきた。そうした方法では、発掘調査で作成される各種の調査記録から新しい情報を止揚していく作業がどうしても疎漏となりがちであり、資料論よりも解釈論が先行する結果を生み出してきたのである。[10]木下も多用している「貝の道」という用語は、三島格によりはじめて使用されたものであるが(三島一九六八)、大和世界からとらえた交易物資が運ばれてくる経路、いわば弥生社会や古墳社会システムの触手という意味でしかない。すなわち南海産貝類の遠隔地交易論は、遠隔地まで到達している弥生社会および古墳社会システムの強大な組織力を強調する材料として論じられてきた側面も決して見逃すわけにはいかない。

五　非市場交易

南海産貝類をめぐる従前の遠隔地交易研究が包蔵していた不足部分、とりわけ経済領域におけるメカニズムを解読していくため、必須と考えられる理論研究として経済人類学の交換・交易研究があげられる。本節で筆者が取り上げる事例は、レイモンド・ファースに代表される形式主義学派に対して、実在主義学派として知られているカール・ポランニーの交換・交易研究である。

ポランニーの主要業績としてあげられるのは、市場経済が特殊である本質を抉り出した一連の経済分析である。ポランニーは、西欧近代資本主義が拠り所としてきた市場経済社会とは普遍性を欠いた偶然的特殊社会であり、マルクス主義で説かれるような必然的歴史段階でも決してないという実態を看破してみせた。そして社会科学の経済的側面にかかわる研究は、市場経済という特殊経済形態だけではなく、より普遍的存在である「非市場経済」を並置させることにより、はじめて有効なる取り組みと正しい理解が可能になると提起したのである。

ポランニーの見解が、経済人類学に重大なる転換を惹起させた意義は大きい。形式主義学派等によるいわゆる機能主義的経済人類学は、儀礼や慣習等の事例研究を通じて、無文字社会における経済的機能の分析を進めてきた。しかし、市場経済理論に絶対依拠する分析枠組ですべてを理解していこうとする接近方法の偏りは、そうした機能主義的経済人類学の方法的限界であるとして批判が集中してきた。ポランニーが提起した非市場経済という革命的概念により経済人類学は再生され、新たなる力を獲得しはじめている。ポランニー以後の経済人類学が注目される所以である。

ポランニーは、経済形態を互酬（reciprocity）、再分配（redistribution）、交換（exchange）の三類に大別できるとして、実在の経済とは経済形態が制度化されていくプロセスで発生する統合の各種パターンであると考えている（Polanyi 1957a）。統合形態は歴史的発展段階を示しているわけでは決してなく、さまざまなる時・場所で発生するものであり、市場経済もそうした統合形態の一つにすぎないと理解されている。非市場経済で認められる主要な経済形態が互酬と再分配であることから、考古学分野の交換・交易研究においても、互酬と再分配という経済形態の理解および分析が緊要な課題として認識されてくるであろう。

アナール学派を代表するブローデルも、いわゆる「世界経済」概念の把握において欠かせない課題として交換・交易研究に取り組んでいる。大冊『物質文明・経済・資本主義』で人類社会で営まれる交換・交易の壮大なスキームを構築している（Braudel 1979）。しかし、湯浅赳男も指摘しているとおり（湯浅一九八五）、ブローデルに認められる限界とは、非市場経済概念に対して無理解であるという方法的欠陥に求められなければならない。ブローデルの活眼をして、その見解は自戒していたはずのエスノセントリズムに染められていたのである。ブローデルは、十五～十八世紀にかけて世界規模で市場経済の活況が認められると考えており、その証拠として地域を越えて連鎖反応している市場価格の変動事例を多数指摘するのである。

しかし、ブローデルに認められるような接近方法は、交易や貨幣制度に対して狭小な理解を強いるものとして、ポランニーは強い警告を発している。少し長くなるが、引用しておきたい。「簡単にいえば市場的にみた場合、交易、貨幣および市場は不可分の全体を形成する。それらに共通の概念の枠組が市場である。交易は市場をとおしての財の二方向の移動として現れ、貨幣はその移動を容易にするために、間接的な交換に用いられる量化可能財として現れる。このような接近方法をとると、暗黙のうちに発見的な原理を多かれ少なかれ受容していることになる。その原理によればすなわち、交易が存在するところには、市場があると仮定されなければならず、貨幣が存在するところには、交易ひいては市場があると仮定されなければならない。当然のことながら、ここから出てくるのは、存在しないところに市場を発見し、市場がないという理由で、存在しているのに交易と貨幣を無視してしまう結果である。その累積的効果によって、なじみの少ない時代と場所における経済のステレオタイプがつくられてしまうにちがいない。それはもとの姿にはほとんどまったく似つかない仮空の風景をつくりあげるようなものである」（Polanyi 1957a）として、「市場とその人為的な均一性に関心を奪われると、よい経済理論はできても、よい経済史はできない」(Polanyi 1957a)と厳しく批判している。

ヤコウガイ交易の経済システムを探る筆者にとり、非市場経済概念にもとづく一連の分析のなかで、ポランニーが提起している「非市場交易」の見解(Polanyi 1957b)が有益であると考えている。リスクのない交易として説示されている非市場交易のスキームは、考古資料からは帰納できない全体構造が説明されている点で参照すべきところが多い。以下、ポランニーの見解を紹介しながら、非市場交易という分析枠組を考えてみたい。

ポランニーは、交易という経済活動について、ある場所で手に入れることができない財[11]を獲得するために行われる平和的方法であると定義している(Polanyi 1957a)。交易をはじめとして、採集・狩猟・略奪等の獲得行為は、すべて遠方からの財の獲得と運搬としてとらえられる。しかし、一連の獲得行為のなかで交易が相違している点として、輸出財により輸入財を獲得する移動の二面性があげられる。交易の表面的行為とは、要するに人と人との関連の在り方であるから、財の交換を主要目的とする異なる共同体同士の出合いが行為の主体となる。そうした共同体間で行われる非市場交易は、本質的に市場交易と異なる財の獲得行為なのである。

ポランニーは、非市場交易が国家や社会で取り決められているレールに乗りながら、リスクなしで行われている点を強調している。つまりハムラビ時代のアッシリア交易等を事例分析しながら、価格変動を伴う価格決定市場が存在していないこと、そして交易組織全体が価格差から生み出される利潤に依存しておらず売上げ量に依存していることを等を上げ、価格のリスクが存在していないと説く(Polanyi 1957b)。しかも、すべての債務が国家や社会で保証されていると理解されており、そうした理解に従えば、債務者が支払い不能となるリスクはまったく存在せず、ビジネスへ参加することが必ず利潤へ参加することを意味しているというポランニーの見解にも同意できるであろう。ポランニーは、非市場交易におけるリスクが存在しない財の交換行為に対して、「取引(transaction)」という用語が妥当ではないと考えて、「処分的(dispositional)」活動という用語を与えている(Polanyi 1957b)。

ポランニーは、交易の構成要素として人員、財、運搬、二面性の四点をあげており、当該要素を比較基準とすることで、社会活動で交易が占めている位置の変化を探ろうとしている（Polanyi 1957a）。経済活動と連動している社会動態に論及する分析枠組として、これらの諸要素は重要であると考えられる。以下、ポランニーが説明するところを簡潔に整理してみたい。

まず「人員」の分析で、交易人が従事している動機が説明されている。身分動機と利潤動機があげられており、主要動機が前者は名誉と義務に付随するもの、後者は利潤追求によるものと大別されている。古代社会における遠隔地交易で莫大な利益を収受していたのが身分動機による成功者であるという点が注意される。そして交易人が所属している社会階層がほとんど最上層か最下層のどちらかしか認められないことから、古代社会の交易組織を理解する上でこれが重要であると指摘されている。社会階層の最上層に所属している交易人は、交易が備えている政治的・軍事的条件の必要性から支配者と政治組織に結びついていたと考えられ、一方最下層に所属している交易人は、生計を維持するための労働として運搬という雑役に従事していたと考えられるからである。

つづいて「財」と「運搬」の分析で、交易が備えている固有性について強調されている。古代社会における交易組織は、運搬財と選択される輸送方法によりすべて相違していた事実が指摘されている。つまりすべての交易は、その起源において固有の在り方が認められるのであり、一般的交易というものはありえないわけである。そして非市場交易では、輸入と輸出という財の移動がまったく異なる体制で行われる傾向があると指摘しており、輸出財の獲得と輸入財の再分配はプロセスがまったく相違していると述べている。そうした事実認識が、古代社会における交易制度の発展を理解する上で不可欠であると強調されている。つまり交易制度の形態が形成されてくる因子として、運搬財の類型ももちろん重要であるが、運搬ルートや輸送方法も決定的に関与している事実を認識していたからである。ポランニーは、こうした運搬財・運搬ルート・輸送方法等の選択が、地理的条件や技術的条件と社会的構造が深く浸透している結果であると指摘している。すなわち交易という経済活動の分析視点として、生態学的条件まで配視していく視点の奥行が求められているのである。

そして「二面性」の分析で、交易の主要形態を贈与交易(gift trade)、管理交易(administer trade)、市場交易(market trade)に大別している(Polanyi 1957a)。贈与交易は、集団双方が互酬関係において結び付けられているものである。交易組織は儀礼的であり、首長・国王等のリーダー間で相互贈呈、大使交換、政治的取引等として行われるが、集団双方の接触は決して緊密でなく、交易回数も僅少であるという。管理交易は、集団双方が正式な条約関係において結び付けられているものである。条約でなくても、神の厳粛な保護の下で関係が成立することもあるという。管理交易が実施される前提条件として、国家もしくは国家に管掌されている交易組織の存在が指摘されている。その結果、交易全体が管理的方法で進められるところとなり、管理は取引方法にまで及ぶと考えられている。しかし、駆引と折衝は別途行われるという。等価物は単純な単位関係で決められていて、一度決定してしまうと固定状態となる。すなわち価格固定状態において利潤に対して駆引が行われる方法が、古代社会に通有であると指摘されている。そして管理交易における主要制度として、対外的作業のすべてが行われる「商港(port of trade)」の存在が重要であると強調している。市場交易は、集団双方が交換そのものにより結び付けられているものである。交換可能財である商品は取り扱い範囲が事実上無限であり、市場交易は需要供給と価格メカニズムが作り出す筋道に則しながら組織されることが指摘されている。こうした交易形態の分析は、ヤコウガイ交易より以前に行われていたゴホウラ・イモガイ等の遠隔地交易との相違を考えていく上でも有益であると思われる。

ポランニーにより組み立てられている非市場交易という分析概念は、いわゆるギリシア・ローマの古典時代における古代社会がしばしば事例分析されている。そうした古代社会に対比できる段階として、律令国家の成立に伴い交易経済が発展していく奈良～平安時代が考えられるであろう。当該時期の遠隔地交易研究として、吉田孝や栄原永遠男等による奈良時代の研究事例がよく知られているが（吉田一九六五、栄原一九七六）、遠隔地交易者の身分階層の検討を主体としている栄原永遠男の分析は、ポランニーと共通しているところも多く参考となるものである。

六　高島・低島

それから琉球弧の遠隔地交易をめぐる生態学的条件についても検討しておきたい。島嶼地域における生態環境の条件を考えていく上で、自然地理学・文化地理学の分野から重要な分析枠組が提起されている。そうした分析枠組の根幹となる研究として、目崎茂和により行われている琉球弧の島嶼分類がきわめて重要である（目崎一九七八・一九八〇）。一連の研究で目崎が課題としているところは、独立している生態系としての島の生態環境に認められる基礎的条件の解明であり、島という独立空間における自然環境と人間活動の関係をとらえるための前提的分析として進められているのである。そして目崎が結論として用意した分析概念が「高島・低島」であり、これまで忘失されていた島嶼の古典的分類方法が復権を果たすこととなる。(12)

従来行われている島嶼の自然的分類として、島の配置を指標とする陸島・洋島の分類、島の成因を指標とする大陸島・火山島・低サンゴ島・隆起サンゴ島の分類等が知られているが、高島・低島という島嶼分類は簡潔な地形的特徴にもとづく二分法である。土地条件の関連性から考えていくと、高島・低島の地形分類に成因的分類を組み合わせる分類方法が現段階でもっとも有効性が高いと目崎は指摘している（目崎一九七八）。そうした分類方法にもとづく琉球弧の島嶼分類と自然条件の対比を掲げておきたい（第7表）。

高島・低島で対立的構造が認められる生態基盤が、地域文化の形成にも深く関与している可能性を目崎は予測していたが（目崎一九八〇）、琉球弧における稲栽培の地理学的研究を進めていた小林茂が、高島・低島で稲栽培の

第７表　高島・低島の対比（目崎 1978 a）

分類	成因	地形				地　質	土　壌	水文系
		山地	丘陵	台地	低地			
高島	火山島 大陸性島	有	大起伏	砂礫 段丘	谷底 低地	火山岩	赤黄色土	河川系
低島	サンゴ島 大陸性島	無	小起伏	石灰岩 段丘	海岸 低地	琉球石灰岩	テラロッサ	地下水系

様相がいちじるしく相違している事実を指摘してから、そうした分析枠組としての高い有効性が俄然注目されてきた。小林は、『李朝実録』に記されている先島諸島の農耕関係記事を手がかりとして、「琉球国郷帳」「沖縄県旧慣租税制度」「沖縄県土地整理紀要」等の記録を駆使しながら、十五世紀から明治時代にいたる先島諸島の稲栽培を分析している（小林一九八四）。その結果、石垣島・西表島・与那国島は水田が卓越しており、宮古島・多良間島・伊良部島・波照間島・黒島・竹富島は水田が僅少で畑地が卓越している様子が、通時的にも一貫して認められる事実を見出したのである。後者に共通している特徴として低島である点が指摘されており、そうした低島の水文環境が農耕形態に大きく関与している事実を強調している。

小林が指摘している高島・低島の生態環境を要約してみると、おおよそ次のとおりである。「高島」は、水文環境が河川系であることから水利条件も良く、水田稲作が普及している。起伏が多い山地地形から耕地開発が容易でないという事情もあり、森林が十分残されている。「低島」は、すべてサンゴ島として分類されるものであり、水文環境がサンゴ島特有の地下水系であることから水利条件が悪く、水田稲作が乏しい。そうした一方で、起伏がない低平な地形から畑作農耕は耕地開発が進めやすく、全島規模でも展開されていた。そのため耕地開発に伴い森林伐採がいちじるしく進行する事態を招き、燃料の薪をはじめとする木材資源のいちじるしい不足が発生しているのである。木材資源は近距離にある高島から補給するという在り方が定法として認められる。

小林の分析枠組を目崎の分析枠組に重ねてみるとき、高島・低島の島嶼分類と水文環境に特徴づけられる生態環境の条件が、琉球弧全域でおおよそ有効であることが確認できるであろう。高島に木材資源をしばしば依存する低島の様子は、必要物資の再分配システムを考える上でも欠かせない視点を提供してくれる。高島・低島における生態環境の条件を考量するならば、島嶼地域における高島の拠点性が浮かび上がりはじめてくる。そうした高島が備えている拠点性こそは、歴史的コンテクストにも置換されうるものとして重大な意味を帯びていると考えられる。

七　考古学モデルの構築

筆者が果たさなければならない最後の課題は、ヤコウガイ交易を合理的に説明できるモデルを提示してみることである。ヤコウガイ交易を「非市場交易」として理解しながら、考古学モデルの構築を進めてみたい。

第一に、ヤコウガイ交易の全体像について、ポランニーがあげている交易の構成要素に準じながら考えてみよう。まずヤコウガイ交易に従事していた本土地域側の「人員」であるが、当然身分動機による活動であると考えられる。そのことから律令社会の上部階層に所属している身分が想定されてくる。奈良時代の遠隔地交易に関する栄原永遠男の研究に照らして考えるならば、太宰府にかかわる官人も考えておくべきであろう（栄原一九七六）。奄美大島の土盛マツノト遺跡・万屋泉川遺跡・和野長浜金久遺跡・小湊フワガネク遺跡群、喜界島の小野津巻畑Ｂ・Ｃ遺跡等で出土している土師器は、外来者によりもたらされたものであると理解されるので、製作地域の系譜は重要情報となる。最近、池畑耕一により奄美諸島から出土している古代並行期の外来土器について集成が行われ、太宰府との関連等も思量されながら喜界島と奄美大島の特殊性について論じられている（池畑一九九八）。奄美諸島で出土している土師器・須恵器等の外来土器についてはじめてとなる総括的検討であり、こうした土器分析が今後広く展開されていくことを期待したい。

つづいて双方の交易組織へ運搬される「財」であるが、島嶼地域から運び出される輸出財としてヤコウガイ・ホラガイ・赤木・檳榔等があり、本土地域から運び込まれる輸入財として鉄等があげられる。なお、小湊フワガネク遺跡群の発掘調査で食料残滓と考えられる動物遺存体も相当の数が出土しているが、ウミガメ甲羅はいわゆる鼈甲の原材として運び出されている可能性も考えておく必要がある。

そして財を移動させる「運搬」であるが、しばしば想定されているような島伝いの有視界航行では決してないと考えられる。薩摩藩統治時代におけるいわゆる道之島の海上交通について、文献史料から接近している松下志朗の分析等を参照してみると（松下一九八三）、鹿児島本土と奄美諸島との往来は季節的制約が少なからずあり、奄美諸島での長期滞在を生み出す傾向が認められる。季節的制約がある航海方法は古代の段階までさかのぼりうると考えられるが、そうした前提的理解に拠るならば、南方物産を求めて航海してきた交易人たちも島嶼地域で長期滞在した可能性が推測される。本土地域から訪れる交易人たちは、何よりも安全が保障されていなければならないはずであり、外来者を迎え入れる島嶼地域の交易集団と特定関係が結ばれていたのではないかと想定される。

輸出財により輸入財を獲得する「二面性」から交易形態を考えるならば、律令社会側の南方物産に対する需要の高まりから頻繁な接触が行われていたはずであり、ヤコウガイ交易は「管理交易」として機能していた可能性をあげておきたい。当然、交換物資が大量に確保されていなければならず、交易人たちの安全保障も必要であるから、統御されている社会組織が存在していたことは容易に想定される。すなわちヤコウガイ交易を支えていた島嶼社会は、首長により束ねられていた複合社会（complex society）であると理解されてくる。[13] 島嶼社会側にとり、対外交易が必要物資を入手する手段として最初から戦略化されていたとは考えにくいが、外来者に対する対応行動として交易が行われた結果、ヤコウガイ等の捕獲が組織化されていき、鉄獲得をめぐる利権も強大化していく過程が推測できる。そしてヤコウガイ交易の成立を、栄原永遠男が指摘する「中央における国家財政の形成に伴う流通経済の一定程度の発展を目安」（栄原一九七六）として理解するならば、弥生～古墳時代におけるゴホウラ・イモガイ等の遠隔地交易は、管理交易よりも贈与交易としての性格が強いととらえられるであろう。伝統的ともいえる南海産貝類の遠隔地交易であるが、国家の社会経済システムが組織化・強大化していく過程で、交易形態も変化を遂げていくものと考えられる。

第二に、ヤコウガイ交易をめぐる生態環境について、「高島・低島」という島嶼分類に則しながら考えてみたい。遠隔地交易において、高島は島嶼地域の拠点的機能を備えていることから、島嶼社会の中心地として交流が展開していた場所であると理解されてくる。農耕が行われていない段階でも、高島の豊かな水文環境と深い山地は飲料水・木材・石材等と良港を提供してくれたのであり、海上交通の拠点となる重要条件が備えられていたのである。また高島に隣接している低島は、高島と経済的補完関係が形成されていたことにより、文化的共通性を生み出したと考えられる。琉球弧で認められる文化要素の多重的連続性には、そうした生態学的社会条件も深く関与していることが予測されるであろう。文献史料に見える多褹・夜久・奄美・度感・阿児奈波・球美・信覚等の島嶼は、通説による比定を考えるかぎり、高島が主体を成している様子も指摘しておきたい⑭。そして開元通宝の出土遺跡もほとんど高島で占められている⑮。こうした一致は単なる偶然とは考えられず、琉球弧周辺海域の海上交通や遠隔地交易で高島が集中利用されていた拠点性を如実に物語るものであろう。古代並行期の奄美諸島が国家の境界地域に当たる事実を認識するならば、境界地域の高島である奄美大島と徳之島が中核地域として機能していた可能性が高いと考えられる。そうした歴史的文脈のなかで、奄美大島と徳之島における考古・歴史・民俗等の各種資料が見直されなければならない。

第三に、ヤコウガイをはじめとする南方物産の遠隔地交易のその後の展開について、いささか不十分ではあるが見通しを述べておきたい。本土地域におけるヤコウガイ需要は、螺鈿技術の発達と日宋貿易の展開等により十一〜十二世紀頃にはいちじるしい高まりに到達していた。そうした大量需要に対応して、奄美大島と徳之島を中心とする琉球弧全域でヤコウガイの大量捕獲が波及・展開されていたと考えられる。十一世紀代に徳之島で突然開始される類須恵器（カムィヤキ）生産の契機も、そうしたヤコウガイ需要と密接な関係があるのではないかと推測している。ヤコウガイをはじめとする南方物産の交換財として用意されたものが類須恵器なのではないか。島嶼地域で交換財の大量生産を行う一大拠点として、境界地域の高島である徳之島に生産地が設置されたと理解されてくる。琉球王国の形成へ向かう島嶼社会の成熟過程について、先史時代終末（十世紀代）までさかのぼらせる段階的理解を提起している安里進も、琉球弧における滑石製石鍋と類須恵器の流通は南方物産の交換財として機能していたためと理解する（安里一九九四）。しかし、奄美諸島と沖縄諸島における考古資料の変遷がほとんど同じ動態として一括理解されているため、沖縄本島中心の単系的発展段階論として展開されており、カムィヤキ古窯跡群がどうして奄美諸島の徳之島に設置され、生産拠点として機能したのかという重大事実については説明されていない。

類須恵器生産地の設置に際して、奄美大島ではなく徳之島が選択される必然性も、高島が備えている生態環境が深く関与していると考えてまちがいない。カムィヤキ生産を維持していく上で重要と考えられる自然条件は、類須恵器生産を支える燃料、つまり大量の薪の安定確保である。奄美諸島で当該条件が満たされるところは奄美大島と徳之島しか存在していない。そして移住してきた工人集団を支える食料、つまり耕作用地に恵まれているところは徳之島しか存在していないのである。燃料となる森林、安定している水文環境、広大な耕作用地という条件を備えているところとなれば、徳之島しか考えられないのである。カムィヤキ古窯跡群の存在も当然の選択として理解されるのではないか。

ところで、十三世紀における薄貝螺鈿の出現によりヤコウガイ需要にも重大な変化が生じるところとなる。すなわちそれまでの厚貝（ヤコウガイ）中心の螺鈿原材に薄貝（アワビ）が加わるため、国内におけるヤコウガイの消費量の減少も推測される。しかも、十四世紀代になると貿易陶磁器が大量に流入しはじめて、交換財としての類須恵器の意味は急激に薄らいでいくと考えられる。そうした動態は、類須恵器生産にも重大な影響を及ぼし、十四世紀代で生産停止をむかえるのである。しかし、国外では螺鈿原材としてのヤコウガイ需要が依然として存在していたのであり、琉球弧におけるヤコウガイ交易は完全に途絶えたわけではないと推測される。実際、十五世紀初頭に成立した琉球王国は、ヤコウガイ貝殻の輸出大国として世界に知られていた。ヤコウガイ交易は、国外へ展開していくことにより新たな再生を果たしていくのである。そうした歴史動向を思量するならば、薩摩国河辺郡の郡司職を知行していた千竈氏が大隅諸島・トカラ諸島・奄美諸島の島嶼を所領としていた背後には、ヤコウガイをはじめとする南方物産の交易利権が隠されていると見なければならない。中世並行段階のヤコウガイ大量出土遺跡も、近い将来必ず発見されると予見しておきたい。

八　小　結

本章では、奄美大島北部で発見が相次いでいるヤコウガイ大量出土遺跡を中心に検討してきた。その結果、古代並行期における奄美諸島の島嶼社会では、七世紀前後の時期から国家の境界領域に存在している高島、すなわち奄美諸島北部の奄美大島と徳之島を中心地域として、ヤコウガイ貝殻をはじめとする南方物産の遠隔地交易が展開されていたとする見解に達した。

いわゆる「貝の道」と称される貝交易の考古学研究は、時間軸に配列された考古資料を空間軸における伝播と移動で説明する作業に中心が置かれてきた。そうした先行研究の批判的検討から、少なくとも①交易の経済的側面をめぐる議論、②原材供給地域である琉球弧の島嶼社会をめぐる議論の少なくとも二つの課題がほとんど欠落している実態を指摘した。

そして「ヤコウガイ交易」と呼称したヤコウガイ貝殻の遠隔地交易の経済的側面について、カール・ポランニーによる「非市場経済」の概念を参照しながら考古学モデルの考察を試みた。以下にあらためて要約しておく。

①互酬と再分配という経済形態から成る非市場交易として理解できる。

②琉球弧の島嶼地域では、ヤコウガイをはじめとする輸出財の大量集積と大量運搬が良港を擁する拠点集落で行われていた。

③頻繁に来島していた交易人たちの安全も保障されなければならないので、交易形態は「管理交易」として運営されていた。

④来島する交易人は、律令社会の上部階層に所属していた身分が推測され、島嶼地域で長期滞在していた。

⑤島嶼社会には対外交易の交換財として鉄器がもたらされ、輸出財の需要増大により輸出財の捕獲に際して社会組織の階層化が進行した。同時に鉄器の獲得をめぐる利権の争奪も増大した。

島嶼社会の実態については、本章で言及できたとはいい難いので、つづく第六章・第七章でさらに検討してみたいと考えている。

ヤコウガイ大量出土遺跡における実態の把握作業は、ようやく着手されたばかりである。理論的検討は別としても、さらなる資料論の積み重ねが必要であると自覚している。すべてはヤコウガイ大量出土遺跡の徹底した検討作業からしかはじまらない。

注

（1）たとえば、奄美諸島の『大島規模帳』『徳之島面縄院家蔵前録帳』等、沖縄諸島の『久米具志川間切例帳』『久米仲里間切公事帳』等にヤコウガイ塩漬の記録が認められる。

（2）琉球王国の螺鈿製作が行われた貝摺奉行跡の可能性が指摘される「御細工所跡」の発掘調査が行われている（那覇市教育委員会一九九一）。那覇市首里周辺で大量出土するヤコウガイについては、一九九八（平成十）年に那覇市教育委員会文化課の金武正紀・島　弘、沖縄県教育委員会文化課の島袋春美の教示による。

（3）奄美諸島から先島諸島における海岸砂丘は、砂層の不整合等から「新砂丘」と「古砂丘」に大別されている。「新砂丘」の形成時期は、おおよそ弥生時代の小海退以後と考えられている。

（4）伊江島の具志原貝塚では、ヤコウガイ製貝匙の土製模造品が出土している（沖縄県教育委員会一九八五）。ヤコウガイ生息地域であるにもかかわらず、わざわざ貝匙の模造品を製作している様子からも、ヤコウガイ製貝匙の希少性がうかがわれる。

（5）池山洞古墳群の出土遺物を実見した池田榮史（琉球大学）が、名瀬市教育委員会主催の奄美博物館シンポジウム「サンゴ礁の島嶼地域と古代国家の交流―ヤコウガイをめぐる考古学・古代史―」（一九九九年三月二十八日開催）において報告している。

（6）池田榮史（琉球大学）によれば、韓国側と日本側で年代理解に相違が認められるという。

（7）石上英一（東京大学史料編纂所）の教示による。石上による鹿児島県歴史資料センター黎明館の平成十二年度講演会でも報告されている（石上二〇〇一）。

（8）日本国内におけるもっとも古いヤコウガイ消費は、正倉院宝物の国産品と考えられる螺鈿製品に求められるので、八世紀代までしかさかのぼることができない。七世紀代におけるヤコウガイ大量出土遺跡は、ヤコウガイ製貝匙の製作を中心とするもので、螺鈿原材のヤコウガイ貝殻を供給するために営まれたものとは相違すると考えられる。一方、十世紀前後に位置づけられる土盛マツノト遺跡・和野長浜金久遺跡では大型のヤコウガイ製貝匙は製作されなくなり、ヤコウガイ貝殻の供給に対応するために営まれたものと考えられる。

(9) 日本考古学における理論研究の必要性について、一九九〇年代以降、安斎正人・佐藤宏之は多数の論考を発表している(安斎一九九〇・一九九四・一九九六、佐藤一九九二等)。

(10) しかも、琉球弧における土器編年研究が混乱している状態において、木下尚子が採用している年代理解も一定していないため、土器編年研究の深化に伴いその通時的解釈論は矛盾が生じやすい。

(11) 社会において、個人的・集団的欲望を満足させる物質的・観念的対象であると考えられる。

(12) 十八世紀に太平洋探検で実績を残したイギリスの探検家ジェームズ・クックにより案出された分類方法であるといわれている。

(13) 先史時代の東南アジアにおける複合社会の発展を考察している西村正雄のモデル(西村一九八六)を参考にするならば、「単純首長国」に相当する社会が想定される。

(14) 多禰(種子島)・夜久(屋久島)・奄美(奄美大島)・度感(徳之島)・阿児奈波(沖縄本島)・球美(久米島)・信覚(石垣島)であり、種子島・沖縄本島を除いていずれも高島である(沖縄本島も北部地域は高島として分類されている)。

(15) 開元通宝が出土している島嶼は、奄美大島(一遺跡)・徳之島(一遺跡)・沖縄本島(六遺跡)・久米島(二遺跡)・石垣島(三遺跡)・西表島(一遺跡)であり、沖縄本島以外はすべて高島である。

第六章　貝をめぐる交流史

弥生時代から古墳時代にかけて、琉球弧と九州を中心に行われていた貝交易は「貝の道」と呼ばれてよく知られている。琉球弧で連綿と営まれてきた貝交易の歴史のなかで、新たに確認されたヤコウガイ交易はどのように位置づけることができるのか。次に琉球弧におけるヤコウガイ交易の位相について、琉球弧における貝交易の歴史を辿るなかから確認してみたい。

一　貝の遠隔地交易

サンゴ礁に縁どられた琉球弧（南西諸島）の島嶼地域には、三〇〇〇種類以上といわれるたくさんの貝類が生息している。この地域で暮らしている人たちにとり、サンゴ礁の干瀬（リーフ）や礁湖（ラグーン）で簡単に捕獲できる貝類は、重要な食料資源として古い時代から利用されつづけてきた。もちろん利用方法は食料だけではない。貝殻は、時間が経過しても腐敗せず、美しい光沢を保ち続けるという利点を備えている。琉球弧に生息している貝類のなかには、本土近海では見られない大型貝類が多数含まれている。これらの大型貝類の厚くて美しい貝殻は、装飾品や工芸品等の材料として、先史時代以来、多彩な利用が図られてきたのである。とりわけゴホウラ・イモガイ・ヤコウガイ・ホラガイ等の大型貝類は、古い時代からはるばる本土地域や海外にまで運ばれて利用されていた歴史がある。

琉球弧におけるそうした大型貝類をめぐる遠隔地交易のはじまりについては、今から約二〇〇〇年前、弥生時代にまでさかのぼることが確認されている。弥生時代に、大型貝類を材料とした貝製腕輪が北部九州を中心に西日本で盛行した事実は、戦前の早い段階から確認されていた。しかし、その材料となる貝種はよく解らない状態が長らくつづいて、一九六〇年代にいたるまで日本近海で採取できるテングニシやオオニシ等と理解されてきた。一九六九年、九州大学医学部教授（当時）の永井昌文が、貝製腕輪の製作実験を繰り返し、琉球弧のサンゴ礁海域以南でしか採れないゴホウラである事実をようやく突き止めたのである(1)。

貝製腕輪の材料が南海産大型巻貝類である事実が突き止められ、事態は急転する。一九七〇年代、本土地域において貝製腕輪を通時的・空間的に追跡する基礎的研究が、三島格・橋口達也・高倉洋彰・河口貞徳等により積み重ねられ、貝製腕輪をめぐる研究は飛躍的に進展したのである（三島一九六八、河口一九七三、高倉一九七五、三島・橋口一九七七）。南海産大型貝類が琉球弧から運び出され、貝製腕輪として九州、畿内等に到達するまでの経路はまさしく「海上の道」にほかならないもので、「貝の道」と称されるようになる。この「貝の道」という用語は、貝製腕輪研究の先駆的業績を重ねられた三島格により与えられたものである（三島一九六八）。

二　琉球弧の視点から

本章は、南海産大型貝類をめぐる「貝の道」についてあらためて概観するものである。しかし、すでにすぐれた概説が多数存在しているので、遺跡や遺物の詳細についてはそうした先行研究を参照していただき、本章ではちがう角度から接近してみたい。

三島格・橋口達也・高倉洋彰・河口貞徳等の研究成果を受けて進められた以後の「貝の道」をめぐる研究をあらためて顧みるならば、消費地側である本土地域の様子が詳細に追跡されているのに対して、供給地側である琉球弧の様子はきわめて曖昧模糊としている様子が浮かび上がる。最近、ようやく供給地側における島嶼社会の交易システム等の検討がはじめられたにすぎない。そもそも「貝の道」という概念そのものが、弥生時代・古墳時代における社会システムの触手のひとつとして、本土地域へ南海産大型貝類が運ばれてくる経路程度の意味でしかなく、交流の概念が欠落したまま論じられてきた。そうした意味で、「貝の道」は日本歴史のなかに一方的に解消されてきたといえるだろう。

奄美大島名瀬市（鹿児島県）で二〇年間を過ごした作家の島尾敏雄が、奄美諸島の歴史研究に取り組んでいた事実は案外知られていない。島尾敏雄は、奄美大島に転住した一九五五年以後、奄美諸島の歴史を学ぶことから、地域史の多様性をとらえた複眼的視点による日本歴史の理解を推し進め、やがて「ヤポネシア」概念を構想したのである。琉球弧から日本歴史を見渡した島尾敏雄は、

日本の国ができあがった当初から現在まで、なにか日本の歴史の重要な曲り角の時には、必ずと言っていいほど南の島々のあたりが顔を出して来るのです。それをいままでの日本の歴史は、充分しっかりつかむことができなかったように思います。（中略）そう考えると、日本歴史の曲り角で南島がざわめいて来る時にその姿をはっきりとらえられなかったのは、いままでの日本の歴史学者の怠慢ではないだろうか。もう少し、視野を広めてもらわなければならなかったのではなかろうかと思います。（「私の見た奄美」）

等と述べて、地域の実態に対峙する視点の重要性を繰り返し指摘している。(2)

考古学研究の基本は、つねに遺跡という実態のなかにある。考古学における新たなる知は、解釈論のなかにあるのではなく資料論のなかに、すなわち遺跡のなかにある。琉球弧側における実態の把握は、前述したように喫緊の

課題である。貝殻を供給していた島嶼社会側の様子に配視しながら南海産大型貝類をめぐる遠隔地交易に接近して、琉球弧の視点から「貝の道」の概観を果たすことが本章の課題である。

三　琉球弧の自然環境

琉球弧と一口に称しても、約一二〇〇キロメートルにおよぶ長大なる島嶼地域であるから、自然環境も一様でない(3)。琉球弧は、島嶼の地理的まとまりから、大隅諸島・トカラ諸島・奄美諸島・沖縄諸島・先島諸島（宮古諸島・八重山諸島）の五群に大別されている。大隅諸島・トカラ諸島・奄美諸島が鹿児島県、沖縄諸島・先島諸島が沖縄県となる。さらに文化要素から、北琉球（大隅諸島・トカラ諸島）、中琉球（奄美諸島・沖縄諸島）、南琉球（先島諸島）等と区分されていて、中琉球と南琉球が本土文化に対置されるいわゆる琉球文化地域に相当する。

琉球弧の島嶼は、トカラ諸島を越えて奄美諸島に入るあたりから、景観が亜熱帯的様相を俄然帯びはじめる。年平均気温が二〇℃を下らない亜熱帯的気候の島嶼地域へ突入して、発達したサンゴ礁に縁どられた島嶼がつづくからである。海岸に帯状の石灰岩層が形成されるサンゴ礁は、琉球弧の種子島が北限とされているが、発達したサンゴ礁地形が認められる地域となれば、奄美諸島以南と理解して大過ない。サンゴをはじめとする造礁生物の活発な成長が保障される海水温度は、最寒月でも一八℃以上なければならない。サンゴ礁の発達こそは、琉球弧の暖海を象徴する自然環境であるといえる。

そうした特徴的自然環境であるサンゴ礁には、サンゴ礁の地形分類をしめす民俗語彙や地形的特徴に対する通称地名が多数認められる。このことから、サンゴ礁が琉球弧の人びとの生活空間としてよく機能している様子がうかがえる。また先史遺跡も、食料残滓の貝殻が主体を占めるいわゆる貝塚遺跡が圧倒的多数を占めているので、琉球弧では古くからサンゴ礁に密着した生活が営まれてきた様子が理解される。

四　貝の交流史

琉球弧の大型貝類をめぐる交流史を概観するに際して、奄美諸島・沖縄諸島・先島諸島の琉球文化地域における歴史的段階区分にも注意しておきたい。当該地域における農耕社会、政治的社会（国家）の形成過程が本土地域といちじるしく相違しているため、いわゆる教科書的日本史では理解できない独自の歴史を有しているからである。しかも、奄美諸島・沖縄諸島・先島諸島の歴史をめぐる統一的段階区分が困難で、それぞれの地域における歴史的段階区分も決して十分ではない状態にある。そのため、本章では便宜的に奄美諸島の考古学研究の最新成果にもとづきながら歴史的段階を区分して、並行するおおよその日本歴史の時代区分で表記しておきたい。

1　弥生時代並行期

本土地域で南海産大型貝類の利用がはじまる時期は、弥生時代前期後半にさかのぼる。稲作農耕を基盤とする農耕社会が全国に浸透しはじめていた時期、北九州地方を中心に南海産大型貝類を用いた貝製腕輪が突然に使用されはじめるのである。当該時期は、朝鮮半島から銅剣・銅矛・銅戈等がもたらされていた時期でもある。これらの貝製腕輪は、政治的社会の形成に伴い、かぎられた社会階層と考えられる男性だけが着装を許されていた。こうした腕輪の着装における社会的制約は、以後の段階を通じて認められるもので、貝製腕輪の根幹的性格をよくしめしている。

この段階に琉球弧から運び出された貝殻は、ゴホウラ・イモガイ・オオツタノハ等が知られている。北九州地方

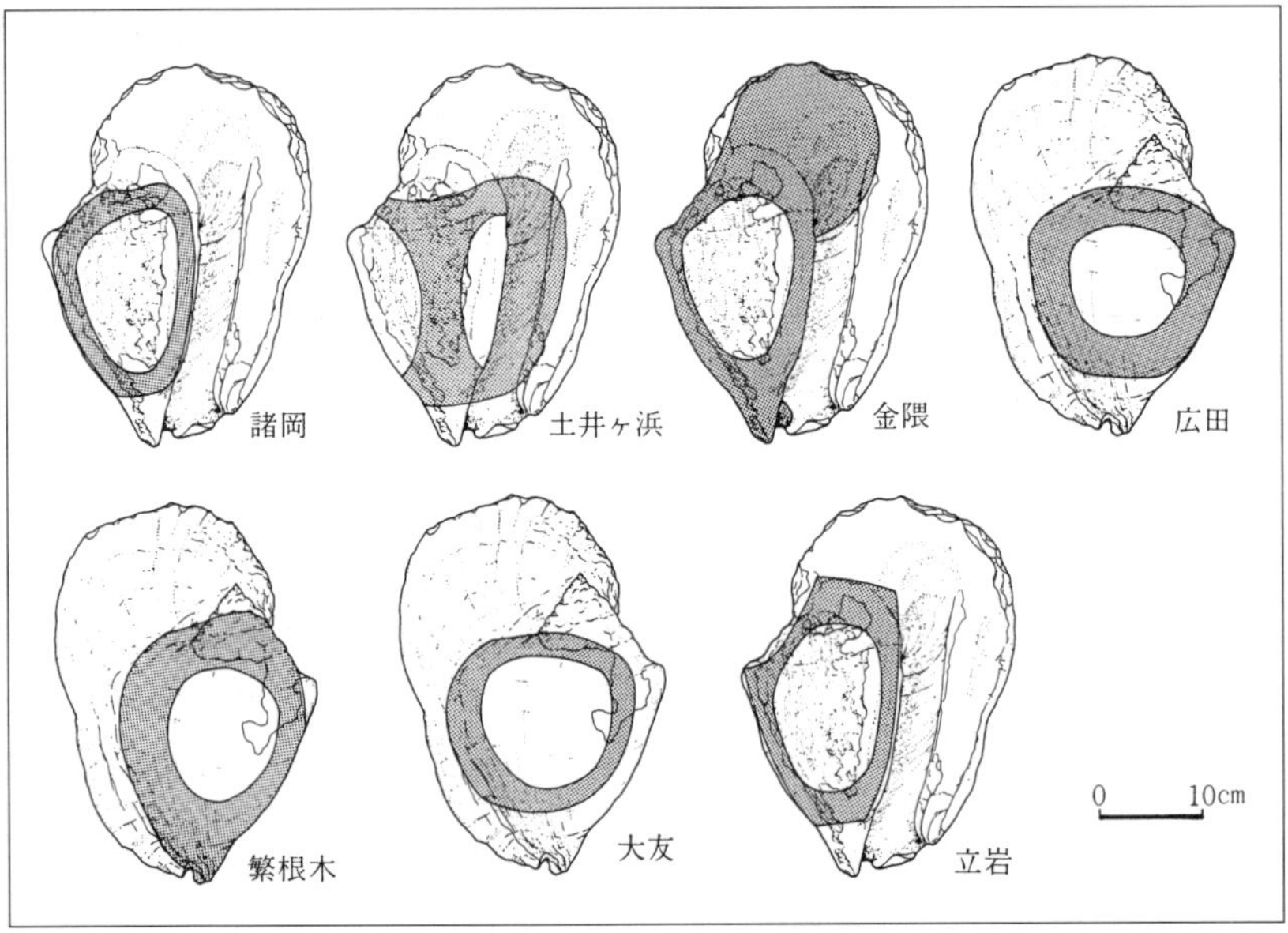

第33図　ゴホウラ製腕輪の分類（池畑 1990）

の近海には生息していない貝類が、どうして用いられるようになるのかは謎でよく解らない。なかでもゴホウラ製の腕輪がもっとも好んで用いられ、腕輪の形態から金隈型・土井ヶ浜型・諸岡型・立岩型・広田型等に分類されている（第33図）。

弥生時代前期後半に用いられはじめた南海産大型貝類の貝製腕輪は、さらに弥生時代中期に北九州地方で大盛行するようになる。腕輪形態は、弥生時代前期後半に金隈型・土井ヶ浜型が、弥生時代中期前半を中心に諸岡型が、弥生時代中期後半を中心に立岩型が盛行する。金隈型・土井ヶ浜型は、貝殻の原形を生かしながら複雑な形態に製作されているが、諸岡型・立岩型は定型化した単純な形態に製作されるようになる。

そして弥生時代中期後半に国内でも銅器生産が開始されはじめるならば、入手しにくい南海産大型貝類に代えて、銅器で貝製腕輪を模倣して製作するようにもなる。ゴホウラ製腕輪の諸岡型・立岩型、イモガイ製縦型腕輪を模倣した銅製腕輪が製作されるようになる。貝製腕輪に秘められていると考えられていた呪力を継承しようとしたところに、当時の強い信仰がうかがわれる。こうした動向に伴い、弥生時代後期以降、北九州地方を中心とする貝製腕輪の使用は次第に衰退していくのである。

一方で、南海産大型貝類の貝製腕輪は、北海道まで運ばれていたものがある。伊達市ウスモシリ遺跡から、続縄紋時代のイモガイ製腕輪の出土が確認されている。列島規模の遠隔地移動が認められる当該事例からも、南海産大型貝類でつくられた腕輪に対する当時の信仰の一端がうかがわれるところである。

材料となる貝殻を供給した琉球弧側に目を転じてみよう。対外交流は、縄紋時代並行期まで緩やかに営まれていたが、弥生時代並行期からにわかに活発化しはじめた様子がうかがえる。弥生時代並行期における沖縄諸島の遺跡からは、弥生土器をはじめとして、銅鏡（具志川市宇堅貝塚）、銅剣（読谷村中川原貝塚）、銅鏃（具志川市宇堅貝塚・読谷村中川原貝塚）、板状鉄斧（具志川市宇堅貝塚）、柱状片刃石斧（読谷村中川原貝塚）、ガラス玉（読谷村中川原貝塚）、五銖銭（久米島町北原貝塚・久米島町大原貝塚・久米島町清水貝塚・久米島町ウルル貝塚・読谷村中川原貝塚）等の外来遺物が出土するようになる。読谷村木綿原遺跡・宜野湾市安座間原第一遺跡のように、弥生文化に由来すると考えられる埋葬遺構（箱式石棺墓）の確認事例もある。こうした動態は、もちろん北九州地方における南海産大型貝類の消費に連動して発生したものである。しかも、貝殻を供給した直接的痕跡として、ゴホウラやイモガイの貝殻だけを寄せ集めた貝殻集積遺構が、沖縄諸島の伊江島（伊江村阿良貝塚・伊江村具志原貝塚・伊江村ナガラ原西貝塚）、沖縄本島（恩納村熱田第二貝塚・具志川市宇堅貝塚・勝連町平敷屋トウバル遺跡・宜野湾市安座間原第一遺跡・浦添市嘉門B貝塚）、久米島（久米島町大原貝塚・久米島町清水貝塚）等から発見されている。貝製腕輪の材料となる貝殻はまちがいなく琉球弧から運び出されたもので、沖縄諸島まで遠隔地交易が展開されていた事実が確認されるのである。こうした発掘調査成果から、貝製腕輪材料の供給地域は奄美諸島から沖縄諸島に求められるのである。

それでは奄美諸島・沖縄諸島の島嶼社会は、遠隔地交易による対外交流が開始されたことにより、何か変化が生じたのであろうか。縄紋時代から弥生時代へ移行していく段階には、甕形土器と壺形土器の新しい器種構成が出現して、土器様相にも変化が認められる事実が知られている。そうした変化は、列島全体で斉一的に進行していたのであるが、奄美諸島・沖縄諸島における当該段階の土器様相については、同様の変化は認められない。沖縄諸島では、丸底の深鉢形土器を主体とした前段階的様相が維持されつづけている。奄美諸島では、弥生土器の影響を受けて、丸底の深鉢形土器から新たなる平底の甕形土器が出現するが、在地土器全体の変化にはいたらない。外来遺物の出土遺跡における様相も、在地遺物が圧倒的主体を占めているなかに外来遺物が客体的にきわめて少量含まれる在り方が、ほとんどの遺跡に共通する実態である。そうした在地土器や外来遺物の様子から、奄美諸島・沖縄諸島の島嶼社会では、弥生文化はおそらく受容されていないと考えられるのである。

琉球弧と九州地方をめぐる当該段階の交流は、年間を通じて緊密に接触が行われるような密度ではないと考えられる。しかし、縄紋時代並行期段階と比べるならば、外来遺物が出土する頻度はいちじるしく高い。奄美諸島では当該段階に新たなる甕形土器が出現しているので、相当の密度で交流が行われていたと考えられる。奄美諸島の様子についてはよく解らない部分が大きいが、沖縄諸島から出土するいわゆる「弥生系土器」等と称されてきた弥生土器模倣の在地甕形土器には、じつは奄美諸島の在地土器が相当数含まれている。これまで沖縄諸島が中心に考えられてきた当該段階の南海産大型貝類の供給システムであるが、そうした新しい事実から思量するならば奄美諸島が重要な役割を果たしていたと考えられる。奄美諸島を射程に入れた考古資料の再検討が今後必要である。

2　スセン當式土器段階（古墳時代並行期）

畿内政権が誕生して、畿内地方から古墳文化が全国に波及していくなかで、一度は弥生時代に衰退した南海産大型貝類の貝製腕輪がふたたび盛行しはじめて、新たなる展開を遂げていく。貝製腕輪は、古墳文化の波及に伴い、九州地方・瀬戸内地方・畿内地方・東海地方・中部地方・北陸地方等の列島各地で台頭していた首長たちに所有され、限られた社会階層だけに許された威信財としての性格が一層顕在化してくる。

弥生時代の貝製腕輪と比較してみるならば、材料として選択されている貝種に相違が認められ、弥生時代ではゴホウラ・イモガイが中心に用いられているのに対して、古墳時代ではゴホウラ・イモガイに加えて、オオツタノハ・スイジガイ・テングガイ・サラサバティ等の新しい貝種も用いられるようになる。また貝製腕輪の使用地域が、弥生時代には北九州地方にほとんどかぎられていたのに対して、古墳時代には、使用地域が列島東側へ大きく広がるようになる。以上について、もう少し詳しく述べておく。

まず九州地方以外の地域では、イモガイ製・オオツタノハ製の貝製腕輪が中心になる。古墳から出土するものがほとんどで、埋葬遺体に着装される事例よりも副葬される事例が多く認められるようになる。そうした事実から、古墳から出土する貝製腕輪は、儀器的性格を強く帯びている様子がうかがわれる。しかも、これらの貝製腕輪は、古墳時代前期後半には模倣製作がふたたび展開して、鍬形石・車輪石等と呼ばれる石製腕輪か、銅製腕輪に変化してしまう。そして古墳時代中期には終焉を迎えるのである。ところが、そうした伝統的貝種を用いた貝製腕輪が消失していく一方で、古墳時代前期後半から新たに出現する南海産大型貝類も認められる。古墳時代中期の貝製腕輪には、スイジガイ・テングガイ・ゴホウラ等の貝殻が用いられているが、需要は激減の一途をたどる。

それから九州地方は、古墳以外の墓壙から貝製腕輪が出土するものがほとんどで、九州地方以外の地域が腕輪をあまり着装しなくなるのに対して、依然として着装がつづけられていた。貝製腕輪の材料も、弥生時代以来の伝統的貝種であるイモガイ・オオツタノハ・ゴホウラが用いられていた。ただし、九州地方でも肥後・豊後・日向あたりが分布の中心で、北九州地方は含まれない。古墳時代中期には、肥後地域を中心として九州西海岸に繁木根型と称されるゴホウラ製腕輪が、日向地域を中心として九州東海岸にオオツタノハ製腕輪が盛行したのである。

ふたたび琉球弧側の様子に目を転じてみよう。古墳時代における琉球弧の島嶼社会については、残念ながらほとんど不明に近い。ただし、当該段階の奄美諸島・沖縄諸島の遺跡からは、前段階のように九州地方の外来遺物があまり出土しなくなるので、貝殻供給システムには大きな変化が生じていると考えられる。

この点に関して、大隅諸島の種子島南種子町に所在する広田遺跡が注目される。上層・下層の二層にわたる埋葬遺構から一〇〇体以上の人骨が確認された埋葬遺跡で、腕輪や玉類をはじめとする四〇〇〇点を越える膨大な貝製装飾品類が出土しているからである。これらの貝製装飾品類は、古墳時代の九州における貝製腕輪の着装習俗と深く関係していると考えられ、ゴホウラ・オオツタノハ・オオニシ・イモガイ等の貝製腕輪、イモガイ製貝札、イモガイ製竜佩形垂飾、イモガイ・ツノガイ・マクラガイ等の貝製玉類等が認められる。帰属年代は、おおよそ四〜六世紀と考えられている（広田遺跡学術調査委員会二〇〇三）。

ゴホウラ・イモガイ等の貝殻は種子島近海ではほとんど獲得できないので、奄美諸島・沖縄諸島から貝殻が供給されていたはずである。すなわち古墳時代並行期には、琉球弧の内部で貝殻供給が行われる状況が新たに生じていたわけである。沖縄諸島の在地土器は、依然として深鉢形土器が中心で前段階とあまり変わらない様相を維持している。しかし、奄美諸島の在地土器は、当該段階で大隅諸島の在地土器の影響がうかがわれる台付甕形土器にさらに変化しているので、緊密な交流が存在していた様子が考えられる。当該段階は、大隅諸島と奄美諸島が連動しながら、南海産大型貝類の供給拠点として機能していたのかもしれない。

3　兼久式土器段階（古墳時代終末〜平安時代後期並行期）

古墳時代の終末段階は、九州地方以外では貝製腕輪がほとんど使用されなくなる。九州地方ではイモガイ製腕輪が盛行するが、北九州地方と南九州地方に偏向した集中分布が認められる。ゴホウラ製腕輪はほとんど消失して、オオツタノハ製腕輪が南九州地方でわずかに認められる。またイモガイ螺頭部分の円盤を金属枠内にはめ込んだ馬具が、六世紀後半から北九州地方と関東地方を中心とする東日本で盛行する。当該段階におけるイモガイの盛行は七世紀前半までのことで、七世紀後半にはイモガイ製馬具もイモガイ製腕輪も終焉を迎えて、おおよそ消失してしまうのである。従前の研究成果では、いわゆる「貝の道」が機能していたのは当該段階までと理解されてきた。

　しかし、南海産大型貝類の遠隔地交易は新たなる展開を遂げていて、本土地域で貝製腕輪の使用が終焉を迎えようとしていたころ、琉球弧からヤコウガイが運び出されはじめて、その後の島嶼社会に大きな影響を与えるヤコウガイ交易が開始されていたのである。ただし、きわめて新しい研究成果であるため、本土地域側の様子がよく解らない。ここでは、琉球弧側のヤコウガイをめぐる実態の追跡からヤコウガイ交易を確認してみたい。

　七～十一世紀頃に位置づけられる奄美諸島の海岸砂丘遺跡から、数千点に及ぶヤコウガイ貝殻（破片も含まれる）を大量出土する「ヤコウガイ大量出土遺跡」がつぎつぎに発見されはじめている。しかも、琉球弧では当時から一様にヤコウガイが生息していたと考えられるにもかかわらず、奄美諸島に偏向して当該遺跡が分布しているという事実がある。奄美大島の小湊フワガネク遺跡群や土盛マツノト遺跡等が代表遺跡として知られているが、大量出土したヤコウガイ貝殻は単なる食料残滓ではない。「貝匙」等と呼ばれている柄杓形の貝製容器を製作するための材料として[4]、ヤコウガイだけを大量捕獲して、貝殻を集積・加工していた様子が確認されるからである。小湊フワガネク遺跡群では、複数のヤコウガイ製貝匙の製作跡が確認されているが、完形の製品がほとんど発見されていないため、自己消費に供するものではなく、交易品として製作されていたと考えられている。

　ヤコウガイは、美しい真珠層が発達した大型巻貝で、貝殻だけでも一キログラム前後ある。サンゴ礁が発達する暖海の岩礁に生息しているヤコウガイは、本土近海では採れない貝であるにもかかわらず、平安時代後半から文献史料にヤコウガイについて記された記事がしばしば登場する。「螺杯」と呼ばれるヤコウガイ製の酒杯が天皇や貴族たちに用いられていたほか、ヤコウガイ貝殻そのものも貴族たちの贈答品として利用されていた。実際、正倉院宝物（八世紀）のなかには、ヤコウガイ貝殻が現存している。また正倉院宝物・平等院（十一世紀）・中尊寺金色堂（十二世紀）・当麻寺（十三世紀）等における螺鈿は、いずれもヤコウガイ貝殻が原料とされている。ヤコウガイについては、文献史料から用途の様子が、螺鈿資料から消費の様子がうかがえるのである。ヤコウガイ貝殻は、まちがいなくどこからか運び込まれたものにちがいない。奄美諸島における「ヤコウガイ大量出土遺跡」の発掘調査成果は、そうしたヤコウガイをめぐる供給地域の問題を浮かびあがらせはじめている。

ヤコウガイ交易については、木下尚子が七～九世紀ごろにおける琉球弧のヤコウガイ大量出土遺跡を唐代螺鈿の原料需要に対応した動態と理解して、ヤコウガイの大量捕獲が盛行する同じ時期に開元通宝出土遺跡が琉球弧に集中して認められること等から、ヤコウガイ交易の対価として開元通宝が使用されたのではないかとする新しい仮説を提起している（木下一九九九a・二〇〇〇b）。安里進は、そうした木下尚子の見解を支持して、沖縄諸島をヤコウガイ交易の中核地域に位置づけ、交易社会の段階発展がその後の琉球王国形成をもたらしたと主張している（安里二〇〇二b）。

木下尚子が指摘するように、日本における螺鈿技法の開始時期が八世紀までしかさかのぼらないため、ヤコウガイ大量出土遺跡をただちに本土地域における螺鈿原料の需要に関連させて考えるわけにはいかないだろう。しかし、小湊フワガネク遺跡群・土盛マツノト遺跡・和野長浜金久遺跡等の奄美諸島のヤコウガイ大量出土遺跡において、九州地方から搬入された土師器・須恵器等が出土している事実にはまったく触れず、状況証拠だけから大陸と琉球弧の交易へ飛躍していく木下の論証は、遺跡の実態を無視したものであるといえる。琉球弧におけるヤコウガイ大量出土遺跡の分布についても、琉球弧全域に満遍なく認められるとする木下尚子や安里進と奄美諸島を中心に偏向した分布が認められるとする筆者や島袋春美等では、事実認識に相当の開きがあるが、ヤコウガイ大量出土遺跡が奄美諸島に集中して分布する事実は動かしがたい。

「貝の道」をめぐる最近の研究は、遺跡という総合情報のなかから貝殻だけを切り離し、実態を見きわめるための資料論が欠落したまま解釈論が展開されている。ヤコウガイ交易についても、残念ながら同様の展開を認めることができる。奄美諸島におけるヤコウガイ大量出土遺跡には、大陸と直接交流を示す考古資料はほとんど認められず、依然として九州地方と交流を示すものが多数含まれている。そうした遺跡の実態は、木下尚子や安里進が述べるような琉球弧と大陸の交易という理解論で簡単に片づくものではない。

当該段階の島嶼社会については、考古学側だけではなく、文献史学側からも接近されている。『日本書紀』『続日本紀』のなかに、琉球弧をめぐる若干の記事が含まれている事実はよく知られている。これらの記事は、七～八世紀に琉球弧の島嶼社会から来朝がたびたび行われていた様子等を記したものである。文献史学側では、当該記事はおおよそ「歴史事実」として理解されていて、当時の琉球弧における島嶼社会が古代国家となんらかの交流を維持していたと考えられてきた。

一方、考古学側では、弥生時代～平安時代並行期の島嶼社会は海岸砂丘上に立地する貝塚遺跡が主体を占めている事実から、十二世紀前後まで漁撈採集経済段階の原始社会が営まれていたとする強固なる「常識」が醸成されていて、奈良時代～平安時代並行期における琉球弧の島嶼社会は来朝や朝貢等を果たせる段階に到達していないと考えられてきた。だから、文献史学側が「歴史事実」と認識する『日本書紀』『続日本紀』の記事に対して、琉球弧の考古学研究は「歴史事実」とは認識できないとする懐疑的態度をとりつづけてきたのである。

このように、当該段階における島嶼社会の評価については、文献史学と考古学の間でいちじるしい懸隔が存在している。そのことは、『日本書紀』『続日本紀』の南島関係記事の分析を中心として、古代国家と琉球弧にどのような「歴史事実」が存在しているのか、あらためて確認を試みた鈴木靖民がはじめて指摘したのである（鈴木一九八七）。鈴木靖民は、古代国家の地方統治政策に配視しながら南島関係記事についておおよそ事実ととらえ、琉球弧の島嶼社会に率直なる関心を向けて、身分階層が形成されている社会組織、あるいは貢納物資の徴集や運搬を可能にする社会組織が存在しなければ朝貢は不可能であると主張した。そして漁撈採集経済段階の原始社会が営まれていたとする考古学側の研究成果に対して、当時の琉球弧の島嶼社会には「階級社会以前の階層化された社会」、すなわち平等社会ではない採集経済社会がすでに営まれていた地域があるのではないかとして、文献史学側の研究成果とも整合的に理解できると問題提起したのである。この鈴木靖民の問題提起については、次の第七章でもさらに論じてみたい。

ヤコウガイ大量出土遺跡をはじめとする当該段階の奄美諸島の遺跡からは、多数の鉄器が出土していて、奄美諸島の島嶼社会のなかにすでに鉄器が普及していた様子がうかがわれる。沖縄諸島には、こうした鉄器普及の様子はまだ認められない。ヤコウガイ交易を支えていた奄美諸島の島嶼社会は、鉄器保有の事実からも社会階層が発達していたと理解され、当時の列島を概観した際に、北海道地方における擦文時代と対比できる社会状況が整えられていたのではないかと考えられる。そうした意味で、奄美諸島におけるヤコウガイ大量出土遺跡の実態こそは、鈴木靖民の見解を裏づける重要なる証左となるものであろう。

すでに述べたように、奄美諸島ではふたたび弥生時代並行期の段階のように土師器をはじめとする外来遺物がしばしば出土するようになるので、琉球弧と本土地域の交流史は新たなる段階に突入している様子がうかがわれる。奄美諸島の在地土器は、台付甕形土器からふたたび平底の甕形土器（兼久式土器）に変化していて、沖縄諸島でもようやく深鉢形土器の平底化（アカジャンガー式土器）がはじまるようである。とくに奄美諸島の奄美大島や喜界島からは、土師器・須恵器が相当に高い頻度で出土するようになるので、文献史学側から指摘されているように、琉球弧の拠点地域として機能していた可能性が高い。ヤコウガイ交易の問題も含めて、やはり奄美諸島の実態が注意されるだろう。しかし、そうした奄美諸島の土器様相の変化も、すでに本土地域における土師器の動態に直接連動したものではなくなることから、古代国家から「化外」と位置づけられた「南島」の地域性もうかがわれるところである。

4　類須恵器段階（平安時代後期〜鎌倉時代並行期）

奈良時代に開始された螺鈿は、国内で独自に発達を遂げながら十二〜十三世紀にもっとも盛行する。たとえば、十二世紀に成立した中尊寺金色堂（岩手県平泉町）は、確認できる螺鈿総数が二七〇八四個を数えるそうであるから、膨大なる数のヤコウガイ貝殻が東北地方まで運び込まれて、消費されていたことになる。もちろん当該段階における ヤコウガイ貝殻の需要は、ほかにも存在したはずであるから、それだけのヤコウガイ貝殻を本土地域に恒常的に供給できる交易システムが必ず存在していたにちがいない。

そうしたヤコウガイ交易と関係が考えられる動態として、まず十一世紀、奄美諸島の徳之島で突然開始された窯業生産が注目される。カムィヤキ古窯跡群と呼ばれる当該遺跡は、一〇基前後の窯で構成される支群が一二カ所も確認されている大規模遺跡である。カムィヤキ古窯跡群は、十一世紀から十四世紀まで稼動していたが、その生産品はトカラ諸島から先島諸島に主たる分布地域がかぎられるため、商品の大量生産という窯業生産の性格から、カムィヤキ古窯跡群における商品生産は琉球弧を対象としたものであると理解されている。カムィヤキ古窯跡群が出現するまで奄美諸島では土器（兼久式土器）が用いられていて、土器生産技術が内的に段階発展して窯業生産技術の発生にいたる様子は認められないので、外部世界から窯業生産の技術導入が行われたと見てまちがいない。そうしたカムィヤキ古窯跡群をめぐる技術系譜は、高麗の無釉陶器に求められると考えられていて、生産品の技術的共

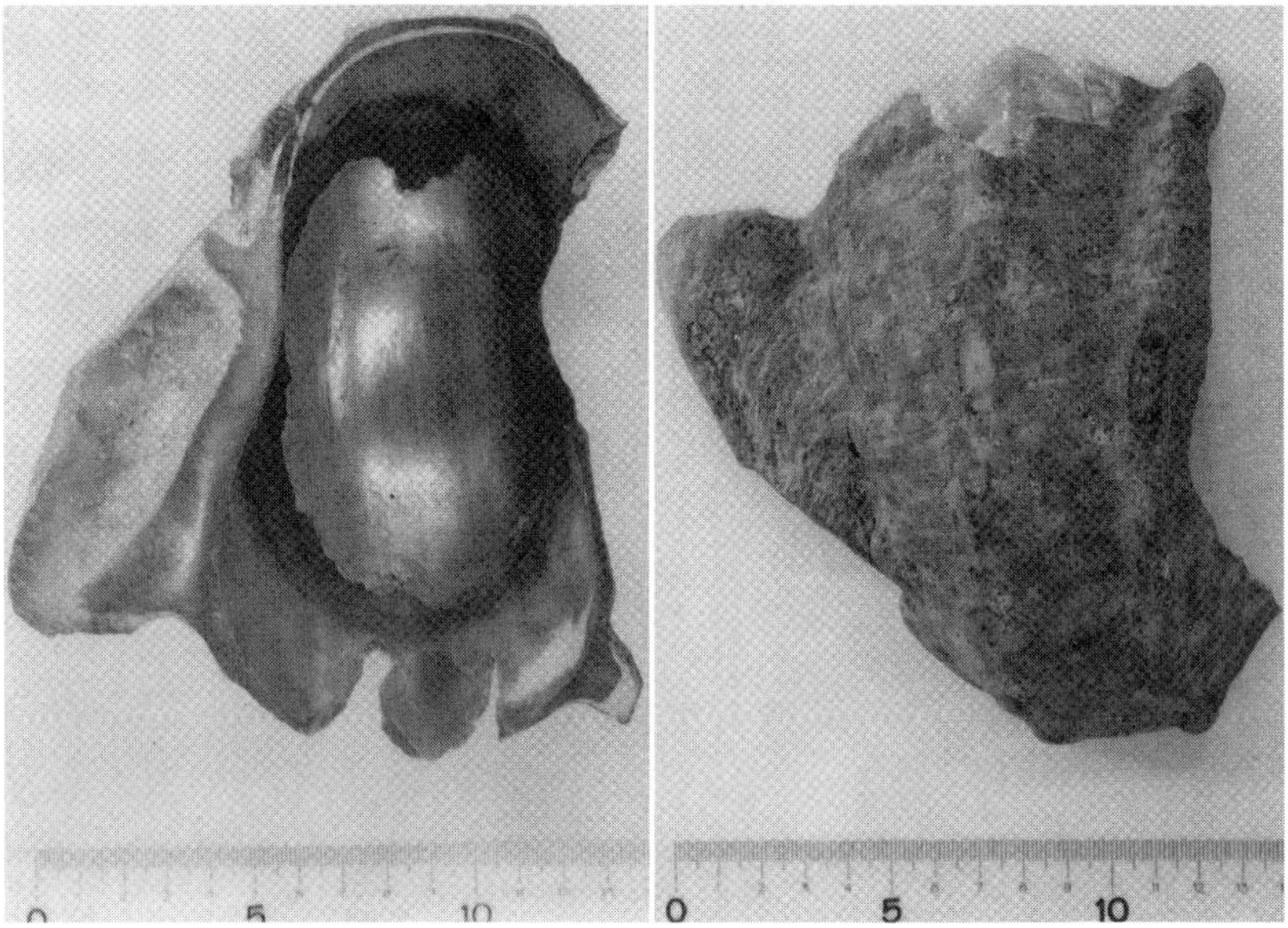

第34図　ヤコウガイ製貝杯（鎌倉市教育委員会2000）

通要素から朝鮮半島南部の西海岸地域が関係地域として指摘されている。

カムィヤキ古窯跡群が出現するまで、奄美諸島・沖縄諸島・先島諸島に共通する考古資料は、わずかに開元通宝ぐらいしか認められない。カムィヤキ古窯跡群で大量生産された商品が島嶼世界のすみずみまで流通して、いっしょに白磁・青磁・滑石製石鍋・鉄器等も運ばれて、はじめて奄美諸島・沖縄諸島・先島諸島に共通した文化要素がもたらされるのである。カムィヤキ古窯跡群の商品流通は、今日における琉球文化地域の生成に重要な意味を有していると考えられる。カムィヤキ古窯跡群の出現に際して、どういう人たちがどういう動機で奄美諸島の徳之島にわざわざ窯業生産を導入したのか、じつはほとんど解明されていない。今後の調査研究の進展を待たなければならないが、当該段階における本土地域のヤコウガイ貝殻の需要増大と、サンゴ礁地域（ヤコウガイ生息地域）における商品流通はおそらく無関係ではない。従前のヤコウガイ交易の延長上に、カムィヤキ古窯跡群を位置づけて考えられるのである。

それから奄美諸島が鎌倉幕府執権の北条氏の得宗領に編入されている事実も注目される。薩摩国河辺郡の得宗被官である千竃氏が奄美諸島を所領として管理していた様子が、村井章介・永山修一による「千竃文書」や「金沢文庫蔵日本図」等の分析から解りはじめている（永山一九九三、村井一九九七）。当該段階における外来遺物の出土点数は、琉球弧のなかでも奄美諸島がもっとも多数を占めて、奄美大島や喜界島の山中には多数の中世城郭が構築される事実等からも、そうした武家勢力の南進がうかがわれる。鎌倉市の若宮大路周辺遺跡群からは、十三世紀後半に位置づけられるヤコウガイ製貝杯が出土しているので、千竃氏を通じて運び出されたものである可能性がある（第34図）。村井章介は、奄美諸島における千竃氏の経済的権益について、交易の利権ではないかと推測している（村井一九九七）。今後、奄美諸島におけるヤコウガイ大量出土遺跡、カムィヤキ古窯跡群等の調査研究から、このあたりも明らかにされてくるだろう。十五世紀初頭、沖縄本島に琉球王国が成立して、一〇〇〇年以上にわたり継続してきた琉球弧と本土地域における南海産大型貝類の遠隔地交易もひとまず終焉を迎えるが、ヤコウガイそのものは琉球王国で螺鈿等の原料としてその後もますます需要が高まるのである。

五　貝交易と琉球弧

以上が、琉球弧の南海産大型貝類をめぐる交流史の概要である。約一五〇〇年間にもわたる南海産大型貝類の継続的需要をあらためて顧みるならば、そこには南海産大型貝類がつねにかぎられた社会階層の人びとに利用されてきた社会的象徴としての意味が明瞭に認められるであろう。ここに「威信財」としての南海産大型貝類の姿を見出すことができる。

琉球弧の南海産大型貝類をめぐる交易は、本土地域側からするならば、「威信財」の獲得に収斂されていたと考えても大過ない。次第に交易が組織化・効率化していく過程で、交易体制はしばしば国家の動態とも関係しながら維持されてきたのである。とりわけ奄美諸島は、「日本最北」の亜熱帯地域に位置づけられる自然環境に恵まれて、琉球弧のなかで歴史的に伸縮を繰り返してきた「国家境界」の核心地域として、南方物産交易の拠点的役割を果たしてきた。国家体制の整備に伴い、遠隔地交易を通して商人等に蓄積されてきた琉球弧の情報は都にも伝えられ、そうした情報の一端は説話文学等に記された異域としての南方世界に垣間見ることができる。

しばしば中琉球として同一地域に括られてきた奄美諸島と沖縄諸島であるが、いくつもの日本(5)があるように琉球文化地域のなかにはいくつもの琉球がある。南海産大型貝類をめぐる交流史は、そのあたりの様子をよく教えてくれるのではないだろうか。あくまでも琉球王国の成立基盤となる歴史的求心力を沖縄諸島のなかに認めて、琉球王国論に収斂させていこうとする見解も依然として存在する。地域の実態を見つめながら、琉球弧の歴史を再構築する真摯な作業が必要とされているのではないか。

注

(1) 永井昌文の父は、江戸時代終末の奄美大島を記録した『南島雑話』(近代以前における図解民俗誌として世界的にも貴重といわれる)が、奄美大島へ罪人として遠島された薩摩藩役人の名越左源太時行の著作であることを突き止めた永井亀彦で、奄美大島名瀬市出身である。海を越えなければ入手できない南海産の大型巻貝が弥生時代に本土地域で用いられていた事実は、当時の考古学者たちが誰も予想していない真実で、奄美大島に所縁がある永井昌文だからこそ成し遂げられたと考えられる。

(2) 島尾敏雄は、たとえば「日本の歴史の曲り角では、必ずこの琉球弧の方が騒がしくなると言いますか、琉球弧の方からあるサインが本土の方に送られてくるのです。そしてそのために日本全体がざわめきます。」(「ヤポネシアと琉球弧」)等、同様の指摘を非小説作品のなかで繰り返している。日本歴史における今日の国家境界領域の研究成果を踏まえるならば、島尾敏雄は日本歴史における国家境界領域としての琉球弧を表現しようとしていた様子がうかがわれる。

(3)当該距離を日本列島で置き換えてみるならば、鹿児島市から青森市までの距離におおよそ相当する。

(4)ヤコウガイ製貝匙は、一個のヤコウガイ貝殻から一点しか製作できない。

(5)赤坂憲雄が用いている列島地域社会の多様性をとらえる概念。列島地域社会の多様性に注視する点では、島尾敏雄による「ヤポネシア」とも同義であると考えられる。

第七章　古代の琉球弧

小湊フワガネク遺跡群をはじめとするヤコウガイ大量出土遺跡の検討から、古代並行期に奄美大島にヤコウガイ大量出土遺跡が出現して、そうした遺跡には鉄器や外来土器等がしばしば搬入されて、対外交流が活発になる様子が解りはじめた。そうした対外交流の契機として、筆者は律令国家の成立による国家的統治政策の影響を指摘してきた。

七世紀代に形成された律令国家は、天皇を中心とする中央集権体制を構想して、その実現のために諸政策を列島周縁地域まで射程に入れて推進していた。そうした国家の動静が記録された『日本書紀』『続日本紀』に、これらの島嶼をめぐる若干の記事が認められることは周知の事実である。その初見は六一六（推古二十四）年から七五四（天平六）年まで、三一回にわたる記事が認められる。さらに八世紀以降も、若干ではあるが琉球弧に関係する記事が認められる史料が知られている。

そこで本章では、まず文献史学側の研究成果を踏まえてそうした関係記事の概観を果たし、古代並行期における琉球弧の対外交流について、あらためて考古学的に確認してみたい。

一　文献史学から見る琉球弧の古代

1　ヤク・南島・アマミ

六一六（推古二十四）年の掖玖人の来朝を嚆矢として、六二〇（推古二十八）年、六三一（舒明三）年といずれも掖玖人の来朝がつづく。推古朝の段階における来朝は、朝貢ではなく漂着であると見られるが（中村一九九六a）、六二九（舒明元）年には掖玖へ遣使が派遣されて、その翌年に帰還している。帰還の翌年に掖玖人が来朝しているのは遣使派遣の成果であろう。ここに記されている「掖玖」とは、大隅諸島の屋久島に限定されるものではなく、大隅諸島以南の島嶼を含めた総称ではないかと考えられている。六五七（斉明三）年には、都貨邏国の男二人・女四人が海見嶋に漂着していて、これがアマミの初見記事となる。古代国家と琉球弧の公的交流は、舒明朝に開始されたと見られる（鈴木一九八七）。

『隋書』東夷伝流求国条には、六〇八（大業四）年に流求の「夷邪久国」に関する記事が認められる。この夷邪久国は「夷の邪久国」ととらえる見解があるが（田中一九九九）、六一六（推古二十四）年の掖玖人の来朝以前にも夷邪久国の情報は中央政府で所有されていたため、来着した掖玖人を認識できたのであろう（鈴木一九八七）。

六七七（天武六）年には飛鳥寺で多禰嶋人を饗宴して、その後、六七九（天武八）年、六八三（天武十二）年（遣使帰朝）、六九五（持統九）年の三度にわたり遣使が多禰嶋に派遣されていて、六八一（天武十）年には多禰嶋の報告が行われている。最初の遣使が帰朝した翌年の六八二（天武十一）年から、多禰人をはじめとして掖玖人・阿麻彌人がはじめて朝貢している。そうした朝貢の様子からするならば、これらの遣使はさらに南側の島嶼にも関与していた様子もうかがえる。

さらに六九八（文武二）年からは覓国使が派遣されている。琉球弧の島嶼一帯における版図拡大のためと考えられ、覓国使は武装して派遣されていた。ただし、覓国使派遣の三年後には遣唐使も派遣されていることから、航路開拓の役割も帯びていたと考えられる。そうした覓国使派遣の成果から、その翌年の六九九（文武三）年には度感嶋（徳之島）の朝貢に成功していて、「其度感嶋通中国於是始矣」と度感嶋から通交がはじまる様子が特記されている。覓国使派遣が行われた六九八（文武二）年の記事には、「南島」の包括的地域呼称がはじめて登場する。この南島とは、単なる南方の島嶼の意味ではなく、命名した側の支配領域を意味する政治的地域名称（中村一九九六a）、あるいは異民族概念（伊藤一九九四）として用いられたものであろう。東北の「蝦夷」に対置される南西の「南島」支配は、当時の国家的課題と考えられる（鈴木一九八七）。

八世紀の大宰府管轄下の西海道には「九国三嶋」が存在していた。三嶋とは対馬・壱岐・多褹である。対馬・壱岐の二嶋はすでに七世紀末までには成立していて、七〇二（大宝二）年に多褹嶋に嶋制が施行された。南九州における隼人支配の拠点確保や遣唐使の航路確保等が設置理由として考えられている（永山一九八五）。以後、多褹嶋は朝貢記事に記されなくなる。『令集解』賦役令辺遠国条には、毛人・肥人・阿麻彌人・隼人は夷人雑類で夷狄であると記されているが、多褹嶋は含まれていない。また多褹嶋の一部である夜久は朝貢していること等から、屋久島は種子島と区別される事情があることが解る。

多褹嶋の設置後も、南島に対する古代国家の政策は継続した。七〇七（慶雲四）年には、大宰府に使者を遣わして南島人に授位している。七一四（和銅七）年には、政府の遣使が南島の奄美・夜久・度感・信覚・球美等から五二人を率いて帰朝している。七一五（霊亀元）年には、南島は蝦夷と併記されて、蝦夷人および南島人七七人に授位、さらに七二〇（養老四）年には南島人二三二人、七二七（神亀四）年には南島人一三二人の朝貢に対して授位が行われている。また七三三（天平五）年には、多褹嶋へ熊毛郡一一人、益救郡一三六人、能満郡九六九人の賜姓が行われている。こうした大量授位や大量賜姓の施策は、七二〇（養老四）年の授位の記事につづけて「懐遠人也」と特記されているので、南島を国家の版図に編入させようとする強い政治的意図がうかがわれる（中村二〇〇四）。そうした政策展開に際しては、七一四（和銅七）年、七一五（霊亀元）年の来朝記事の筆頭にアマミが位置づけられていることから、奄美大島が重要拠点として機能していたと考えられる（角田一九三七、鈴木一九八七）。しかし、七二七（神亀四）年を最後に来朝記事は認められなくなる。

朝貢そのものが停止したのか、朝貢はされていても記録されなくなるのか判然としないが、琉球弧と交流が断絶したわけではない。七五四（天平勝宝六）年には、七三五（天平七）年に南島に設置した航路標識を大宰府が修復、航路確保が行われていた。また同年、唐僧鑑真が琉球弧を経由して来朝していることからも、航路として利用されていた様子がうかがわれる。

八二四（天長元）年、多褹嶋は廃止されて大隅国に併合された。多褹嶋は、大宰府から財政支援を受けていたが、「南溟森々。無國無敵。有損無益」、「嶋司一年給物准稲三万六千餘束。其嶋貢調鹿皮一百餘領、更無別物。可謂有名無實多損少益」と記されていることから、財政的負担が廃止理由として考えられる（中村一九九六a）。また多褹嶋廃止の直接の契機として、九世紀における大宰府公営田制の導入が大宰府財政全般の見直しに発展したため、その整理対象として財政的負担が大きい多褹嶋が廃止されたとも考えられている（永山一九八五）。

多褹嶋廃止後、琉球弧関係の記事はほとんど認められなくなる。琉球弧に対して古代国家の版図に編入を積極的に試みた平安時代前期の国家意識には変化が生じたと思われる（鈴木一九八七）。しかし、十世紀の『延喜式』大蔵省諸蕃使条には、遣唐使の一行に「奄美訳語」が同行していることから、依然として奄美諸島が拠点地域として機能している様子もうかがわれる。また次節で述べるが、奄美諸島から平安時代後期の土師器・須恵器が集中して出土する事実も、交流が継続している様子を明瞭に示すものである。

2　キカイガシマ

しばらく途絶えていた琉球弧関係の記事は、十世紀終末からふたたび散見されるようになる。『日本紀略』には、九九七（長徳三）年に大宰府から使者があり、太宰府管内諸国における南蛮乱入事件の発生が報告されたことが見える。当該事件は、藤原実資の日記『小右記』や藤原行成の日記『権記』にも記載されていて、『小右記』によれば同事件は奄美島人襲来事件として記されている。九九八（長徳四）年には太宰府が南蛮追補の下知を「貴賀島」に対して発令していて、はじめてキカイガシマの名称が現れている。翌年の九九九（長保元）年には大宰府から南蛮追討の成果が得られたことが報告されている。このことから、①貴賀島は太宰府管内に位置していて、奄美島人を追討できる位置にある（奄美島よりも北側に位置している）、②十世紀終末における都人の地理認識として、貴賀島は国家領域のなかに含まれている下知の対象地であるが、奄美島は南蛮が住む追討の対象地であることが解る（永山一九九三）。

十一世紀に成立した『新猿楽記』には、国内を「東は俘囚之地に臻り、西は貴賀之島に渡り」交易していた商人の首領・八郎真人の様子が述べられている。十一世紀後半には日宋貿易の重要輸出品となる硫黄が加わり、キカイガシマはイオウガシマと称されたり十二島とも称された（永山一九九三）。たとえば、『平家物語』延慶本には「鬼界島ハ異名也。惣名ヲバ流黄島トゾ申ケル。端五島奥七島トテ、島ノ数十二アムナル内、端五島ハ昔ヨリ日本ニ随フ島ナリ。奥七島ト申ハ、未ダ此土ノ人渡タル事ナシ。」と記されているが、『平家物語』諸本ではいずれも端五島と奥七島の間に日本の境界が認識されている（永山二〇〇四）。一一七七（治承元）年の鹿ヶ谷事件に際して、平家打倒の計画に参加していた俊寛等がキカイガシマに配流されているが、流刑地としてのキカイガシマは平氏政権に管理されていたと考えられる（永山一九九三）。

また『吾妻鏡』によれば、薩摩国・大隅国で強い勢力を有していた阿多忠景が、反政府的行動から追討を受けて一一五九（平治元）年ごろに貴海島へ逐電したことが一一八七（文治三）年に記載されている。源頼朝は、貴海島が平家残党の隠れ場所ではないかと疑い、一一八七（文治三）年に貴海島追討を計画、一一八八（文治四）年には鎮西奉行の天野遠景等により貴賀井島の征討が行われている。源頼朝は、一一八九（文治五）年に奥州藤原氏を倒して新政権を樹立した。鎌倉幕府成立前後の様子が述べられている妙本寺本『曾我物語』には、安達盛長の夢に、左足を奥州外浜に右足を西国鬼界島に置いて立つ源頼朝の姿が現れたので、国家の東西両端に頼朝が立つとは幕府の未来のめでたい予兆であると記されている。以上の史料から、キカイガシマは国家西端の境界として認識されていた様子が理解できる。

キカイガシマの表記にはさまざまな用字が認められるが、十二世紀まで「キ」の音には一貫して「貴」の漢字が用いられている。ところが、十三世紀以降に成立した『保元物語』、『曾我物語』、『平家物語』等の史料を見ると、キカイガシマは「鬼界島」あるいは「鬼海島」と表記されるようになる。キカイガシマの「キ」音を表す漢字は、十二世紀と十三世紀の間を画期として「貴」から「鬼」へ変化しているのである。キカイガシマは、都人に珍重される夜久貝・赤木・檳榔等の南方物産を産することから「貴」の字が当てられていたが、流刑地として利用されたことや地獄観の浸透等により「鬼」の字が当てられるようになると考えられている（永山一九九三）。

以上、おおよそ七世紀から十二世紀にいたる琉球弧の関係記事を概観してみた。文献史学側の研究成果をふまえるならば、「古代」の段階が適用できる空間的範囲は琉球弧の一部にかぎられそうである。その地域は、大隅諸島・トカラ諸島・奄美諸島・沖縄諸島・先島諸島の五群に分けられた琉球弧の島嶼のなかで、ひとまず多褹嶋が設置されて化内に位置づけられていた大隅諸島までと考えられる。ただし、大隅諸島についても、屋久島が南島側に記載されて朝貢を継続していたように、種子島以外の島嶼に「古代」の段階が適応できるのかという問題もある。南島支配政策の拠点地域と考えられている奄美諸島については、総体としては化外に位置づけられているので、トカラ諸島以南の島嶼地域は一括して「古代並行期」として理解しておきたい。

文献史学側では、これらの史料の記事をおおむね史実と理解する前提の上に研究が進められてきた。こうした文献史学側の研究成果に対して、考古学側では古代並行期の琉球弧についてどのような研究成果が獲得されているのだろうか。次に考古学側の調査研究成果を概観してみたい。

二　考古学から見る琉球弧の古代

1　古代並行期の琉球弧

琉球弧の島嶼地域における歴史は、いわゆる教科書的日本歴史とは相違した歩みを所有している。そのため「沖縄県」の考古学では、沖縄諸島について、日本考古学における「旧石器時代・縄紋時代・弥生時代・古墳時代・歴史時代（古代・中世）」の時代区分ではなく、「旧石器時代・貝塚時代（縄紋時代〜平安時代並行期）・グスク時代（鎌倉時代〜室町時代並行期）」から成る独自の考古学的時代区分が用いられているのである。奄美諸島は、その歴史全般において明確なる時代区分が用意されていないが、考古学研究では沖縄諸島で用いられている当該時代区分に準拠して説明される場合が多い。先島諸島についても、「赤色土器時代（おおよそ縄紋時代並行期）・無土器時代（おおよそ弥生時代〜平安時代並行期）・スク時代（鎌倉時代〜室町時代並行期）」の独自の考古学的時代区分が用いられている。

古代並行期は、沖縄諸島の貝塚時代後期後半段階、先島諸島の無土器時代終末段階におおよそ相当する。古代並行期終末には奄美諸島の徳之島で大規模な窯業生産が開始されて、その生産品である類須恵器（カムィヤキ）が滑石製石鍋・白磁等といっしょに奄美諸島・沖縄諸島・先島諸島を中心に流通しはじめて、グスク時代へ移行すると従来考えられてきた。

古代並行期には、奄美諸島では兼久式土器（平底）、沖縄諸島では大当原式土器（尖底）・アカジャンガー式土器（平底）・フェンサ下層式土器（平底）と呼ばれる在地土器が知られているが、琉球弧の土器編年には多数の不詳部分が残されていて、貝塚時代後期はそのなかでも編年研究が遅滞している段階に当たる。これらの土器型式は、いずれも帰属年代がきわめて曖昧にしか把握されていない。そのため、貝塚時代後期遺跡は多数発掘調査されているにもかかわらず、時間軸に則しながら考古資料を把握する作業が十分進められないという憂慮すべき事態に直面しているのである。

ただし、貝塚時代後期遺跡の大多数はいわゆる貝塚遺跡で、グスク時代に突入するまで存続しているため、発掘調査成果を実証的根拠として、漁撈採集経済段階の社会がグスク時代の開始される十二世紀前後まで営まれていたとする見解が醸成されてきた。当該見解は、奄美諸島と沖縄諸島における考古資料を同一様相ととらえる前提的理解のなかで、奄美諸島にも適用されてきたのである（髙梨二〇〇一）。そうした研究成果は、琉球弧の関係史料をめぐる文献史学側の研究成果に対しても、裏づけとなるような考古資料がほとんど認められないとして懐疑的見解へ傾斜を強めてきた。

しかし、筆者は、当該段階の奄美諸島と沖縄諸島の考古資料に認められる相違を指摘して、奄美大島に集中して分布する土師器・須恵器出土遺跡、鉄器出土遺跡、ヤコウガイ大量出土遺跡等は文献史学側の研究成果を裏づける証左ととらえる見解を提起した（髙梨二〇〇一）。文献史学側でも拠点地域として奄美大島の重要性にたびたび言及していたように、そもそも当該段階における奄美諸島の考古資料に対する注意が欠けていた傾向も否めない。そこで奄美大島を中心とする新資料に注意しながら、次に古代国家と交流が行われていた様子をうかがわせる資料について概観してみたい。

2　大宰府跡出土木簡・開元通宝出土遺跡

古代国家と琉球弧の交流をうかがわせる資料として、これまでにもたびたび取り上げられてきたものに大宰府跡出土木簡と開元通宝出土遺跡がある。

一九八四（昭和五十九）年、大宰府市大字観世音寺字不丁地区の第九〇次調査から、「権美嶋」「伊藍嶋」と記された木簡が出土した。「権美嶋」は奄美大島で異論ないが、「伊藍嶋」は諸説が唱えられていて沖永良部島に比定する説が有力である。いずれも八世紀前半（おおよそ天平期）に位置づけられるもので、これらの島嶼から運ばれた貢進物を整理保管するためにつけられた付札であると考えられている（九州歴史資料館一九八五）。その貢進物の実態は確認できないが、『延喜式』に南島の赤木が大宰府に貢進されていた様子が記されていることから、これらの木簡が付されていた物産は赤木の可能性が高い（山里一九八六）。最近では夜久貝も有力候補に挙げられている（永山一九九七、山里一九九九等）。これらの木簡は、単に大宰府と琉球弧における交流の証拠となるばかりでなく、八世紀初頭を最後に史料から南島人の来朝記事が認められなくなるなかで、琉球弧と大宰府における交流がその後も継続していた証拠として重要である。さらに出土木簡に記されていた島嶼には奄美大島が含まれているので、来朝記事の記載順序等から指摘されていた奄美大島の拠点性があらためて注意されてくるのである。

それから開元通宝出土遺跡であるが、「開元通宝」は、六二一年に初鋳造されて以来、長期にわたり使用されてきた貨幣である。日本にも大量輸入されていて、中世段階には模鋳銭も確認されている。国内における古代段階の開元通宝出土遺跡は、琉球弧に集中して分布する（木下二〇〇〇b）。琉球弧における開元通宝出土遺跡は、奄美諸島から二遺跡、沖縄諸島から八遺跡、先島諸島から四遺跡の合計一四遺跡が確認されていて、これまで象徴的宝物として所有されていたとする見解が支持されてきたが（嵩元一九七〇、山里一九九九）、最近、考古学側では貨幣観念を所持して使用されていたものとする見解が支配的となりつつある（高宮一九九五・一九九七、木下二〇〇〇b）。

開元通宝出土遺跡は、南島に分布が集中している事実をあらためて確認する必要がある。『日本書紀』『続日本紀』の来朝記事に記載されている多禰・夜久・奄美・度感・球美・信覚等の島嶼と、開元通宝出土遺跡が発見されている奄美大島・徳之島・沖縄本島・久米島・石垣島・西表島の島嶼の高い一致は単なる偶然とは考えられないからである（鈴木一九八七、髙梨二〇〇〇c）。そうした出土遺跡の分布状態は、南島覓国使の派遣成果として通交体制が確保された島嶼の集中利用が行われた結果と理解できるのではないか。

3　土師器・須恵器出土遺跡

琉球弧から出土する土師器・須恵器も、当該段階の交流をうかがわせる重要資料である。すでに池畑耕一による奄美諸島の土師器・須恵器出土遺跡の検討が行われていて、当該段階における喜界島の特殊性が指摘されている（池畑一九九八）。池畑の研究成果は後で確認するとして、あらためて琉球弧における土師器・須恵器出土遺跡の分布状態を確認してみたい。

まず大隅諸島は種子島八遺跡、屋久島一七遺跡の合計二五遺跡が認められ、トカラ諸島は不明である。そして奄美諸島は喜界島五遺跡、奄美大島六遺跡、徳之島一遺跡、沖永良部島一遺跡の合計一三遺跡が、それから沖縄諸島は沖縄本島だけで五遺跡である。(1) その分布状態を確認してみるならば、喜界島・奄美大島に集中して分布している様子が一目瞭然である。また須恵器出土遺跡は、沖縄本島まで拡散して分布するが、土師器出土遺跡は喜界島と奄美大島にかぎられるという特徴も認められる。

①喜界島の土師器・須恵器出土遺跡

喜界島の五遺跡は、奄美大島側（西海岸）に位置する小野津集落・島中集落・山田集落に四遺跡が分布している。それから奄美大島の反対側に位置している先山集落に一遺跡が分布している。小野津巻畑B・C遺跡では、B遺跡から掘立柱建物跡二棟のほか、土師器甕六一点・土師器坏三点・須恵器壺二点・須恵器甕五点・滑石製石鍋二点等が、C遺跡から土師器甕六点が確認されている（喜界町教育委員会一九九三）。島中B遺跡Ⅱでは、須恵器若干と土師器坏一点が確認されている（喜界町教育委員会一九八九b）。山田中西遺跡は二〇〇三（平成十五）年に、山田半田遺跡は二〇〇四（平成十六）年に発掘調査が開始されていて、今後も一帯で発掘調査が計画されている。両遺跡とも広大なる面積を有していて、掘立柱建物跡群・墓壙群が多数確認されている。整理作業中のために出土遺物の詳細は明らかではないが、土師器甕・須恵器甕・滑石製石鍋等が中心に多数出土していて注目される。先山遺跡は、土師器甕一点が確認されている（喜界町教育委員会一九八七）。それから伝世資料として小野津八幡神社に須恵器壺一点が保管されている（白木原一九七三）。

喜界島における土師器・須恵器出土遺跡は、先山集落の遺跡が海岸砂丘上に営まれているのに対して、小野津集落・島中集落・山田集落の遺跡がいずれも台地上に営まれている特徴がある。小野津巻畑B・C遺跡と島中B遺跡が標高五〇メートル前後、また山田中西遺跡と山田半田遺跡が標高一八〇メートル前後の台地縁辺に立地していて、いちじるしい高所に営まれている点が注目される。山田中西遺跡・山田半田遺跡は、その特殊なる立地条件から防御性集落として理解できるのではないか。

②奄美大島の土師器・須恵器出土遺跡

奄美大島の六遺跡は、喜界島側（東海岸）に位置している笠利町の土盛集落・宇宿集落・万屋集落・和野集落に五遺跡が分布している。これら四集落は隣接していて、その背後には奄美大島で最大面積を誇る平坦地が展開している。土盛マツノト遺跡は、整理作業中のために出土点数等は明らかではないが、雁又鏃・刀子・釣針等の鉄製品をはじめとして、青銅製品・ガラス製品のほか、土師器甕・土師器坏・須恵器・布目圧痕土器等が確認されている（笠利町教育委員会一九九二）。宇宿貝塚は、火葬骨を収納した蔵骨器と考えられる須恵器壺一点が確認されている（笠利町教育委員会一九九七）。万屋泉川遺跡・万屋下山田遺跡・和野長浜金久遺跡は、連続する同一砂丘上に営まれている遺跡で、万屋泉川遺跡から土師器甕三一点・須恵器二点が、万屋下山田遺跡から土師器甕二点・土師器埦二点が、和野長浜金久遺跡から土師器甕一一点・土師器坏一点・布目圧痕土器等が確認されている（鹿児島県教育委員会一九八五・一九八六・一九八八）。それからやはり喜界島側（東海岸）に位置している名瀬市の小湊集落に一遺跡が分布している。小湊フワガネク遺跡群は、調査区一二から土師器甕（模倣）一点が、調査区二四から土師器甕六〇点・土師器坏三点・布目圧痕土器五二点・滑石製石鍋七八点等が確認されている（名瀬市教育委員会一九九九・二〇〇三）。これらの六遺跡は、いずれも太平洋側に所在していて、喜界島がよく眺望できる箇所に位置している。

③喜界島・奄美大島における遺跡分布状態

喜界島と奄美大島における土師器・須恵器出土遺跡は、喜界島では確認されている五遺跡の四遺跡が奄美大島側に、奄美大島では確認されている六遺跡のすべてが喜界島側に、互いに対峙するように偏在した分布状態を示している（第35図）。土師器・須恵器の帰属年代については、小湊フワガネク遺跡群調査区一二の土師器甕がおおよそ七世紀前半代、小湊フワガネク遺跡群調査区二四の土師器甕・土師器坏がおおよそ十一世紀後半代と考えられているほかは（名瀬市教育委員会二〇〇三）、ほとんど九世紀後半〜十世紀前半に位置づけられるものばかりである。(2)また土師器・須恵器の系譜については、重要課題であるにもかかわらずほとんど解明されていないために十分言及できない。単純に南九州に系譜が求められる資料ばかりではなく、土盛マツノト遺跡や小湊フワガネク遺跡群から

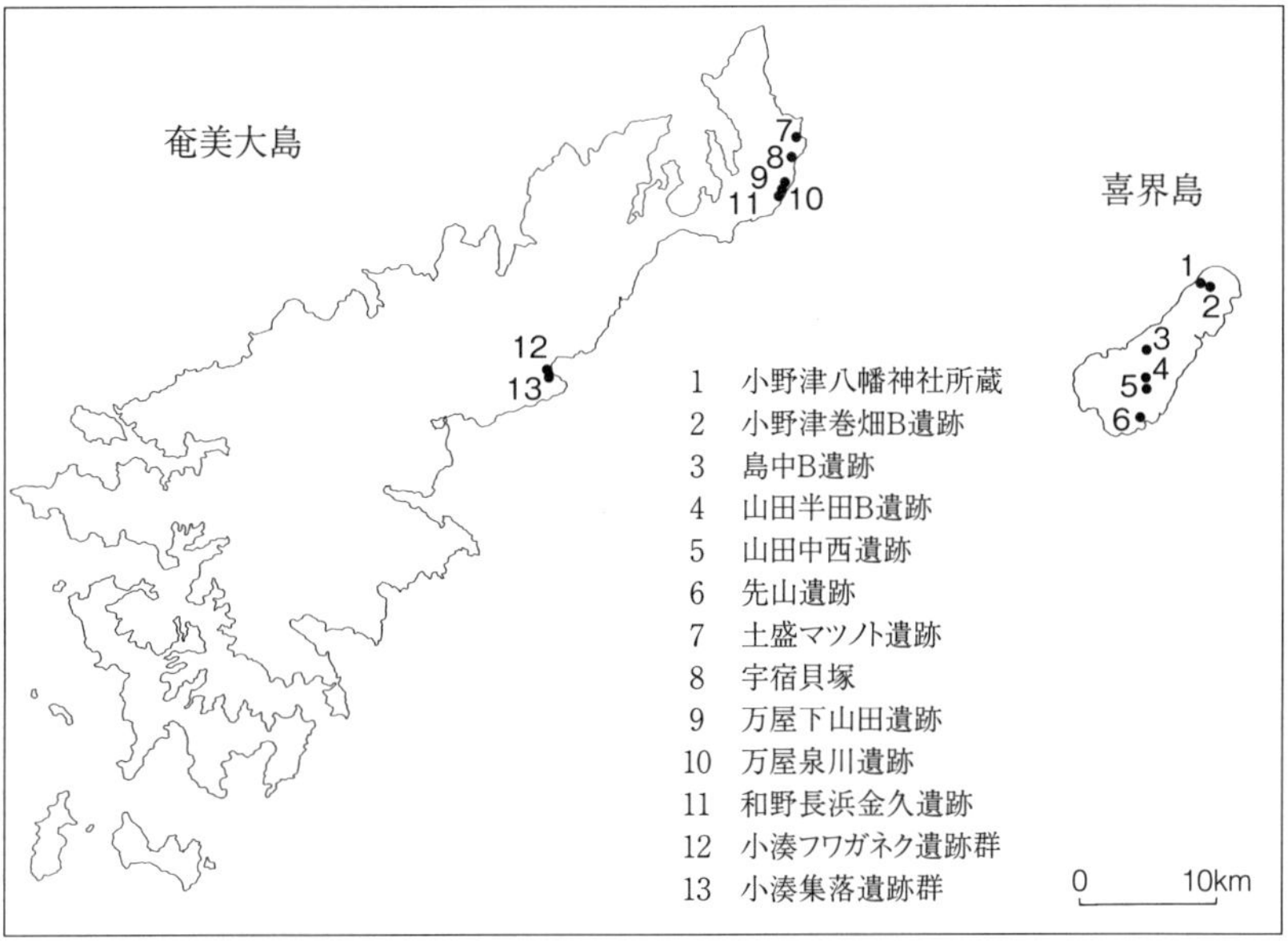

第35図　奄美諸島における土師器・須恵器出土遺跡の分布

出土している高台付埦のように北九州に系譜が求められる資料も含まれていて、政治的背景がうかがわれる土器移動も認められる。

④土師器・須恵器を中心とする遺跡

池畑耕一は、奄美諸島から出土した土師器・須恵器を検討した結果、①出土遺跡が奄美大島北部と喜界島に集中分布していて、大宰府等と緊密な交流が営まれていた可能性がある、②九～十世紀段階の喜界島は兼久式土器が用いられなくなり土師器・須恵器だけが認められるので、九州の強い影響下に置かれていた可能性がある、③布目圧痕土器（焼塩壺）の出土遺跡は喜界島には全然認められず奄美大島に集中分布していることから、これらの遺跡は港湾として機能していた可能性がある等の指摘を行い、古代～中世における喜界島は九州地方と強い関係を有していた様子がうかがわれるとして、その特殊性をはじめて問題提起したのである（池畑一九九八）。

とくに注意されるのは、喜界島における土師器・須恵器・滑石製石鍋を中心とする遺跡の存在の指摘である。最近発掘調査が行われた山田中西遺跡と山田半田遺跡でも土師器・須恵器を中心に構成されている出土遺物の特徴的様相が確認されているので、池畑耕一が指摘するように喜界島には確かに土師器・須恵器を主体とする遺跡が存在するといえる。そうした遺跡の実態は、山田中西遺跡や山田半田遺跡の今後の整理作業を待たなければならないが、土師器・須恵器・滑石製石鍋の出土数は単なる搬入遺物の域を凌駕するもので、在地の遺物がまったく認められない異常なる様相は、南漸した「倭人」の拠点的遺跡（防御性集落）として理解できるのではないか。喜界島西側と奄美大島東側に集中する土師器・須恵器出土遺跡の分布状態から、とくに土師器出土遺跡の分布が喜界島と奄美大島に限定される事実から、喜界島を拠点としながら喜界島と奄美大島に挟まれた海域を中心に、九州と緊密なる交流を維持していたある政治的地域が形成されていた様子もうかがわれてくる。集中分布している遺跡の大多数が十世紀前後の帰属年代であることから、その地域形成とは十世紀終末に史料に現われはじめるキカイガシマをめぐる動態とも無関係ではないように考えられる。

⑤埋葬に使用される類須恵器壺

また山田中西遺跡と山田半田遺跡の発掘調査で、類須恵器壺一点と白磁埦一点を埋納した土壙が数基確認されている。名瀬市小湊集落遺跡群から発見された一〇点の陶磁器群も、壺五点と埦・皿五点の同数の組み合せが認められ、一部の壺のなかに人骨が納められていたことから、蔵骨器として壺（身）に埦（蓋）をかぶせる使用方法が指摘されている（亀井一九九三）。山田中西遺跡と山田半田遺跡の事例は副葬されたものと考えられ、類須恵器壺の完形品（準完形品を含む）が喜界島と奄美大島に集中して発見されている事実から、埋葬に関係した類須恵器壺の用途が指摘されている（池田二〇〇四）。これら山田中西遺跡、山田半田遺跡、名瀬市小湊集落遺跡群の埋葬にかかわる事例は、いずれも十一世紀後半から十二世紀前半に位置づけられるもので、当該時期にこうした埋葬方法がかぎられた地域の社会階層の一部で盛行していたと考えなければならない。喜界島と奄美大島に集中分布する類須

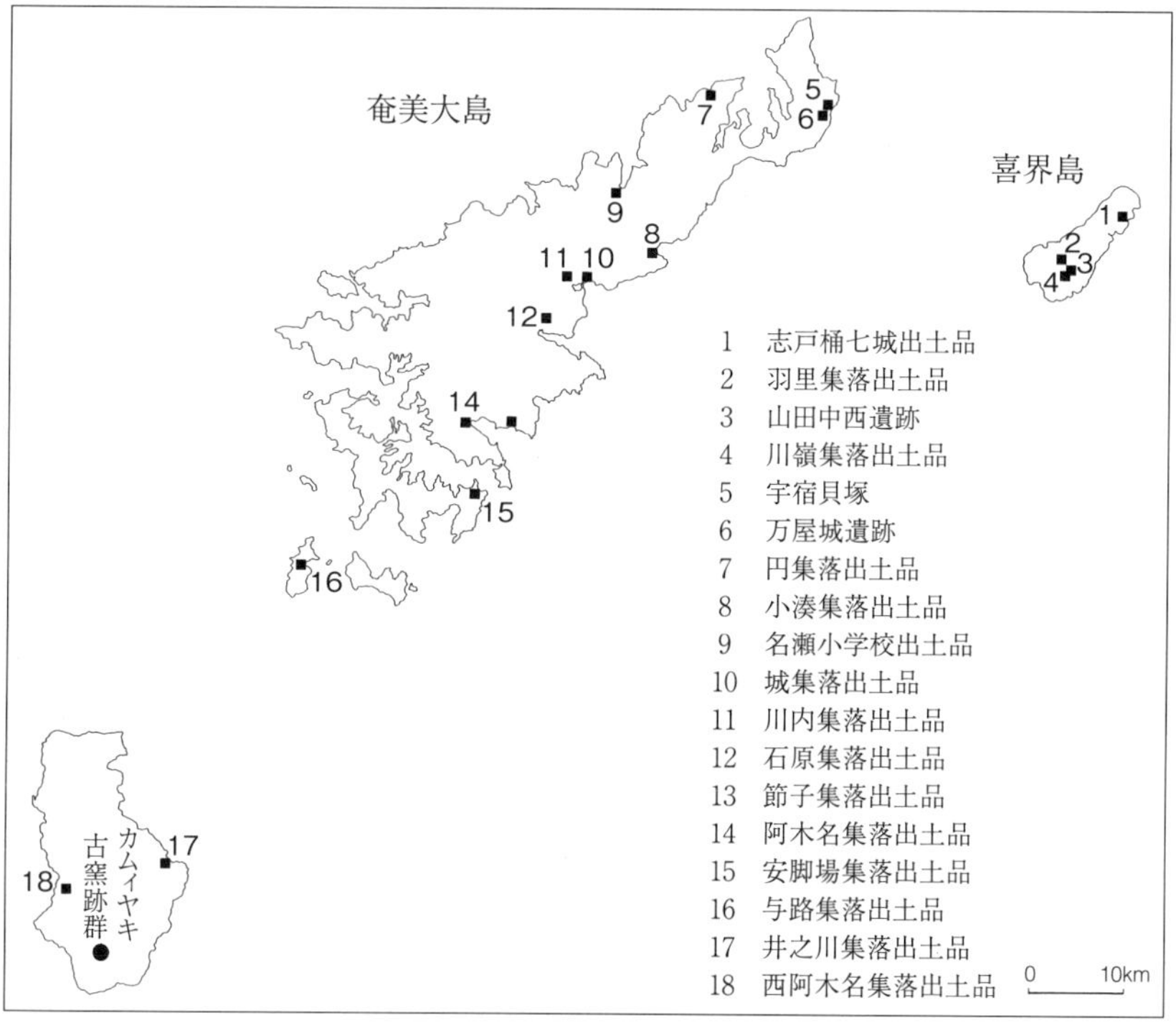

第36図　類須恵器完形品出土遺跡の分布

恵器壺の完形品の分布は、すでに確認してきた土師器・須恵器出土遺跡の分布傾向とも重複している（第36図）。古代後半段階で喜界島と奄美大島を中心に形成されはじめた地域は、古代終末～中世初頭段階でさらなる政治的勢力に発達していた様子もうかがわれる。

　また奄美大島の土師器・須恵器出土遺跡には、たとえば土盛マツノト遺跡・和野長浜金久遺跡では各種の金属器・玉類・ヤコウガイ貝殻（集積）等、小湊フワガネク遺跡群第六次調査では多数の滑石製石鍋破片が確認されている事実も看過できない。当該段階に島嶼社会の一部で、階層社会の形成は急速に進み、南方物産交易も展開されていたと考えられるのである。

三　古代並行期における琉球弧の島嶼社会

1　相違する島嶼社会の評価

おおよそ七世紀から十二世紀に至る琉球弧の様子について、文献史学側の研究成果を概観して、琉球弧と古代国家の交流の様子に関して考古学側の研究成果から確認してみた。すでに述べたように、史料に記載されている南島関係記事を歴史事実として理解する文献史学側の見解に対して、考古学側では十二世紀前後まで貝塚遺跡が営まれている考古学的事実を根拠に漁撈採集経済社会しか想定できないとする懐疑的見解がこれまで抱かれてきた。

琉球弧の島嶼社会について、そうした文献史学側と考古学側の研究成果に認められる懸隔をはじめて指摘したのは鈴木靖民である。大宰府跡における「掩美嶋」「伊藍嶋」と記された木簡の発見を契機として、鈴木は『日本書紀』『続日本紀』に認められる関係記事の総括的検討を行い、来朝していた琉球弧の島嶼社会にも率直なる関心を向けて、その歴史的段階まで考察を試みている（鈴木一九八七）。列島周縁における「夷狄」である「蝦夷」「隼人」の従属政策をめぐる研究成果から「南島」の検討が進められて、「南島社会における一種の「身分階層」の存在、つまり身分社会の形成をある程度想定しなければ代表を送り、位を授かるような事態は考えにくいのではなかろうか」、「土地の産物を貢納するのであって、その前提となる各島各地域内での物品の徴発とその運搬を可能にする社会組織も生成していたことを考えさせる」として、「八世紀頃の南島社会の地域によっては、原始社会から階級社会の形成へと向かう歴史的段階の入り口にさしかかりつつあったのではなかろうか。過大評価を慎まなければならないが、あるいは日本古代国家との朝貢による関係を外的な一契機として、そうした平等社会を越え、階級社会以前の階層化された社会へと移行する気運がより強められたことも考えられるのではなかろうか」と指摘したのである。

高良倉吉は、『日本書紀』『続日本紀』の南島関係記事に沖縄本島の記載が認められない事実を一例に挙げて、「律令制国家成立期の日本人が、九州の南に点在する弓状列島についてどれほど正確な知識をもっていたかは疑問としなければならず、したがって、『隋書』流求伝のいう「夷邪久」の手がかりを七〜八世紀における日本人の「南島」理解に求めることは今のところ無理があると考えないわけにはいかないのである」(高良一九八〇)と指摘、文献史学側から『日本書紀』『続日本紀』の記事の信憑性に疑問を投げかけた。さらに鈴木靖民の問題提起を受けて、貝塚時代後期の島嶼社会に階層社会を想定しても古墳のような首長層の存在が証明できる墓制等も考古学的に認められず、文献史学側の研究成果と考古学側の研究成果には大きな懸隔が横たわるとして、「「流求」を仮に沖縄に比定し「王」が君臨するほどの政治的条件が南島地域内部に形成され始めていた点を強調しようとしても、文献研究による想定はここまでであり、それ以上の議論を展開する条件は考古学の側で準備されていない」と考古学的証拠の不在も指摘して、ふたたび南島関係記事の信憑性について論及した(高良一九九五)。

最近、安里進も、考古学側と文献史学側において島嶼社会の評価が相違している問題を論じている(安里二〇〇二b)。安里は、新里恵二の『沖縄史を考える』(新里一九七〇)が沖縄歴史研究に与えた影響を指摘、新里が強調した沖縄歴史における後進性の議論を「遅れた歴史的出発論」と名づけて、安里自身を含めて「沖縄の考古学研究者は恐らく無意識だと思うがその影響を深く受けてきた」ために、考古学側で漁撈採集経済社会が想定してしまう潜在的コンテクトが存在していたと説明するのである。そして新里の見解を「農業生産を基礎に社会発展をとげた本土の歴史をモノサシにして沖縄の歴史を計るという方法論の産物」と安里は批判する。しかし、新里は、島嶼社会の内的発展についても考察を加えていて、仲原善忠による沖縄歴史の時代区分(仲原一九五四)を評価しながら六〜七世紀には階層社会に移行したのではないかと仮説を提起しているのであり(新里一九七〇)、沖縄歴史の後進性のみに収斂した狭小なる議論ではないと考えられる。「遅れた歴史的出発論」は、考古学側における視点の形成過程の説明にはならないと思われる。

一九七二（昭和四十七）年に米軍占領統治から日本に返還されて以降、沖縄経済の高度成長政策が推進されるなかで開発事業に伴う緊急発掘調査が激増、「沖縄県」における考古学は調査研究成果を急速に蓄積してきた。発掘調査から帰納された「実証的」研究成果は、十二世紀前後までいわゆる貝塚遺跡が営まれていた考古学的「事実」を明らかにして、停滞的な漁撈採集経済社会がきわめて長く営まれていたとする研究「常識」を醸成した。そのため「沖縄県」における考古学研究は、「実証的」「事実」を根拠として文献史学側の研究成果をほとんど等閑に付してきたのである。高良倉吉が文献史学側の研究成果を考古学側で議論する条件が準備されていないとする指摘も、そうした考古学側における「実証的」「事実」の蓄積により醸成された研究「常識」に拠るものであり、奄美大島を南島政策の拠点と解釈する文献史学側の研究成果が看過されているため、奄美諸島の発掘調査成果に対する配視の欠落が生じたのである。

2　喜界島・奄美大島勢力圏

前章で検討・確認したように、喜界島・奄美大島における当該段階の発掘調査成果には沖縄諸島であまり確認できない考古資料が集中分布する特徴的様相が認められ、そこからうかがわれる交流の様子は文献史学側の研究成果と整合的に理解することが可能になりはじめている。当該段階における喜界島・奄美大島・徳之島等の一部の島嶼社会は、単なる漁撈採集経済社会に止まるものでは決してなく、すでに階層社会が営まれていた様子を示していると考えられる。

とくに古代後半段階から喜界島・奄美大島北部に形成されはじめる政治的勢力の存在は、後に国家形成にいたる沖縄本島の動態に先行するものとしてきわめて注目されるのである。『日本紀略』や『小右記』に記された十世紀

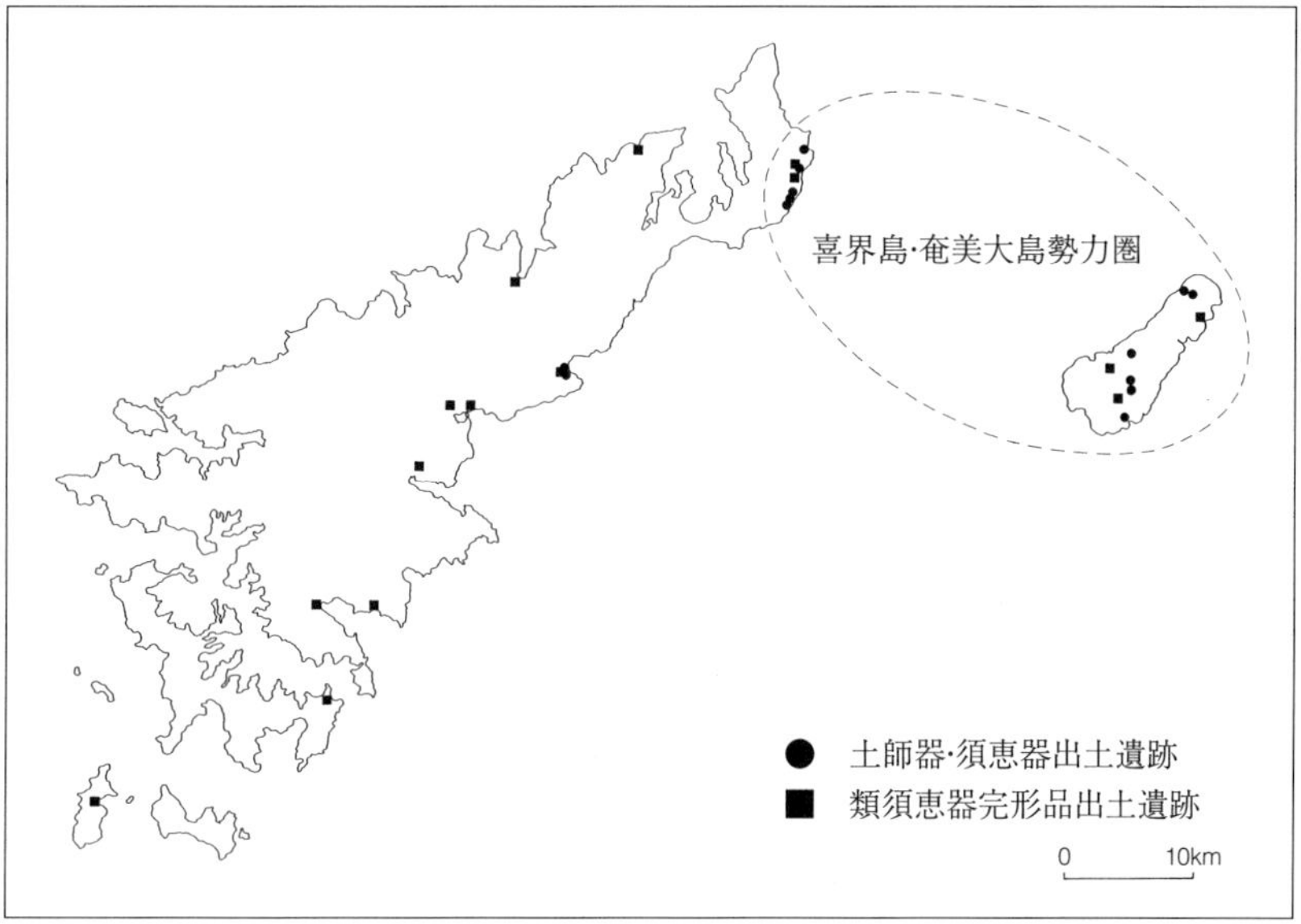

第37図　想定される喜界島・奄美大島勢力圏（高梨2005d）

終末の奄美島人による大宰府管内諸国の襲撃事件や『吾妻鏡』に記された十二世紀後半の阿多忠景の貴海島逐電事件等、古代終末段階にキカイガシマをめぐる動態が集中して認められる事実から、キカイガシマの拠点的機能を次第に喜界島が果たしはじめていたのかもしれない（永山二〇〇四）。徳之島におけるカムィヤキ古窯跡群の出現も、そうした動態が展開していた時期にまさしく相当する。カムィヤキ古窯跡群が出現する十一世紀代の直前段階には、すでに喜界島に倭人の拠点的遺跡（防御性集落）が出現していたと考えられるのであり、喜界島・奄美大島北部に形成されはじめた政治的勢力圏が当該地域の経済的権益を掌握していた可能性はきわめて高いと思われる。

喜界島・奄美大島北部における勢力は、その後も中世の段階を通じて存続していた可能性が断片的にうかがわれるのである。それは、琉球王国の奄美諸島に対する侵攻である。琉球王国の侵攻は、奄美大島・喜界島に集中していて、奄美大島に対して一五三七（天文六）年・一五七一（元亀二）年、喜界島に対して一四六一年・

一四六六年、侵攻が展開されている。当該事実からまず奄美諸島における政治的勢力が当該二島に存在していた様子がうかがわれる。それから侵攻の過程で、奄美大島が琉球王国の統治下に置かれた段階に喜界島はまだ琉球王国と抗戦をつづけていたのであり、当該事実から喜界島には奄美大島以上の政治的勢力が存在していた様子もうかがわれてくる。そうした勢力範囲を「喜界島・奄美大島勢力圏」と仮称しておきたい（第37図）。

当該勢力は、九州から南漸して喜界島に拠点を置いたものと考えられるが、喜界島が拠点として選択された理由は何か。琉球弧に南漸してくる最大の動機は、キカイガシマ（国家境界領域）の南方に広大に展開する島嶼世界（南方物産の産出地域）の情報収集と交易管理であると考えられる。喜界島・奄美大島は、いずれも亜熱帯海域の北縁に位置しているので、まずこれらの島嶼が異域となる島嶼世界の攻略拠点として最適の地理的条件を備えていたと考えておきたい。とくに喜界島は、①奄美大島を正面に見渡せる至近距離の位置関係にある、②中央部分に急崖に囲まれた広大なる台地を有し、天然の城塞ともいえる防御にすぐれた地形条件を備えている、③海岸線はサンゴ礁が発達しているため良港がきわめてかぎられていて、やはり対外勢力に対して防御にすぐれている等の条件が認められるので、常駐するための防御性集落の構築にもっとも適していたのではないかと考えられる。

四　結論的覚書

蝦夷・隼人と同様、古代国家から異民族認識された琉球弧は南島の呼称を与えられ、奄美大島を拠点として武力行使による威圧的政策と賜物・賜姓による懐柔的政策が展開されていた。そうした統治政策の波及により、必然的に琉球弧における対外交流は活発になり、少なくとも奄美諸島の一部の地域では考古資料からも対外交流が活発になる様子が認められた。琉球弧における従前の考古学研究では、奄美諸島・沖縄諸島の島嶼社会は十二世紀前後まで漁撈採集経済段階の停滞的社会が営まれてきたと理解されてきたが、そうした国家政策による対外交流の活発化を背景として、小湊フワガネク遺跡群や土盛マツノト遺跡に代表されるように奄美諸島の一部の地域では、これまで先史時代として理解されてきた貝塚時代後期後半段階に、鉄器文化を受容して階層社会が出現していたのではないかという結論にあらためて到達した。

そうした理解論を比較史的視点から考えてみるならば、兼久式土器の新たなる年代理解から、兼久式土器を北海道地方の擦文土器に対比させて考えることも可能である。擦文土器は、成立から終焉にいたる年代理解に諸説あるが、最近では七世紀～十二世紀に位置づける見解（横山二〇〇〇）が有力になりつつある。南島と対置的関係にある蝦夷に対して、古代国家が展開した統治政策の影響で波及した土師器と在地土器（続縄紋土器）が接触して成立した土器群が擦文土器であると考えられている（藤本一九七九・菊池一九八四）。兼久式土器と擦文土器は、列島の南北にほとんど同時に展開していた土器群であると理解されるのである。

古代国家の律令制度が衰退する九世紀後半以降、北海道南部と東北北部の交流は活発化して、擦文土器は東北北部まで拡大して波及していく。当該時期には、須恵器生産が本州最北端となる津軽半島、すなわち国家境界領域で開始され（五所川原須恵器窯跡群）、おおよそ九世紀後半から十一世紀代まで操業されていたと考えられている。当該須恵器は北海道全域に波及していて、そうした須恵器流通を背景として北方物産の資源開発が進められ、交易活動が活発化していくのである。交易活動をめぐる緊張関係によるものなのか明らかにはされていないが、十世紀後半から十一世紀後半には東北北部・北海道南部で丘陵先端部や台地縁辺部に防御性集落が出現していて注目されている（三浦一九九五）。その後、毛皮類・海産物等の北方物産交易（詳細は明らかではない）を経済基盤として、中世の段階には得宗被官・安藤氏の台頭を生み出すのである。また擦文文化が北海道全域に波及した時期、北海道東部・北部のオホーツク海沿岸地域から樺太島・クリル諸島（千島列島）にはオホーツク文化と呼ばれる別文化が営まれていた。

島尾敏雄は、「南島と蝦夷のふしぎなかかわり」と指摘して、「南島と蝦夷が倭の朝廷から度々對にして思考されていることに甚だ深い興味を覚えてきました」と述べて（島尾一九八一）、列島南北における地域史の対置的関係を示唆している。永山修一は、「南の境界領域としてのキカイガシマ研究は、すでに北の境界領域たる外浜・蝦夷ヶ島研究を充分に意識して行われており、流刑地としての性格や、得宗領としての領有の問題など、パラレルとも言える関係が明らかになっているが、さらに平安時代中期まで遡って南北の比較・研究を行うことも必要になってこよう」と述べ、列島南北を対置してとらえる視点を指摘している（永山二〇〇二ａ）。また村井章介も「中世の同心円的世界像」から、列島地域社会の構造的解読を進めている（村井一九九一）。そうした擦文土器段階の社会動態は、兼久式土器段階の島嶼社会を考察する上できわめて示唆的である。当該段階における琉球弧の考古学的事象を比較史的にあらためて確認してみたい。

古代国家の統治政策の影響で奄美大島に土師器が伝播して、在地土器（スセン當式土器）と接触して兼久式土器が成立したと考えられる。兼久式土器が奄美諸島で製作・使用されていた時期、沖縄諸島には兼久式土器と相違する平底土器群（アカジャンガー式土器）が分布していた。兼久式土器とアカジャンガー式土器の分布関係は、擦文土器とオホーツク土器の分布関係に対置して理解できる部分があるかもしれない。古代国家の律令制度が衰退する九世紀後半以降、琉球弧でも奄美諸島の喜界島・奄美大島を中心に土師器・須恵器を出土する遺跡が増加して、新たなる交流が活発化しはじめた。ヤコウガイ・赤木等の南方物産の資源開発が進められ、交易活動が活発化したと考えられる。当該時期には喜界島で標高一八〇メートル前後の台地（段丘）縁辺に防御性集落と考えられる大規模な掘立柱建物跡・墓壙群が出現していて（山田中西遺跡・山田半田遺跡）、東北北部・北海道南部の様子に類似する。そして十一世紀代には、やはり国家境界領域となる奄美諸島の徳之島で陶器生産（カムィヤキ古窯跡群）が開始され、その生産品は琉球弧全域に波及していく。その後、中世の段階には得宗被官・千竈氏の所領が奄美諸島まで拡大してくるのである。千竈氏・安藤氏の問題については、すでに村井章介が中世国家の東西の境界領域に所領を有していた得宗被官の比較検討を試みた重要なる研究成果がある（村井一九九七）。

以上で概観した擦文土器段階・兼久式土器段階に認められる考古学的事象には、類似する展開が認められると考えられる。五所川原須恵器窯跡群・カムィヤキ古窯跡群は、もちろん単純に同質のものとして論じることはできないが、いずれも国家境界領域における窯業生産としての共通する特徴が認められるのであり、窯業生産の開始に際して意図されていた性格は共通しているのではないかと理解される。国家的課題として展開された蝦夷・隼人・南島の統治政策は、その過程でしばしば類似した社会動態を列島の南北に生み出してきたと考えられる。そうした比較史的視点から琉球弧をとらえてみるならば、奄美諸島史における兼久式土器段階は沖縄諸島史で用いられている「貝塚時代後期」の時代区分では理解できないのであり、新たなる時代区分の設定が検討されなければならないと考えている。

当該段階における島嶼社会の実態は、なお今後の調査研究に委ねられなければならない部分が大きい。これまでの轍を踏まないよう文献史学側の研究成果に対しても緊密に配視を行い、十分なる歴史的理解のなかで徹底した考古学的資料論を構築していく方向が求められている。

注

（1）類須恵器として分類されているもののなかにも本土産須恵器・中世陶器が含まれている可能性がある。瀬戸哲也・崎原恒寿（沖縄県立埋蔵文化財センター）から、那崎原遺跡・ハナグスク・牧志御願東方遺跡（那覇市）、後兼久原遺跡・玉代勢原遺跡（北谷町）等の出土資料のなかに本土産と考えられるものが確認されていると教示と資料提供を得た。

（2）第二章注3でも指摘したように、土師器甕形土器については、さらなる細分研究が必要とされている。

終章　奄美諸島史のダイナミズム

一　評価不定の考古資料

琉球弧をめぐる考古学研究において、奄美諸島の考古資料に対して採用されてきた従来の接近方法は、原則として沖縄側、あるいは鹿児島側の研究成果へ寄せながら理解するという方法が常道であると思われる。そうした接近方法が選択されてきた要因はいろいろ考えられるが、何よりも奄美諸島における従前の発掘調査事例が僅少であることから、奄美諸島よりも調査研究体制が充実している沖縄側の蓄積されてきた研究成果に学ぶという接近方法が、当然の在り方として選択されてきたと考えられる。

そういう方法選択は妥当であると思われるし、支持もできるところであるが、なお奄美諸島の考古資料へ注がれてきた専門家たちのまなざしについては、ある注意深さを欠いてきた側面があるように思われてならない。すなわち琉球弧の島嶼地域については、北部圏（大隅諸島・トカラ諸島）、中部圏（奄美諸島・沖縄諸島）、南部圏（先島諸島）という文化圏域として区分する見解（国分一九七二）が考古学側で定着しており、奄美諸島と沖縄諸島は同一文化圏域として理解されてきたため、従前の考古学研究が奄美諸島と沖縄諸島の考古資料を同一様相として認識する先入理解に侵されていたのではないかと考えられるからである。

しかも、琉球弧をめぐる歴史学研究は、沖縄諸島と先島諸島が「沖縄県」として日本復帰を果たした一九七二（昭和四十七）年以後、高良倉吉による一連の研究に代表されるとおり、琉球王国論に収斂していく研究方向が顕著に認められる。[1] 考古学研究においても、いわゆるグスク時代をめぐる研究は、歴史学研究の潮流に同調して進められてきた傾向が強い。もちろんそうした研究潮流は従前から認められるものであり、国家が発生した沖縄本島における歴史と文化の研究をいちじるしく推進させてきたが、一方で奄美諸島や先島諸島の歴史と文化は、琉球王国の統治領域における周辺事例として認識され、独立国家が育んだ社会文化の地方展開を知るための補助資料として対象化されてきたのではないかと考えられる。

つまり奄美諸島の考古資料は、奄美諸島特有の資料（分布地域の主体が奄美諸島に認められる考古資料）でありながら、十分なる検討が加えられないまま沖縄諸島の考古資料と同一様相であると認識されている事例が案外多いのではないかと懸念されるのである。結局、従前の接近方法による奄美諸島の考古資料の理解とは、沖縄側における歴史理解の枠組のなかに組み込んでしまう作業にほかならない。そのため、沖縄側における考古学研究の常識的理解で十分説明できない奄美諸島の考古資料については、しばしば評価不定という曖昧なる位置づけが与えられてきたのではないか。

奄美諸島の考古資料は、憂鬱なる研究事情に満ちている。本書で論じてきた奄美諸島の土器編年やヤコウガイ大量出土遺跡における調査研究の遅滞も、そうした研究事情の影響によるところが大きいと考えられる。文化財保護行政の浸透等に支えられて、奄美諸島全域における発掘調査成果も蓄積を重ねてきているが、新資料の増加は従前の調査研究成果に対してさまざまな矛盾を顕在化させはじめているのである。

本章では、本書の最終章として評価不定と考えられる奄美諸島の考古資料を総括的に取り上げて、これらに対する接近方法を検討してみたい。もちろん評価不定の考古資料について詳細なる検討作業を加えることが本章の直接の課題ではない。奄美諸島の考古資料にあらためて向き合うために、従来の研究枠組にとらわれない視点を用意することが課題である。奄美諸島の考古学研究がかかえている課題を冷静に探り出し、課題解決に向けて果たさなければならない作業を確実に前進させていく歩みが求められていると考えられる。そして、そうした課題の確認作業は、琉球弧における奄美諸島史のダイナミズムの発見に継起していくと確信している。

二　奄美諸島の考古資料の検討

本章で取り上げる奄美諸島の考古資料については、古墳時代から室町時代におおよそ並行していると考えられる資料に限定する。

帰属時期を限定する意図として、まず当該時期が奄美諸島史における最大の空白時期であり、島嶼社会の様子がきわめて曖昧模糊としているという研究事情がある。すなわち奄美諸島において、歴史変遷を総括する単位としての時代区分が用意されていないという事態がつづいている事実、それから考古学における土器編年作業が弥生時代以後は年代尺度として機能を求めにくい実態にある事実を上げなければならない。そうした事情のため、当該時期に帰属している考古資料については、年代不詳として位置づけざるをえない事例がしばしば生じていて、消極的評価を避けられない。奄美諸島における土器編年研究の遅滞も、奄美諸島の考古資料を評価不定とする消極的評価にさらなる拍車をかけていると考えられる。しかし、それゆえ当該時期の考古資料は十分検討されていない傾向が認められるので、あらためて注意深く検討してみる必要があると考えられる。

そして当該時期は琉球王国成立時期に並行していることから、当然、奄美諸島においても政治的社会の発生が問題とされてくる。琉球弧における政治的社会の発生や形成をめぐる従前の議論は、王権が発生した沖縄本島を中心として展開されてきたため、奄美諸島や先島諸島の考古資料は、そうした議論の俎上からほとんど外されてきた。

しかし、小湊フワガネク遺跡群（奄美大島）・カムィヤキ古窯跡群（徳之島）・山田遺跡群（喜界島）等の交易拠点を推測させる重要遺跡の発見が相次ぐ奄美諸島の近時の考古学的成果は、政治的社会の発生や形成をめぐる議論の材料としても無視できない。加えて伊波普猷・仲原善忠・外間守善等に代表される南島歌謡研究の専門家たちが構築してきた歴史的コンテクストに学ぶならば、(2)奄美諸島に対する配視がすでに行われていることを確認するのであり、当該時期における奄美諸島の考古資料はやはり注意深く点検してみる必要があると考えられる。

さらに七～八世紀段階の島嶼社会について、第六章・第七章で論じてきたように、いわゆる貝塚時代後期に位置づけられる考古資料を根拠として漁撈採集経済社会を帰納する考古学側の見解に対して、文献史学例の見解は『日本書紀』『続日本紀』等のいわゆる南島関係史料を根拠として漁撈採集経済社会に止まらない複雑社会を想定している研究事情がある。こうした考古学側と文献史学側における見解の懸隔は、社会階層分化の傾斜を強めていく歴史段階の認識について、研究分野でいちじるしい相違がある現実を露呈している。とりわけ文献史学側の見解については、根拠となる考古資料がほとんど皆無であるとたびたび指摘されているが、奄美諸島の考古資料を加えるならば、むしろ根拠となる材料がいろいろ存在しているように思われてならない。当該時期の考古資料については、奄美諸島と沖縄諸島をめぐる様相の相違を射程に入れて、十分検討されなければならないのではないか。

以上に述べてきた問題認識を踏まえて、奄美諸島の考古資料を取り上げる時期について、古墳時代～室町時代並行期に絞り込んでみたい。当該時期の考古資料を注意深く点検しながら、今後の研究課題における論点の整理作業を進めていきたい。

1　ヤコウガイ大量出土遺跡

奄美大島において、ヤコウガイ貝殻を大量出土する遺跡の発見が近年相次いでいる。そうした遺跡のなかでも、とりわけ土盛マツノト遺跡と小湊フワガネク遺跡群の発掘調査成果に高い関心が寄せられている。土盛マツノト遺跡と小湊フワガネク遺跡群が、見学した歴史家たちの関心を惹起して止まない理由は、ひとえにヤコウガイ貝殻が大量出土している事実にあると断言してもよい。すなわちヤコウガイは、本土地域で生息していない貝種であるにもかかわらず、奈良時代～鎌倉時代の螺鈿における中心的原材として用いられ、平安時代の貴族たちから宝物として大変珍重されてきたきわめて価値が高い貝である。しかし、ヤコウガイの供給地域についてはほとんど未詳とされてきた。そうした事情から、奄美大島の古代遺跡で発見されはじめたおびただしい数のヤコウガイ貝殻が、あるいは本土地域のヤコウガイ需要に対応した供給活動の痕跡ではないかとして注目されはじめたのである。

ヤコウガイ貝殻が、奈良～平安時代並行期の島嶼社会において、螺鈿原材等として対外交易のなかで取引されていたとする仮説は、文献史学側では鈴木靖民や大山麟五郎等が、考古学側では多和田真淳等が早くから提起していたが（鈴木一九八七、大山一九八六、多和田一九六七）、土盛マツノト遺跡の発掘調査成果を契機としてあらためて問題提起されるところとなる（高梨一九九五ａ、鈴木一九九五）。以後、当該仮説は文献史学側を中心としてたびたび取り上げられてきた。

そして小湊フワガネク遺跡群の発掘調査が実施されて、当該仮説にかかわる新しい資料が発見されるところとなる。発掘調査成果にもとづいて、「ヤコウガイ大量出土遺跡」という新しい遺跡分類概念が設定されて（高梨一九九八ｂ・一九九九ａ）、大量捕獲されているヤコウガイは島嶼地域で消費されている様子があまり認められないという分析結果が提起されている（高梨一九九九ａ）。当該分析結果を主たる根拠として、ヤコウガイ貝殻が対外交易の交換財として琉球弧から運び出されていたという仮説の支持見解があらためて打ち出されたのである。そうした研究動向のなかで、考古学側でも土盛マツノト遺跡、小湊フワガネク遺跡群等の発掘調査成果がようやく注意されるようになり、交易物資としてのヤコウガイをめぐる議論が活況を呈しはじめている（木下一九九九ａ・

一九九九b、古島一九九九、島袋二〇〇〇、藤江二〇〇〇等）。その後、筆者も琉球弧における奈良～平安時代並行期の島嶼社会を検討する材料としてふたたびヤコウガイ交易について論じている（髙梨二〇〇〇c）。さらに木下尚子によるヤコウガイ交易をめぐる一連の論考が発表され、網羅的検討による新しい情報や論点が多数提起されている（木下二〇〇〇）。木下のヤコウガイ交易論に学びながら拙論を再点検してみるならば、検討の不足部分や記述の曖昧部分等もあらためて確認される。いずれにしても、複数の視点から検討が展開されはじめて、ヤコウガイ大量出土遺跡をめぐる問題は一層顕然たる輪郭を現してきたと考えられるので、あらためて研究課題を整理しておきたい。

まず琉球弧におけるヤコウガイ大量出土遺跡の分布であるが（第5表）、筆者は分布傾向として、奄美諸島よりも発掘調査実施の絶対数が多い沖縄諸島・先島諸島であまり認められないという点を指摘した。島袋春美が、筆者の遺跡分類を参考にしながら琉球弧におけるヤコウガイ大量出土遺跡を上げている（島袋二〇〇〇）。島袋の集成作業によるならば、ヤコウガイ大量出土遺跡はやはり琉球弧全域で等質的に確認される事例ではないと考えられる。(3) 琉球弧から出土する開元通宝とヤコウガイの対応関係を想定する木下尚子は、開元通宝出土遺跡とヤコウガイ大量出土遺跡の分布傾向が酷似すると指摘しているが（木下二〇〇〇b）、開元通宝出土遺跡がもっとも集中している沖縄本島でヤコウガイ大量出土遺跡は確認されていないと考えられ、筆者には両者に共通する分布傾向が認められる様子は確認できない。木下尚子の仮説を支持する安里進も、久米島に奄美大島の事例を凌駕する規模のヤコウガイ大量出土遺跡が存在する事実を指摘しているが、安里が指摘する事実は安里自身の個人情報が根拠とされているもので考古学的確認はできない。(4) すでに第五章でヤコウガイ大量出土遺跡の該当遺跡・帰属年代・実態等について記しているが、該当遺跡の個別的検討を今後あらためて行い、考古学的定義を再度確認しておく必要があると考えられる。

次にヤコウガイ大量出土遺跡の帰属年代であるが、ヤコウガイ貝殻の用途の問題に関連してもっとも肝心なる部分である。木下尚子は、琉球弧におけるヤコウガイ消費の通時的分析を実施して、ヤコウガイの消費動向を確認している（木下二〇〇〇ｂ）。ヤコウガイ大量出土遺跡の消長を確認する基礎的作業として重要であるが、こうした通時的分析を進める上でもやはり在地土器の編年研究が急務である。奄美諸島の在地土器である兼久式土器については、本書で新たなる兼久式土器の編年試案を示したので、その手がかりがひとまず得られたと考えている。

そしてヤコウガイ製貝匙製作を含めたヤコウガイ貝殻利用をめぐる実態であるが、発掘調査方法において全点記録方式による出土遺物の詳細記録と詳細分析を実施していかなければ根本的問題解決は難しい。貝匙製作をめぐる問題については、貝生産遺跡として、たとえば石器製作の諸研究（製作箇所認定や製作技術復元等）とまったく同様の分析作業が要求されているはずである。小湊フワガネク遺跡群から出土しているヤコウガイ貝殻については、そうした分析作業を進めており、分析成果の一部が発表されている（古島一九九九）。旧石器時代遺跡や縄紋時代遺跡と同様の発掘調査方法、つまり出土遺物の全点記録方式による発掘調査を採用していかなければ、製作箇所発見や製作技術復元は十分達成できないはずである。ヤコウガイ製貝匙をはじめとして、南海産貝類を原材とする貝製品についても、そうした接近方法はほとんど採用されてきていないと考えられる。調査区画と層位により出土遺物を一括して取り上げる発掘調査方法が通有に行われているが、全点記録方式により出土遺物を取り上げる発掘調査方法とどういう情報が相違してくるのか、十分議論が尽くされることを望みたい。

それから大量捕獲されているヤコウガイ貝殻をめぐる用途の問題であるが、まずヤコウガイ製貝匙の原材として利用されている点はまちがいない。注目されている螺鈿の原材という用途については、七～九世紀頃のヤコウガイ大量出土遺跡を唐代螺鈿の原材需要に対応した痕跡と理解する新たなる見解が木下により提起されている（木下一九九九ａ・二〇〇〇ｂ）。しかも、ヤコウガイの大量捕獲が盛行する時期と同じくして開元通宝出土遺跡が琉球弧地域に集中して認められることから、開元通宝はヤコウガイの対価として使用された可能性があるという。開元通宝が貨幣として用いられていたと考える高宮廣衛の見解（高宮一九九五・一九九七）とも関連して、きわめて注目される視点である。木下は、本土地域における螺鈿技法の開始が現段階で八世紀までしかさかのぼらず、琉球弧のヤコウガイ大量出土遺跡の帰属年代は本土地域のヤコウガイ需要とほとんど一致しないので、それを唐代螺鈿の原材需要に対応させて理解したわけである。しかし、兼久式土器の新たなる年代理解から、少なくとも土盛マツノト遺跡や和野長浜金久遺跡等は本土地域におけるヤコウガイ貝殻需要と関連させて理解することも可能であり、その可能性が閉ざされたとは筆者は考えていない。しかも、奄美大島から発見されているヤコウガイ大量出土遺跡が土師器や須恵器等をしばしば共伴している事実も十分検討されなければならない。大陸地域と関連をうかがわせる考古資料は開元通宝だけであり、開元通宝出土遺跡における考古資料の実態分析も必要である。朝鮮半島東南部分に当たる慶尚北道の高霊に所在している池山洞古墳群の第四四号墳から出土しているヤコウガイ製貝匙の問題もあり、朝鮮半島を含めた交流の様態を十分検討していく必要がある。

交易物資という視点からヤコウガイ貝殻を位置づけていく考古学側の取り組みは、ようやく開始されたばかりである。文献史学側からも注目を集めている研究課題であるが、実際にはヤコウガイ貝殻の考古学的分析作業がほとんど進められていない状態で議論が先行している。螺鈿原材をめぐる問題は、もちろん重要なる研究課題であると思われるが、遺跡という実態の分析作業が考古学側でまず徹底して実施されるべきである。筆者自身、第五章でヤコウガイの需要や用途を検討する作業から解釈論を重ねている部分もある。問題認識論としてはもちろん有効な検討であると考えているが、さらなる資料論を展開させなければならないと痛感している。ヤコウガイ大量出土遺跡から出土しているヤコウガイ貝殻について、美術工芸分野の専門家による検討も当然実施されるべきである。螺鈿原材をめぐる問題に関しては、そうした研究の深化のなかでいっそうの議論の深まりを期待したい。

2　鉄器出土遺跡

奄美諸島・沖縄諸島・先島諸島における鉄器使用の開始時期については、考古学側における多和田真淳の先駆的研究（多和田一九六七・一九七二）を基礎としながら、十二世紀前後に位置づける見解が今日広く支持されている。

当該年代は、考古学側で暫時確認されてきた琉球弧の政治的社会の発生における有力指標と考えられている事実、たとえば大型グスクの出現時期や農耕社会の形成時期等とほとんど重なるところから、沖縄諸島地域における歴史上の一大画期であるという認識が深められてきた。しかも、考古学側の研究成果に依拠しながら、琉球弧における国家形成プロセスについて、仲原善忠や外間守善等による古代文学側の研究（仲原一九七七、外間一九八六等）や、新里恵二や高良倉吉等による歴史学側の研究（新里一九七〇、高良一九八〇・一九八七等）、あるいは谷川健一による民俗学側の研究（谷川一九九一等）が並行して推し進められて、十二世紀前後を画期として農耕に生業基盤を置く政治的社会の形成が飛躍的展開を遂げたとする見解がそれぞれの分野で提起されたため、そうした段階発展論的歴史理解はきわめて広く支持されていると考えられる。

そういう研究動向のなかで、琉球弧における社会階層分化をめぐる問題、あるいは政治的社会の発生と形成をめぐる問題は、国家形成という重大事件が発生した沖縄本島を中心としてつねに議論が展開されてきたわけであり、鉄器使用開始をめぐる問題についても同様の展開を認めてよいと考えられる。そのため、前章でも述べたとおり、国家が育んだ社会文化の地方展開を知るための補助資料として、しばしば奄美諸島や先島諸島の事例は扱われてきたのである。当然、奄美諸島の鉄器出土遺跡に対しても、それほど注意が払われていないと思われる。

しかし、奄美諸島の鉄器出土遺跡については、白木原和美が兼久式土器段階は鉄器時代に突入していたという注目すべき見解を提起しており（白木原一九九二b）、当該地域における鉄器使用開始時期の通説である十二世紀という年代を大幅にさかのぼると考えられる事例が増加の一途を辿りつづけている。(5)

第８表　奄美諸島における鉄器出土遺跡一覧（髙梨2001を一部改変）

	遺跡名称	帰属時期	鉄関連資料	備考
奄美諸島	須野アヤマル第２貝塚	8世紀後半～9世紀前半	鉄器３	奄美大島笠利町
	土盛マツノト遺跡	9世紀後半～10世紀前半	鉄器多数、羽口等	奄美大島笠利町
	和野長浜金久遺跡	9世紀後半～10世紀前半	鉄器10	奄美大島笠利町
	喜瀬サウチ遺跡	7世紀前半	鉄器１、羽口１	奄美大島笠利町
	赤尾木手広遺跡	8世紀後半～9世紀前半	鉄器	奄美大島龍郷町
	小湊フワガネク遺跡群フワガネク地区	7世紀前半	鉄器18	奄美大島名瀬市
	小湊フワガネク遺跡群ナガガネク地区	5世紀～6世紀	鉄器２	奄美大島名瀬市
	小湊フワガネク遺跡群 サガリガネク地区	年代測定中	鉄治跡１ （鉄器7、羽口1、鉄滓多数）	奄美大島名瀬市
	面縄第１貝塚	7世紀後半？	鉄器	徳之島伊仙町
	万屋下山田遺跡	10世紀後半～11世紀前半？	羽口	奄美大島笠利町
沖縄諸島	宇堅貝塚	貝塚時代後期前半	鉄器、砥石	沖縄本島具志川市
	中川原貝塚	貝塚時代後期前半	鉄器	沖縄本島読谷村
	平敷屋トウバル遺跡	貝塚時代後期後半	鉄器、羽口	沖縄本島勝連町
	熱田貝塚	貝塚時代後期終末	鉄器	沖縄本島恩納村
	清水貝塚	貝塚時代後期後半	鉄器	久米島具志川村

奄美諸島の鉄器出土遺跡については、前述した白木原和美の研究（白木原一九九二ｂ）、上村俊雄の研究（上村一九九六）等が上げられる。また沖縄県立博物館が、沖縄諸島と先島諸島に奄美諸島まで加えて鉄器出土遺跡の集成をまとめている（當眞・上原一九九八）。そうした先行研究を基礎として、奄美諸島・沖縄諸島の鉄器出土遺跡について整理してみたい（第８表）。当該整理作業に際して、沖縄諸島の事例については、いわゆるグスク時代の鉄器出土遺跡が遺跡数全体の大半を占めていることから、当該時代よりも古い時期、すなわち貝塚時代後期に位置づけられる鉄器出土遺跡に限定して取り上げている。

奄美諸島と沖縄諸島の鉄器出土遺跡を比較してみるならば、鉄器普及の様子に相違が認められるであろう。在地土器編年の不確実性から鉄器出土遺跡の帰属年代に問題が残されているが、鉄器出土遺跡に伴出する在地土器は、奄美諸島が兼久式土器、沖縄諸島がいわゆるくびれ平底土器である。とにかく奄美諸島で兼久式土器段階の遺跡からたびたび鉄器が出土している事実が確認できる。奄美諸島と沖縄諸島における発掘調査の絶対数を比較するならば、奄美諸島の発掘調査数の方が僅少であるわけだから、奄美諸島における鉄器出土遺跡の発見数は多いと考えられる。白木原和美が兼久式土器段階で鉄器普及を考える根拠も、そうした遺跡の実態のなかにある。兼久式土器の帰属年代については、第二章で整理した新しい年代理解から、奄美諸島におけるほとんどの鉄器出土遺跡は七世紀以後に位置づけられるところとなる。古段階の兼久式土器が類須恵器と共伴出土する事例は知られていないので、少なくとも類須恵器が生産されていた十一～十四世紀以前に位置づけられることはまちがいない。奄美諸島の鉄器出土遺跡は、通説をいちじるしくさかのぼる早い時期から出現している事実にあらためて注意しなければならない。

鉄器出土遺跡が、ヤコウガイ大量出土遺跡と重複する傾向も認められる。土盛マツノト遺跡において、合計三〇点以上にも達する鉄器、鉄滓、鞴羽口等が出土している事実（シンポジウムよみがえる古代の奄美実行委員会一九九五）や、小湊フワガネク遺跡群で鉄器一八点が出土している事実（名瀬市教育委員会二〇〇五）をふまえるならば、ヤコウガイ貝殻をめぐる対外交易の交換財として、鉄器が用いられていた可能性も十分考えられるところである。

兼久式土器段階における鉄器所有の問題は、鈴木靖民や山里純一が提起している七～八世紀段階の社会階層発生をめぐる見解（鈴木一九八七、山里一九九九）についても、きわめて有力なる考古資料の根拠を提供すると考えられる。鉄器所有の初期形態を探る作業のなかから、社会階層分化の問題に対しても接近が果たせるであろう。

3　カムィヤキ古窯跡群

琉球弧のトカラ諸島・奄美諸島・沖縄諸島・先島諸島において、須恵器と酷似している陶器が、いわゆるグスク時代およびグスク時代相当期の遺跡からしばしば発見されている。しかし、当該陶器は、本土地域における須恵器とは器面調整や器種構成等が相違しており、技術系譜や生産地をめぐる議論が三島格・佐藤伸二・白木原和美等により展開されてきた。最近では、池田榮史・吉岡康暢・新里亮人等による新たなる研究も進められている。もっとも解決が期待されていた当該陶器の生産地問題については、奄美諸島の徳之島から窯跡群（カムィヤキ古窯跡群）が発見されて今日決着がつけられている。カムィヤキ古窯跡群は、徳之島に在住している義憲和と四本延宏により、伊仙町阿三集落の山中に所在しているカムィヤキ（亀焼）と呼ばれている箇所から一九八三（昭和五八）年に発見されている。(6)

当該陶器は、白木原和美による「類須恵器」という命名呼称がもっとも広く用いられていると思われるが、遺跡名称から「カムィヤキ」という呼称も最近しばしば用いられている。須恵器が備えている歴史的文化的性格をふまえて、当該陶器に対して「須恵器」という呼称を安直に使用するべきではないとする白木原和美の指摘（白木原一九七一）は重要であると考えられる。最近、池田榮史も呼称問題の学史的検討を試みていて、「類須恵器」をめぐる呼称の趨勢が整理されている（池田二〇〇五ａ）。三辻利一による類須恵器の胎土分析の結果、琉球弧の消費遺跡出土資料のなかにカムィヤキ古窯跡群採集資料と異なる成分を示すものが確認されているため、カムィヤキ古窯跡群以外のさらなる窯跡が存在する可能性も否定できず、そうした問題解決が図られるまでは消費遺跡出土資料の「類須恵器」と「カムィヤキ古窯跡群製品」と区別して使用するべきと指摘されている。(7) 呼称が統一されていない現状において、今後の混乱を回避して共通認識を図るため、池田の学史的検討は重要である。本書でも「類須恵器」という呼称を使用しておきたい。

いわゆる類須恵器をめぐる研究課題については、カムィヤキ古窯跡群の発見以後、基礎研究を展開してきた池田榮史による一連の研究成果が重要である（池田一九八七・一九九六・二〇〇〇・二〇〇三・二〇〇四ａ・二〇〇四ｂ・二〇〇五ａ）。池田は、類須恵器出土遺跡の集成作業とカムィヤキ古窯跡群における詳細分布調査等を展開して、消費遺跡・生産遺跡の双方における実態確認作業を進める一方で、学史的整理から研究課題の総括的把握も進めてきた。そうした池田の研究成果を参考としながら、今後の研究課題を確認してみたい。

「カムィヤキ窯跡群の発見と調査は、琉球列島から出土する須恵器についての問題を一気に解決したわけではない」、「カムィヤキ窯跡群の発見以降、むしろ問題が膨らみ続けている状況にあるといっても過言ではない」と池田榮史は述べて、類須恵器研究がかかえている問題が深刻である実態を指摘した（池田二〇〇〇）。①伊仙町教育委員会による確認調査の結果、窯跡の構築箇所がいちじるしく増大している。②類須恵器の編年が確立されていない。③類須恵器出土遺跡をめぐる分布状況や出土状況（共伴遺物）が十分把握されていない。④類須恵器と類別されている資料がすべてカムィヤキ古窯跡群の製品であるか検討されていない。⑤類須恵器と酷似している高麗産無釉陶器の存在が確認されており、製作技法・器種構成・技術系譜等の比較検討が必要である。⑥琉球弧から本土産須恵器が出土する事実が確認されており、類須恵器と須恵器の判別が必要である。池田が指摘する問題は以上のとおりであるが、研究を前進させるための今後の作業として、第一に生産遺跡における調査研究が上げられている。すなわちカムィヤキ窯跡群における支群分布・支群構成・各窯の焼成資料等の確認作業である。そして第二に消費遺跡における調査研究が上げられている。各遺跡の発掘調査資料における類須恵器の確認、類須恵器と共伴する遺物の確認の作業である。生産遺跡と消費遺跡の双方とも、類須恵器の器種分類・器形分類・器種構成等の点から型式学的検討を進めておく必要性が強調されている。類須恵器の研究に止まらず、琉球弧における在地土器や陶磁器の研究は、確かなる資料論の実践にあらためて学ばなければならないと思われる。

類須恵器は、琉球弧を中心とする広域分布資料である。そうした特徴は、類須恵器編年を指標とすることにより、琉球弧全域を比較できる広域編年が構築できることを意味している。類須恵器が生産されている時期は、琉球弧の社会がいちじるしい成熟を遂げる歴史段階に相当する。奄美諸島・沖縄諸島・先島諸島の考古資料をめぐる動態を比較する作業は、当該地域における政治的社会の発生や国家形成の問題へ接近していくためにも不可欠の作業であると思われる。考古資料を比較するための年代尺度が用意されなければ、考古学研究は進めることができない。類須恵器の編年研究が期待される所以である。

さらに類須恵器をめぐる社会的経済的側面もきわめて問題となる。すなわち類須恵器は窯業技術による陶器大量生産であり、そうした事実は当然流通体制が用意されている実態を想定しなければならない。また類須恵器の製作技術は移入技術であると理解されているが、技術導入はある集団が明瞭なる企図の下で進めたものに違いない(8)。しかも窯業技術の発達は鉄生産技術とも強い関係があるので、カムィヤキ古窯跡群だけではなく徳之島における同時期の遺跡に対して注意深く検討作業を進めていく必要がある。その延長として、類須恵器研究のさらなる深化のためには、民俗学研究まで含めた徳之島の総合的研究ともいうべき展開も必要である。

4　城郭遺跡

いわゆるグスク（城）と称されるところが、トカラ諸島・奄美諸島・沖縄諸島・先島諸島にいたるまで、琉球弧に広い範囲で分布している。グスクをめぐる研究は、グスクという言葉の語源研究からはじまり、グスクと呼ばれている箇所の実態をめぐり、民俗学・建築学・歴史学・考古学等の分野からさまざまなる見解が提起されてきた。1～3で述べてきた考古資料に比べると、研究主題としても長い歴史があり、いささか様子が相違している。そこでグスク研究をめぐる学史を簡単に辿り、まず研究動向を確認するところからはじめたい。奄美諸島のグスク研究をめぐる学史と課題について、筆者は何度か整理作業を試みているので、詳細は拙論に譲りたい（髙梨一九九七b・一九九九c・一九九九d・一九九九e）。

戦後、米軍占領下のなかで研究が再始動しはじめたグスク研究は、沖縄諸島と先島諸島が「沖縄県」として日本復帰を果たした一九七二（昭和四十七）年以後、主として考古学側で急展開を遂げてきた。近時においては、グスク研究は考古学分野の研究課題と受け止められている方が多いぐらいではないかと思われる。そうした考古学例のグスク研究を生み出した主要なる要因として、まず日本復帰と同じくして沖縄諸島における八カ所のグスクが国指定史跡となり、以後実施されていく史跡整備事業の発掘調査が契機となり、考古学側におけるグスク研究が注目されはじめたと考えられる点、そして日本復帰後の沖縄経済において高度成長政策が強力に推進され、開発事業が島嶼世界を席巻したため、文化財保護行政上の緊急発掘調査が激増して考古学側の研究情報が飛躍的増大を果たしたと考えられる点等が上げられる。

こうした研究動向のなかで、民俗学の仲松弥秀、考古学の嵩元政秀、當眞嗣一等の間で展開されたグスクをめぐる見解主張は、さらに多数の専門家を巻き込んでいわゆるグスク論争と呼ばれる一大論争へ発展したが、結論的見解については決着しているとはいい難い。そもそもグスク論争とは、グスクをめぐる多様なる実態の把握作業、集落空間構造の解読作業という接近方法に依拠しながら研究を進めてきた仲松弥秀が、新しく台頭しはじめた発掘調査を武器とする考古学側のグスク研究に対して、調査研究事例の偏重性や認識理解の狭小性を批判した議論（仲松一九六一・一九七三等）から出発していたのではないか。ところが、考古学側における発掘調査成果の蓄積に伴い、グスクは「石垣で囲まれた城塞遺構」とか「アジの居城」という見解主張が広く支持されるようになる。さらに高良倉吉から、グスク論争の争点である性格機能をめぐる見解対立について、時代差的展開の相違を導入すれば対立が解消されるという新視点（高良一九七三）が加えられるにいたり、仲松弥秀が主張した聖所として拝まれているグスクの姿が次第に言及されなくなりつつある。グスク論争は、見解主張に終始した解釈論争の様相が強く、仲松弥秀が問題提起していたグスクをめぐる研究課題と接近方法の練磨をあまり生み出さないまま終息したところに最大課題が残されていると考えられる。

従前のグスク研究を顧みるならば、沖縄県側で主導されてきたと評しても過言ではない。そうした沖縄県側で進められてきた当該研究は、琉球王国論に収斂されていく歴史学研究の趨勢とも同調して、前節でも述べたとおり、国家が育んだ社会文化の地方展開を知るための補助資料として、奄美諸島や先島諸島の事例を取り込んできたと考えられる。端緒段階のグスク研究において、奄美諸島や先島諸島の事例まで調査していた専門家は仲松弥秀だけではないかと思われるが、奄美諸島の事例が検討対象として共通認識されるようになるまで、相当の時間の経過を必要とした。

奄美諸島におけるをグスク研究の新しい機運をもたらしたのは、『日本城郭大系』の発刊にはじまるといわれる一九八〇年代の全国規模で波及展開した中世城郭研究の新しい研究動向である。全国の都道府県や市町村でつぎつぎ分布調査が着手されて、鹿児島県教育委員会でも一九八二年から「中世城館調査」が実施されている。奄美諸島のグスクやアジ屋敷も当該調査の対象として含められており、当該調査に参加した地域在住の専門家たちによる事例報告等が一九八〇年代後半につぎつぎ発表されて、ようやく奄美諸島におけるグスクの輪郭が浮び上がりはじめてきた。

一九八〇年代におけるそうした奄美諸島の調査研究成果の蓄積は、沖縄県立博物館が一九八五年に開催した特別展「グスク―グスクが語る古代琉球の歴史とロマン」を契機として、沖縄側でも広く認識されるところとなる。とりわけ沖縄県立博物館の特別展を担当した名嘉正八郎と知念勇が、奄美大島の事例調査をふまえて沖縄本島でも石垣構築されない中世城郭類似のグスクが存在している事実を確認したことから、(9) 奄美諸島の事例に対する興味関心も俄然高揚してきたわけである。一九九〇年代は、笠利町教育委員会による一連の発掘調査や琉球大学考古学研究室・名瀬市教育委員会による詳細分布調査が実施されたりして、奄美大島における実態確認作業が展開しはじめてきたといえる。

以上、研究動向の概要を述べてきたが、奄美諸島のグスクについて、筆者を含めて専門家たちに共有されている知識は決して豊富ではないという現実をまず認識しておきたい。結局、奄美諸島のグスク研究は、分布・構造・年代・機能等における基礎研究がいちじるしく不足している実態にあるといえるであろう。詳細分布調査が実施されないまま典型事例と指摘されるいくつかの事例が独り歩きしはじめており、総じて資料論よりも解釈論が先行している状況にある。たとえば、奄美諸島のグスクは沖縄諸島よりも構築年代が古いとする見解が浸透しはじめているが、奄美諸島のグスクは数例しか発掘調査されていない段階であり、構築使用年代をめぐる根拠が決して十分であるとはいえない。また形態構造がいわゆる中世城郭と類似しているという指摘もたびたび繰り返されてきたが、測量図（実測図）等の基礎資料が全然作成されていない実状のなかでは、そうした比較検討も十分展開できるとは考えられない。グスク研究の拠り所となる基礎資料を欠いている実態を深刻に受け止めなければならない。奄美諸島では、分布・構造・年代・機能等における基礎研究が必要であることを十分自覚して研究に臨まなければならないと考えられる。

奄美諸島の事例を掌握する試みとして、奄美大島名瀬市では琉球大学考古学研究室・名瀬市教育委員会によるグスク詳細分布調査が実施されている[10]。詳細分布調査を進めていくなかで獲得された多数の遺跡発見という成果は、新しい研究課題の発見作業でもあり調査方法の再思三考が繰り返されてきた。そうした試行錯誤の経過を辿る作業のなかから今後の論点が確認できると思われるので整理してみたい。

もっともとまどいを覚えた事実として、①予想していた以上の多数の遺跡が山中に構築されていた点、②そうした遺跡のほとんどがグスク名称を伴わない点の二点を上げておきたい。まずグスク名称を伴わない遺跡が多数存在している事実から、調査方法の一大転換を迫られる展開となる。すなわち遺跡存否の最終確認については、山地をひたすら踏査するしか方法がないからである。そのため、集落所在地域の周辺山地に対しては、徹底した悉皆踏査を実施するという調査方法が最終的に選択されるところとなる。それから従来グスクとして扱われていた遺跡のなかにも、本来グスク名称を伴わない遺跡が存在している事実が浮び上りはじめた。つまり考古学の専門家が遺跡の類型概念として用いているグスク概念が遺跡名称としてそのまま付されており、地元でグスクと呼称していないにもかかわらず、「○○○○グスク」と呼称されている事実が確認されたのである。当該事実は、実態をきわめて解りにくくする研究上の問題であると考えられる。確認遺跡にグスク名称を付して、「○○○○グスク」と単純に命名していく遺跡名称の決定方法は、今後再検討が必要であると思われる。そして同一集落から複数の遺跡が発見されているので、遺跡がある集落名称（大字）を冠して「○○○○グスク」と命名する遺跡名称の決定方法も再検討が必要である。つまり遺跡が存在している箇所の小字地名を十分確認して、遺跡名称としていく方法が最善であると考えられる。名瀬市内から発見されている四五カ所の遺跡のなかで、グスク名称も備えている遺跡は四カ所のみである。そもそもグスクの認定作業は所在地域における地名や呼称を根拠として確認しているはずであるから、グスク名称を有していない遺跡が多数存在している事実は、当該遺跡がいわゆるグスク概念で説明できない実態である可能性を開題提起するのではないか。

つづいて発見遺跡をめぐる立地・形態等の特徴を見ていきたい。発見遺跡は、すべて山地の尾根部分を中心に構築されており、奄美大島であまり確認されていない高所にまで遺跡が営まれている事実が確認されている（第38図）。自然地形を生かしながら尾根から斜面まで山地全体に遺構構築が施されており、尾根部分に階段状の平坦面を作り出して、後方部分を溝状施設で切断するという形態が総じてよく認められる。そうした形態は、いわゆる中世城郭の特徴とも類似している様子が認められる。しかし、当該遺跡が中世城郭ではない類似遺構なのか、中世城郭と認められる遺構なのかという問題については、従前の議論のなかでほとんど論じられていないが、当該遺跡の本質にかかわる重要問題である。(11) 同様の遺跡は、沖縄本島でも北部の山地地域を中心として発見されている（名嘉・知念一九八五）。當眞嗣一が実態確認を進めており、「土より成るグスク」として位置づけられているが（當眞

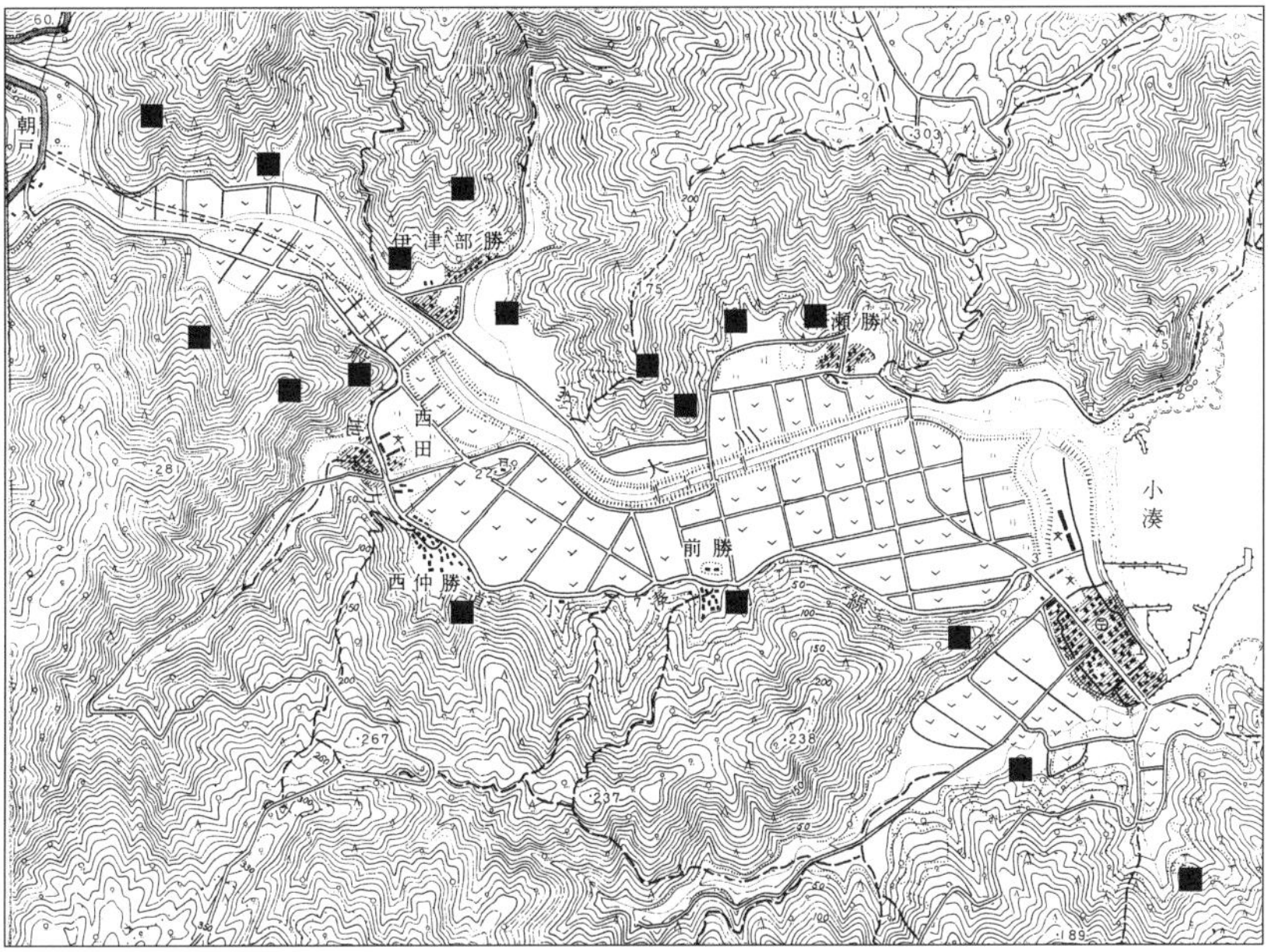

第38図 名瀬市古見方地区における城郭遺跡の分布(名瀬市教育委員会2001)

一九九七)、今後、奄美諸島の事例や中世城郭と比較検討していく作業が不可欠であると考えられる。

それから発見遺跡をめぐる構築使用年代については、考古学的確認事例が僅少の段階であるので不明であるといわざるをえない。名嘉正八郎や知念勇は、奄美大島の中世城郭類似のグスクについて、発生段階の初期グスクであり、十二世紀後半~十三世紀前半という年代を想定している(名嘉・知念一九八五、名嘉一九九三・一九九四・一九九六、知念一九八六)。最近行われた赤名木グスクの発掘調査では、十二世紀後半~十三世紀前半とされる文化層から、掘立柱建物跡と考えられる柱穴・土坑等の遺構、類須恵器・白磁・滑石製石鍋・鉄器等の遺物が確認されている(笠利町教育委員会二〇〇三)。柱穴から出土している類須恵器・白磁・滑石製石鍋の遺物組成は、小湊フワガネク遺跡群調査区二四や山田中西遺跡・山田半田遺跡で確認されているものと同様であり、十一世紀後半~十二世紀前半に位置づけてよいものと考えられる。遺跡の性格としても表面観察される中世城郭的構造の施設とただちに関係するとは考えられず、むしろ第八章で指摘したような山田中西遺跡・山田半田遺跡における防御性集落と同一のものと考えられるのではないか。一方、三木靖は、琉球王国が奄美諸島に対して実施した軍勢派遣を遺跡形成の主たる動機と考えており、『朝鮮王朝実録』『中山世鑑』等の史料に記載されている一四五〇年、一四六六年、一五三七年、一五七一年等の軍勢派遣記録から、名瀬市内で発見されている遺跡を含めた奄美諸島の中世城郭について、十五~十六世紀という年代を想定している（三木一九九七・一九九九）。名瀬市内の発見遺跡で表面採集されている若干の遺物は、おおよそ十四~十六世紀頃に位置づけられると考えられるが、いずれにしても発掘調査による確認作業がほとんど行われていない状態であるので判然としない。

以上、奄美大島で発見されている遺跡をめぐる問題は、今後のグスク研究における論点となるものばかりであると考えられる。とりわけグスク名称を有していない事実を考えるならば、従来どおりグスクとして類型化してしまう遺跡分類の適用は躊躇するところが大きい。グスクという用語から想起される先入観も、発見遺跡の実態を逆に曖昧にしてしまうとも思われる。グスク名称を付してしまう取り扱いについては、慎重に対応したいと考えている。とりあえず「城郭遺跡」という仮称で呼称しておきたい（名瀬市教育委員会二〇〇一）。グスクに代わる適切なる遺跡類型とその用語の検討も必要である。グスクという概念で括られてきた奄美諸島の事例から異質なるものが浮び上りはじめている。奄美諸島と沖縄諸島の事例をめぐる比較検討を十分行い、さらには本土地域の中世城郭とも比較検討していく作業が必要である。

三　奄美諸島史に対する視点

前章で取り上げてきた奄美諸島の考古資料は、琉球弧の歴史を解明していく上できわめて重要なる課題を提起しているものばかりである。そうしたなかでも、筆者がとくに注意を喚起したい点は、沖縄諸島や先島諸島における発掘調査成果が、奄美諸島の事例とは比べものにならないぐらい蓄積があるにもかかわらず、前章で取り上げた奄美諸島の考古資料が沖縄諸島であまり認められないという資料分布上の在り方である。当該事実のなかに、奄美諸島が備えている歴史的意味を発見できるのではないかと考えている。

そうした見通しについては、すでに第五章のなかでも若干触れている。筆者は、「国家境界領域」という社会環境を読み解く概念と「高島・低島」という自然環境を読み解く概念から、奄美諸島が置かれていた歴史的環境の解読を試みた。筆者の見解の是非はともかくとして、援用したこれらの概念装置は琉球弧の歴史的理解を深めていく上で有効であると考えている。そこで本節で、ふたたびこれらの概念装置を検討して、奄美諸島史に発見的に接近する視点を用意してみたい。

1　社会環境をめぐる視点から

東北地方、北海道地方において進められている古代〜中世の国家境界領域をめぐる研究は、文献史学と考古学が連動しながら多数の研究成果を生み出しており、日本列島北縁地域の歴史叙述はいちじるしい深化を遂げていると思われる。同様の問題は、日本列島南縁地域である南九州地方や琉球弧にも当然存在していると考えられるが、依然として新しい研究課題であるといえそうである。しかし、当該課題の研究が進められていないわけではなく、文献史学側から注目すべき研究成果が発表されはじめている。本節では、そうした文献史学側の研究成果を援用しながら、琉球弧における国家境界領域の実態についてできるかぎり確認する。

①古代における南側の国家境界領域

当該問題については、すでに戦前において角田文衛により論じられた日本文化領域の南限確認の業績がある（角田一九三七)。角田は、『日本書紀』と『続日本紀』等に見えるいわゆる南島関係史料と考古資料を検討しながら、古代国家が奈良時代に実施した地方統治政策の結果、トカラ諸島を国家領域に、奄美諸島を文化領域に加えることができたとしている。国家領域ではないが文化領域であるという奄美諸島の位置づけは、奄美諸島が国家境界領域であるという認識にほかならない。角田の見解は、今日訂正されなければならない箇所も認められるが、意図していたところは今日の国家境界領域研究に通じる新しい問題認識を含んでいると考えられる(12)。角田文衛の研究段階においては、古代国家や中世国家の国家領域を確認する作業は、当時の社会情勢から、別次元で国家領域や対外政策等の正当性の根拠として関心が注がれ、政治的営為へ直結してしまう危険性をつねにはらんでいたことは否定できない。国家領域に関係する研究成果は、そもそも政治的に利用される危険性をきわめて強く備えている。しかし、角田の研究以後、同様の視点から琉球弧地域の歴史へ接近が試みられた研究事例はほとんどない。伊波普猷により構想、展開されてきた琉球弧の言語・文学・歴史・民俗等をめぐる総合的研究、すなわちいわゆる沖縄学が「日琉同祖」の証明という研究成果を積み重ねていた趨勢を思量するならば、奈良時代とはいえ琉球文化地域は日本文化領域ではないと主張した角田の見解は、支持を集めたとは考えにくいと思われる。

南島関係史料をめぐる従前の研究は、遣唐使航路の問題として論じられてきた学史上の傾向が指摘されている(山里一九八六)。そうした研究動向のなかで鈴木靖民が提起した研究成果は、古代国家と南島の間に認められる史実の総括的検討から島嶼社会の考察が果たされている点できわめて重要である(鈴木一九八七)。日本列島周縁地域の「化外の民」として「蝦夷」と「南島」を対置させてとらえる視点が貫かれており、古代国家が隼人や蝦夷に対して展開した服属政策の研究成果を検討しながら考察が進められている。鈴木は、『日本書紀』『続日本紀』に記されている南島関係史料の吟味を行い、奈良時代における古代国家の南島政策について、和銅年間の多褹島設置により多褹・夜久まで「化内」としたが、以南の島嶼地域は「化外」として認識されていた実態をあらためて強調した。

また①朝貢史料の筆頭に奄美の名称が記されている、②遣唐使職員のなかに「奄美訳語」が定められている、③太宰府跡から「棆美嶋」の木簡が出土している等の材料から、南島政策の重要拠点として奄美大島が中核機能を果たしていたとも指摘している。

南島関係史料について多数の研究成果を蓄積している山里純一も、奈良時代の南島政策をめぐる問題については、大筋で鈴木靖民の見解と一致する見解を述べている（山里一九九九）。奄美大島は、古代国家が展開した南島政策の拠点地域であるとやはり強調されている。山里は、古代国家と南島の関係について、蝦夷や隼人の事例と比較しながら反乱や征討の記録がほとんど認められない事実を主たる根拠として、①南島に対する服属政策は早い段階で諦められていた、②「化外」における朝貢国として位置づけられていたと理解している。以上の鈴木靖民・山里純一の研究成果から、奄美諸島以南の島嶼地域は、「化外」の地域と認識されていて、そのなかで奄美大島は拠点機能を果たしていたと理解されてくる。

永山修一は、国家境界領域をめぐる研究潮流のなかで、「同じく境界領域のひとつである南部九州から南島にかけての地域については、究明さるべき問題が山積している状況」と指摘して（永山一九九三）、南九州から琉球弧の一帯を南側の国家境界領域としてとらえながら、キカイガシマ・イオウガシマの問題の考察が行われている（永山一九九三）。キカイガシマの用例について、『日本紀略』『新猿楽記』『吾妻鏡』『保元物語』『曽我物語』『平家物語』『源平盛衰記』等の文献史料の成立年代に則しながら用字の検討が行われていて、「キ」音を表す漢字が十二世紀から十三世紀にかけて、「貴」から「鬼」へ変化する事実が確認されている。そうした用字変化の背景について、永山はキカイガシマをめぐる地理認識の変化を上げている。キカイガシマの初見となる『日本紀略』の長徳三（九九七）年の太宰府管内における南蛮乱入事件の記事（当該事件は『小右記』の記事では奄美島人来襲事件として記されている）において、太宰府が南蛮追捕の下知を「貴賀島」に対して発令しているところから、十世紀終末における都人の地理認識について、①「貴賀島」は太宰府管内に位置していて、なおかつ奄美島人を追討できる位置にある、②「貴賀島」は国家領域のなかに含まれた下知の対象地であるが、奄美島は国家領域の外側における南蛮の居城地で追討の対象地であると指摘している。(13) そして『吾妻鏡』に見える文治三（一一八七）年の阿多忠景のキカイガシマ逐電記事、文治四（一一八八）年の天野遠景等のキカイガシマ渡海征服記事においては、すでにキカイガシマが国家領域の外側として認識されているところから、十二世紀終末段階にはキカイガシマをめぐる地理認識の変化が生じていたと考えなければならず、そうした変化を受けて「貴海島」から十三世紀初頭の「鬼界島」へ、キカイガシマの用字が変わるのではないかと考察するのである（永山一九九三）。

②中世における南側の国家境界領域

永山修一は、キカイガシマの統治体制という視点から、『平家物語』諸本に見える「十二島」の統治問題についても検討を加えている。「十二島」は「端五島」「奥七島」からなるが、「端五島」は本朝に従い「奥七島」は本朝に従わないと明確に区別して記されている。「端五島」とは大隅諸島の硫黄島・黒島・竹島・口之永良部島・屋久島を、「奥七島」とはトカラ諸島の口ノ島・中之島・臥蛇島・平島・諏訪之瀬島・悪石島・宝島を指すと考えられている。

キカイガシマを含めたこれらの島嶼地域の統治体制について、永山による説明で確認しておきたい。「十二島」は薩摩国河辺郡に所属していて、薩摩国河辺郡とは薩摩半島南部地域に琉球弧の島嶼地域を加えて構成されていた地域で、まず郡司職は鎌倉時代初期まで河辺氏が保持していたが、承久の乱（一二二一年）後、一二七九（弘安二）年までに失職して千竈氏が所持した。それから地頭職は、当初島津忠久が河辺郡の半島地域・島嶼地域の両地域を保持していたが、やはり承久の乱を契機に半島地域で失職、一二七九（弘安二）年までに得宗家に没収されて千竈氏に所持されている。一方、島嶼地域は、十二島地頭職として島津氏がそのまま保持していた。すなわち薩摩国河辺郡の「十二島」は、十三世紀後半頃から郡司千竈氏と地頭島津氏の両者による複雑なる統治体制がとられていたとする。そして一三〇六（嘉元四）年の千竈時家処分状に見える「わさのしま・きかいかしま・大しま・ゑらふのしま・とくのしま」の島嶼名称、あるいは一三六四（貞治三）年の島津道鑑譲状に見える「薩摩国河辺郡、同十二島此外五島」等から、十四世紀になるとさらに「十二島」の南側に位置している奄美諸島まで統治地域が拡大した事実が指摘されている（永山一九九三）。

中世の段階における千竈氏の問題については、中世国家をめぐる東西の国家境界領域に所領を有していた得宗被官の所領相続に関係する史料に着目した村井章介の重要なる研究成果がある（村井一九九七）。永山修一の研究成果と同様、中世史の接点から奄美諸島を理解していく研究として注目されるものである。

「千竈文書」には、千竈氏の所領として「村」「用作分」「津」「島」の四種類が記載されている。「島」には「口五島」と「七嶋」のいわゆる十二島に加えて、「わさのしま」「きかいかしま」「大しま」「ゑらふのしま」「とくのしま」「やくのしま」という六島の名称が記されているので、合計十八の島嶼が認められることになる。村井は、当該史料に見える島嶼が中世国家の境界領域に相当する事実に注目して、まず千竈氏が所領とした河辺郡の内実について考察している。永山と同様に、河辺郡は薩摩半島の部分と十二島の部分が区別して意識され、十二島を除く河辺郡地頭職は島津氏、河辺郡司職は河辺氏に保持されていたが、承久の乱における没落を契機としていずれも得宗家に所持されて、十二島地頭職だけはそのまま島津氏に保持されたとする。すなわち得宗家・千竈氏が所持していたのは、河辺郡司職と十二島を除く河辺郡地頭職であるわけである。十二島の統治体制については、『旧記雑録』の「蒲池文書」を取り上げ、口五島には千竈氏が「黒嶋郡司職」「硫黄郡司職」の島郡司職を設置していたことから、所領の島嶼に「郡司職」が配置されていた可能性もあるが、島郡司職が確認できるのは黒島と硫黄島だけであるから所領の島嶼全域にそうした統治体制が存在していたと見るのは無理があり、島の在地勢力との交易による利潤を直接収益とする形態も考えられると指摘している。

それから村井は、中世国家西縁の境界領域を所領としていた千竈氏に対して、東縁の境界領域を所領としていた安藤氏に配視して、安藤氏の所領相続にかかわる「新渡戸文書」の比較検討を行い、「千竈文書」と「新渡戸文書」に認められるいちじるしい類似について考察している。千竈氏と安藤氏の所領構成は、①本州中央部の武士団に比べてきわめて広大なる所領を有している、②国家境界領域の外側世界まで関係してくる性格の所領が含まれている等の共通する特徴を有していることが指摘されている。中世国家の東西で境界領域を所領としていた得宗被官が、十四世紀前後に国家境界の内外を往来する交易活動を展開して莫大なる利益を生み出していたため、そうした国家境界領域の所領が得宗領として中世国家に編成された結果、国家境界は外側へ拡大したと説明されている。しかし、琉球王国が成立すると奄美諸島は琉球王国の版図に組み込まれ、それを中世国家の側からとらえるならば、国家境界は逆に後退したと考えられるわけである。すなわち村井章介によれば、国家境界とは交易活動の盛衰により伸縮する曖昧で弾力ある領域であるという。国家境界領域にかかわる所領の実態とは、交易に付随する経済的権益であると理解されてくる。ここに徳之島におけるカムィヤキ古窯跡群を射程にとらえる視角が設定されてくるのである。

それから奄美諸島統治をめぐる問題については、さらなる興味深い関係史料が存在している。応地利明は、絵地図研究の分野から中世日本における異域認識の研究を展開したがその材料として「金沢文庫蔵日本図」を取り上げている（応地一九九六）。当該地図は、龍体を境として内側と外側に分離されており、内側が国土に相当する。外側には六個の陸塊が描かれていて、いわゆる異域を意味していると考えられている（第39図）。これら六個の陸塊のなかで、地図の右上隅に描かれている陸塊がとくに注目される。「龍及国宇嶋、身人頭鳥。雨見嶋、私領郡」と記載が加えられているので、当該陸塊が琉球弧を指している事実が解る。応地は、「龍及国」も「雨見嶋」も実在地名でありながら「龍及国」住人は「身人頭鳥」の「異形の人間」であり、当該地図で龍体外側に描かれている陸

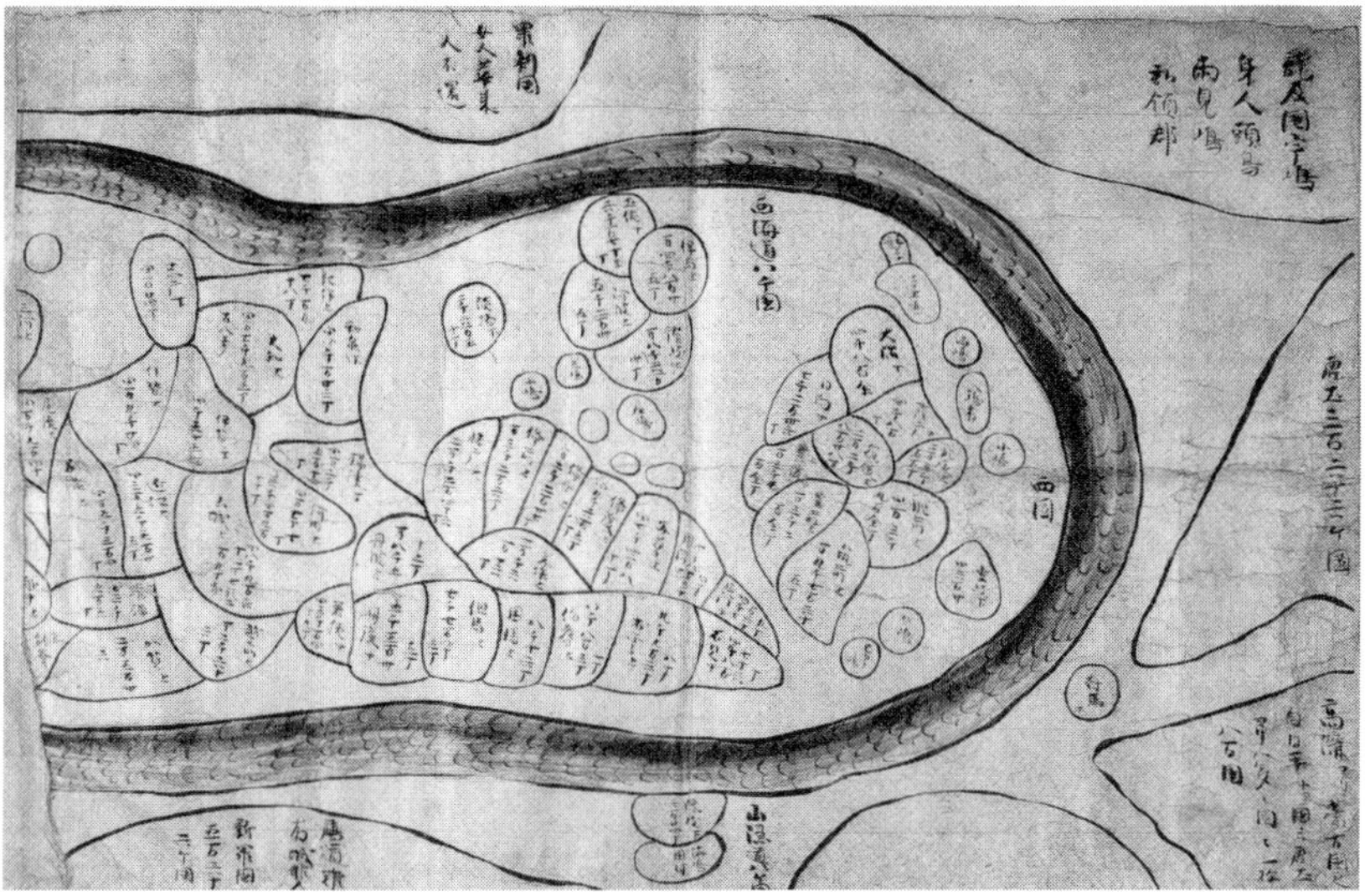

第39図　金沢文庫蔵日本図（黒田2003）

塊のなかには『今昔物語集』を典拠とすると思われる「羅刹国」や「雁道」等の仮想世界が加えられていて、「人形の異類」が住んでいると指摘している。そうした異域の構造、すなわち中世国家の地理認識については、「異形の人間」が住む実在の「異域Ⅰ」があり、その外側に「人形の異類」が住む仮想の「異域Ⅱ」があるという多重構造が認められると考えられるのである。

「雨見嶋、私領郡」の記載も注目されるものである。すでに永山修一や村井章介による「千竈文書」をめぐる検討から、南九州の得宗被官における琉球弧の統治が奄美諸島まで及んでいた様子が解りはじめた。十四世紀前葉～中葉とされる「金沢文庫蔵日本図」の成立時期から、「千竈文書」に記されている事実関係とも整合性を有していると考えられる。永山修一は、「金沢文庫蔵日本図」における「雨見嶋、私領郡」の記載について、千竈氏による奄美諸島統治の情報が得宗家周辺で共有されていたと想定する（永山二〇〇一）。

最近、行基式日本図の分析から中世日本の国土認識を考察した黒田日出男も、「金沢文庫蔵日本図」を取り上げている（黒田二〇〇三）。「龍及国宇嶋、身人頭島。雨見嶋、私領郡」

の記載について、まず「龍及国」は琉球国であり、「宇嶋」は発音通りに漢字が当てられたものとして「ウーシマ（大島）」と読み、「龍及国宇嶋」とは「琉球国大島」であると指摘している。これまで不詳とされてきた「宇嶋」について、黒田の指摘は首肯できるものである。琉球方言で「大島」は「ウフシマ」もしくは「フーシマ」と発音するので、そうした発音に漢字を当てたものが「宇嶋」であると考えられるからである。だから「龍及国宇嶋」とは「琉球国の大きい島」を意味するものであり、沖縄本島を指していると考えられる。「龍及国宇嶋」の住人に対する「身人頭鳥」の記載は、日本の国土の外側にある異界に住む異人として認識されていたものとする。次に「雨見嶋」は奄美島であり、やはり「私領郡」の記載はきわめて重要であるとして、永山修一・村井章介の研究成果から千竈氏か島津氏による私的支配の様子が記されたものと推測している。

それから十五世紀～十六世紀になると、琉球王国が奄美諸島に対して軍勢を派遣していた様子が史料に見える。一四五六年・一四六六年の喜界島遠征、一五三七年・一五七一年の奄美大島反乱等の記事である。一連の史料は以前から確認されているものであるが、最近、奄美諸島史の側からあらためて論じられている（三木一九九七・一九九九、石上一九九九等）。第七章でも若干触れたところであるが、こうした史料から琉球王国の奄美諸島統治も決して安定していたわけではなく、その後も武力行使が行われていた実態もうかがわれるのである。そうした意味では、中世世界における奄美諸島の位置づけとして、中世国家の国家境界領域であるだけではなく、琉球王国の国家境界領域でもある多重的性格を十分考慮しなければならないのである。

「千竈文書」「金沢文庫蔵日本図」等から明らかにされた事実は、当該段階における琉球弧の従前の歴史理解に再考を迫るものであるといえる。(14) 史料の絶対的僅少性から、考古学側の検証作業が今後重要になることはまちがいない。

③小　結

以上、琉球弧をめぐる文献史学側の研究成果を中心として、古代から中世の歴史世界のなかに見える琉球弧の様子を探索してきた。主として国家領域の境界認識をめぐる研究成果を確認してきたが、奄美諸島が国家の内外のどちらに含まれていたのか単なる帰属を確認するところに意味があるわけではない。国家境界領域という特殊空間も、国家領域周縁に位置づけられる「地域」の実態が備えている一側面にほかならず、歴史へ接近していくための視点として当然検討されなければならない課題と考えられるのである。また国家境界領域という理解により、奄美諸島史を古代国家や中世国家との接点から考えてみる作業は、日本歴史の枠組へ奄美諸島史を組み込むという作業と決して同義ではない。琉球弧に認められる多様なる「地域」の実態を読み解く作業のひとつとして、本土地域と連動している歴史動態を確実に押さえる作業も必要であると考えている。

そして奄美諸島における兼久式土器段階から類須恵器段階、すなわち古代国家から中世国家へ移行していく段階には、そうした国家の動態に関係した新たなる交易活動が琉球弧で展開していた時期であると理解されてくるのである。村井章介が指摘する「伸縮する国家境界」という実態こそ、琉球弧の島嶼世界を歴史のなかで理解する上できわめて重要なる概念となると考えられる。藤本強は、日本文化を「北の文化」「中の文化」「南の文化」と大別した上で、「中の文化」が「北の文化」や「南の文化」と接する境界領域を一線で画することができない「ボカシの地帯」として位置づけ、北側は東北地方北部から北海道南部（渡島半島）、南側は九州地方南部から薩南諸島地域が相当するとしている（藤本一九八八）。藤本は、地域相互の交渉が展開していたところが「ボカシの地帯」であるから、「北の文化」や「南の文化」の形成過程を考える上で、「ボカシの地帯」の実態究明が重要であると指摘する。文献史料の研究成果から、国家境界領域として問題となるところが奄美諸島である。境界領域が交易活動拠点として機能していたという問題を含めて、そうした視点から奄美諸島の考古資料を再検討する作業が今後欠かせない。

2　自然環境をめぐる視点から

自然環境と人間活動の相互関係を考えるという生態学的視点において、もっとも基本となる概念は環境適応であると考えられる。日本考古学においても、今日、縄紋時代の生業研究等で生態学的視点が導入されている研究事例が多数認められる。本土地域と自然環境がいちじるしく相違している琉球弧においても、そうした生態学的視点から人間活動と自然環境の相互関係へ接近していく試みが、いっそう必要であると考えられる。そこで本節では、琉球弧における人間活動と自然環境の相互関係を探る分析概念として、自然地理学・文化地理学の分野で提起されている「高島・低島」という概念について若干考えてみたい。

①目崎茂和の研究成果

「高島・低島」という分析概念をめぐる基礎研究として、目崎茂和による琉球弧の島嶼地形分類が重要である。目崎は、島という地理空間が明白なる境界により限定できる独立空間であることから、島の自然環境は独立している生態系として把握され（アイランド・エコシステム）、自然環境を構成している諸要素間の相互作用が正確に分析できるという特性を強調する。そうした独立した生態系のなかで自然環境と人間活動の相互関係を考える前提作業と位置づけて、島の自然環境が備えている基礎条件の究明を試みている。島の自然環境として気候と土地の二条件を上げ、琉球弧の気候条件はおおよそ等質であると考えられることから、土地条件の分析作業が重要であると指摘する（目崎一九七八a・一九七八b）。

従来行われている島嶼の自然的分類として、島の配置を指標とする陸島・洋島の分類、島の成因を指標とする大陸島・火山島・低サンゴ島・隆起サンゴ島の分類等が知られているが、目崎は新たなる島嶼分類として、「高島・低島」という簡潔なる地形的特徴にもとづいた二分法を提起して（目崎一九七八a・一九七八b・一九八〇）、琉球弧の島嶼地形分類を試みた（第40図）。

高島と低島をめぐる自然環境の特性として、島の地形を山地・丘陵・台地・低地という単位で細別して、土地条件の比較検討も行われている（目崎一九七八b・一九八〇）。①山地は高島に存在するが、低島に存在しない。山地の有無により高島と低島の区分が決定づけられる。②丘陵は高島の起伏が大きく、低島の起伏は小さい。起伏の大小により高島と低島の丘陵に差異が認められる。③台地は高島が砂礫台地であるが、低島はほとんど石灰岩台地である。高島と低島で台地の構成物がまったく相違している。④低地は高島では谷底低地が多いが、低島ではわず

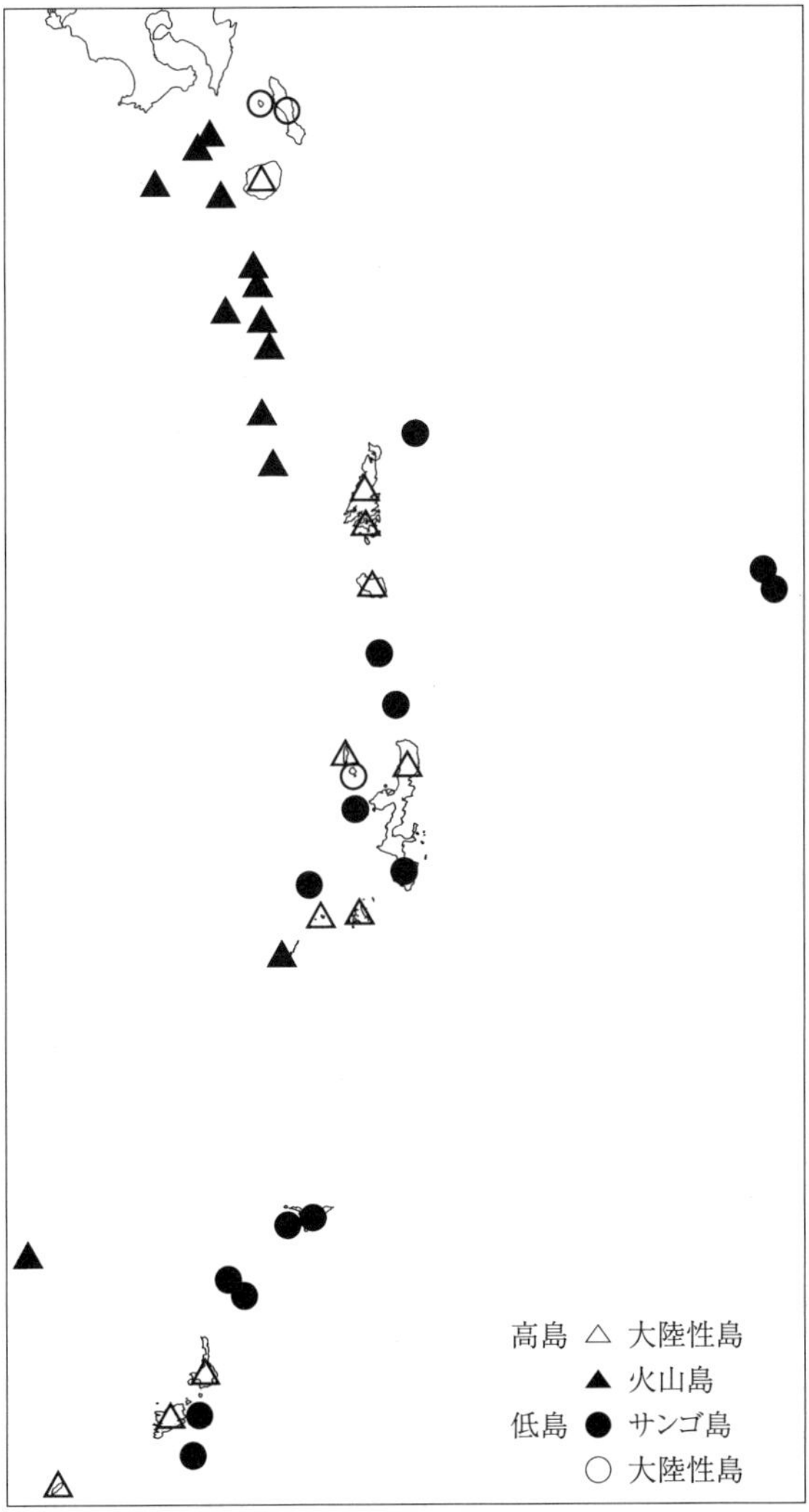

第40図　琉球弧における高島・低島の分布
（高梨 2001）

かな海岸低地しかない。高島と低島で谷地形の発達が相違していることから低地の在り方が異なる。⑤地質は高島が火山岩で構成されているが、低島は琉球石灰岩で覆われている。⑥土壌は高島が赤黄色土であるが、低島が石灰岩風化土壌である。⑦水文環境は高島が河川系であるが、低島が地下水系である（第7表）。

以上のとおり、地形・地質・土壌・水文等の諸点から、琉球弧における島嶼の自然環境は、高島と低島という大別分類が可能である。目崎は、こうした土地条件の相違から、高島と低島で耕作面積の比率等にいちじるしい開きがあり、農業等の土地利用形態においても顕然たる差異が認められると指摘している（目崎一九七八b）。当該問題について、重要なる研究成果が獲得されているので次節で触れてみたい。

②小林茂の研究成果

高島と低島で対立的構造が認められる自然環境が、地域文化の形成にも深く関与している可能性を目崎は予測していたが（目崎一九七八b）、琉球弧の稲作農耕をめぐる地理学的研究を展開してきた小林茂により、高島と低島でいちじるしく相違している稲作の様相が指摘されてから（小林一九八四）、高島と低島という分析枠組の高い有効性が一段と注目されてきたように思われる。

小林は、まず『李朝実録』に記されている先島諸島の農耕関係記事を手がかりとして、稲作の分布状態に着目した。そして「琉球国郷帳」、「沖縄県旧慣租税制度」、「沖縄県土地整理紀要」等の史料に記載されている農耕関係記事に拠りながら、近世から近代にいたる先島諸島の稲作農耕をめぐる実態を検討した。その結果、石垣島・西表島・与那国島の「高い島」は水田が卓越しており、宮古島・多良間島・伊良部島・波照間島・黒島・竹富島の「低い島」は水田が僅少で畑地が卓越している様子が、十五世紀以来一貫して認められる事実を見出したのである。

高い島と低い島で認められるこうした稲作農耕の相違について、小林は高い島と低い島が備えている自然環境、とりわけ水文環境が農耕形態に大きく関与すると指摘している。小林は、高い島と低い島の自然環境と農耕形態の相互関係について、次のように説明している。①「高い島」は、水文環境が河川系であることから水利条件も良く、水田稲作が普及している。起伏が多い山地地形から耕地開発が容易でないという事情もあり、森林が十分残されている。②「低い島」は、すべて隆起サンゴ礁の島として分類できるものであり、水文環境がサンゴ礁地形特有の地下水系であることから水利条件が悪く、水田稲作が乏しい。そうした一方で、起伏がない低平なる地形から畑作農耕は耕地開発が進めやすく、全島規模でも展開されていた。そのため耕地開発に伴い森林伐採がいちじるしく進行する事態を招き、燃料の薪をはじめとする木材資源のいちじるしい不足が発生しているのである。木材資源は近距離にある高い島から補給する在り方が推定されている。

小林の検討により、先島諸島の島嶼において、「高い島」と稲作農耕、「低い島」と畑作農耕という強い相関関係が存在している事実が確認され、そうした島嶼地形と農耕形態の相関関係は琉球弧全域で認められると予測されている。とりわけ「低い島」と畑作農耕の結びつきが強調されており、農耕儀礼をはじめとする民俗文化まで高い島と低い島という分析概念で見直しする必要性も指摘されている。

③桐野利彦の研究成果

ところで、目崎茂和の研究成果に先行して、琉球弧で「ウエットの島・ドライの島」なる島嶼分類概念が提起されていた事実はほとんど知られていない。当該概念は、『名瀬市誌』で桐野利彦により奄美諸島の島嶼分類として示されたものである（桐野一九六八）。桐野は、奄美諸島の地形・地質における最大の特徴は隆起サンゴ礁にあるとして、隆起サンゴ礁に覆われた喜界島・沖永良部島・与論島は地表水が地下に沈下して地下川となるため地表が乾燥してドライの島となるが、これらの島嶼に対して奄美大島は、山地が大部分で降水量が多く森林に覆われているため保水力が高くウエットの島となり、徳之島は中央部分に山地、周辺部分に隆起サンゴ礁が認められるので、ウエットとドライの中間的性格を備えていると指摘したのである。

桐野は、古生層の山地と各湾頭に堆積した沖積層がウエットの島の基本要素であると指摘して、そうした奄美大島の地形・地質は、農業と交通に強く影響していると結論づけている。小林が農耕形態に影響すると指摘した高島・低島の水文環境の特徴を、桐野の分類は端的に示しているといえる。

④高島と低島の島嶼地形分類と相対比較

島の自然環境が農耕形態や森林資源供給と密接に関連しているという小林茂の指摘は、環境適応という生態学的視点からきわめて重要で興味深い問題であると考えられる。そこで琉球弧の島嶼について、各島における高島と低島の島嶼分類と分類地形の面積比率が目崎茂和により算出されているので（目崎一九八〇）、当該資料に拠りながらグラフ作成を行い、各島の自然環境を比較検討してみたい。グラフ作成に際しては、目崎が取り上げている琉球弧一一八の島嶼から、便宜的に面積二〇平方キロメートル以上の島

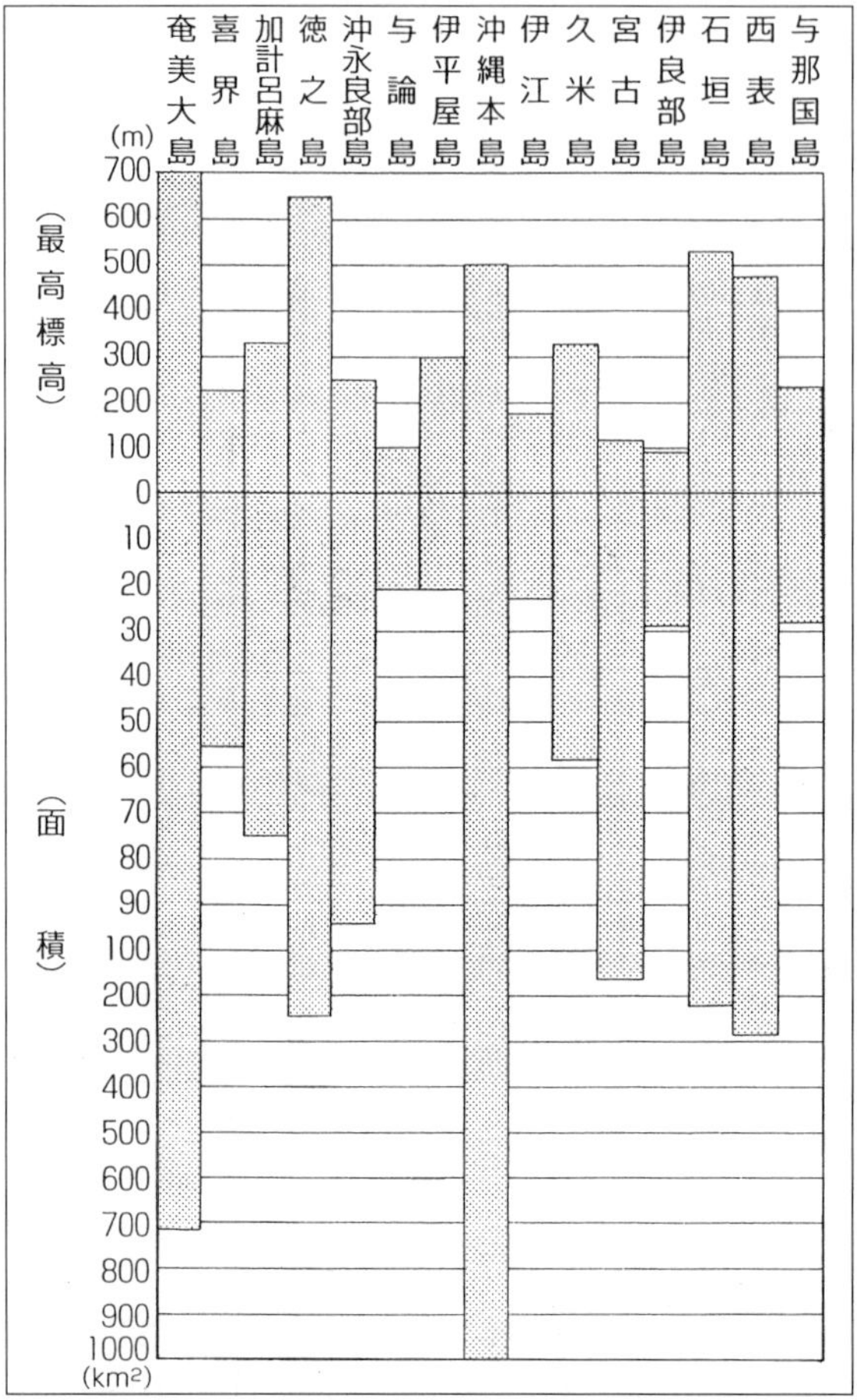

第41図　琉球弧における主要島嶼の標高・面積
（高梨 2001）

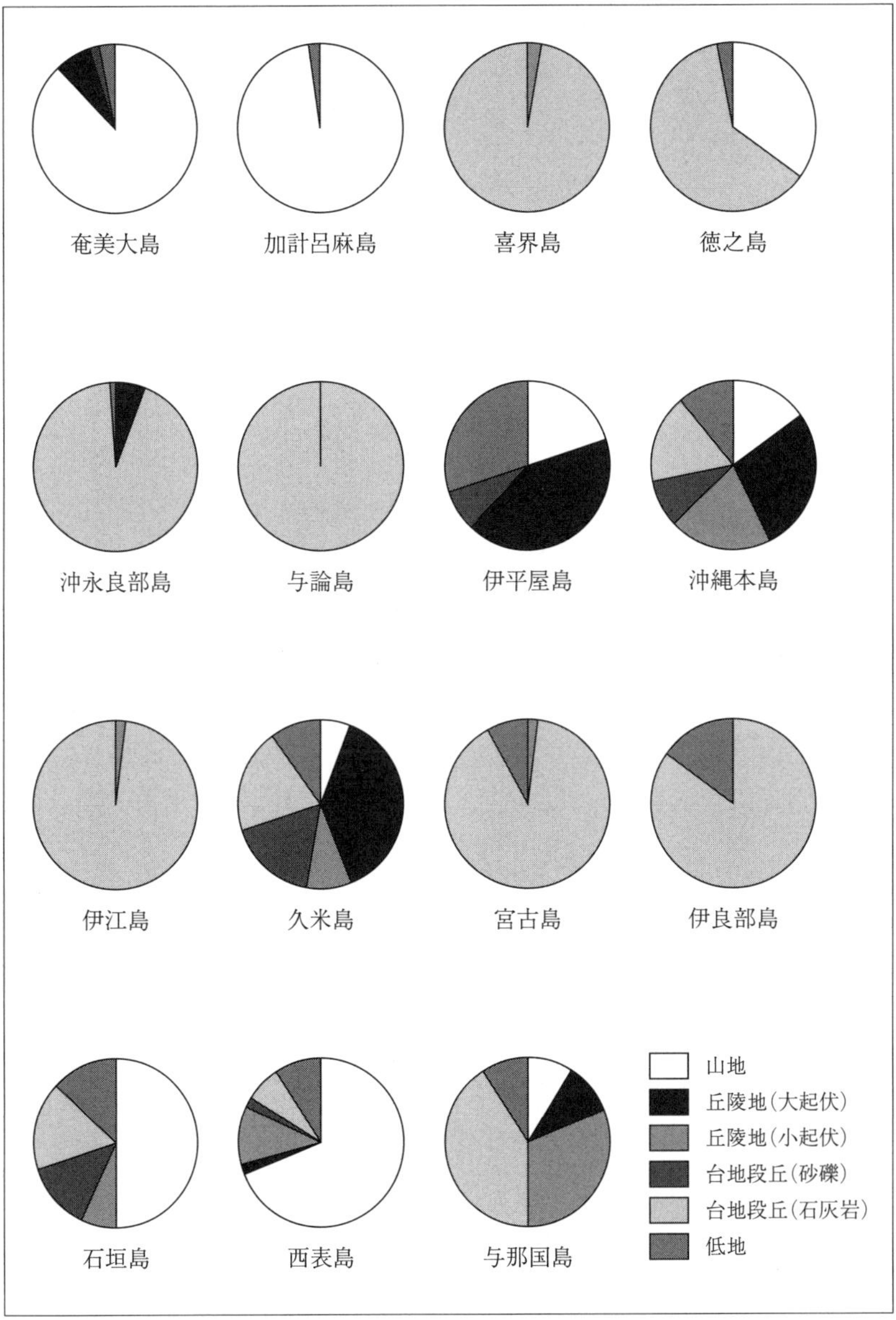

第42図　琉球弧における主要島嶼の地形分類（高梨 2001）

だけを対象としている。第41図は各島の最高標高と面積を、第42図は各島の分類地形の面積比率を表しているものである。

まず第41図であるが、奄美諸島で高島に分類されている奄美大島・徳之島のいちじるしい高さがよく解る。低島に分類されている喜界島・沖永良部島も、最高標高で比較するならば先島諸島で高島に分類されている与那国島に匹敵する高さである。高島と低島という島嶼分類は、地形分類にもとづいた相対比較分類であるから最高標高で単純に比較することはできないが、たとえば喜界島・沖永良部島と宮古島・伊良部島では同じ低島でもいちじるしい標高差が認められるのであり、おそらく地下水の湧出等において標高が高い喜界島や沖永良部島が有利であると考えられる。そうした低島における標高の相違の問題も今後検討が必要であるように思われる。

それから第42図であるが、分類地形の面積比率を見るならば、高島の土地条件が一様でない様子が解る。なかでも奄美諸島の徳之島、沖縄諸島の久米島、先島諸島の石垣島に注意してみたい。いずれも高島に分類されているが、丘陵・台地が占めている比率が相当高く、稲作農耕の卓越や森林資源の供給という点で、きわめてすぐれた自然環境を備えている島であると考えられるからである。ほとんど山地と石灰岩台地で構成されている徳之島は、喜界島・沖永良部島・与論島と同様の石灰岩台地の集約的土地利用が早くから展開されてきたが（小林一九八三）、一方で森林資源にも恵まれており、環境適応の実態はとりわけ興味深いところである。奄美諸島の伝統的土地利用については、小林の研究成果に詳しいが（小林一九八二・一九八三）、土地条件というより微視的な視点から環境適応の問題を考察していく接近方法は、今後の考古学研究においても有益であると考えられる。

⑤小　結

小林茂の研究成果を目崎茂和の研究成果に重ねてみるならば、高島と低島という島嶼地形分類が琉球弧の全域で有効なる分析概念であることが確認できる。生態学的視点から考古学研究を進めていく上でも、高島と低島という分析概念は、島嶼における人間活動の環境適応という問題を読み解く装置として有効であると考えられる。

高島と低島における自然環境条件を比較検討するならば、高島が備えている拠点性の問題も浮び上りはじめてくる。高島における拠点性は、歴史的コンテクストにも置換されうる問題として重大なる意味を帯びていると考えられる。中央から見るならば、奄美諸島は国家南縁の境界領域として認識されていた事実を前節で確認したわけであるが、そうした境界領域にある高島として奄美大島と徳之島を理解することができると考えられる。国家境界領域の高島という新たなる視角こそ、琉球弧における奄美諸島史の知られざる姿を発見する鍵になると考えられる。

四　辺境（マージナル）から境界（フロンティア）へ——結論的覚書

これまで琉球弧の考古学研究において、奄美諸島と沖縄諸島の考古資料はほとんど同一視され、奄美諸島の考古資料をめぐる評価は沖縄側の研究成果のなかに解消されてきた。しかし、貝塚時代後期以降の奄美諸島と沖縄諸島における考古資料の様相には相違が認められる事実を問題提起して、本章の前半で沖縄側から評価できない奄美諸島の考古資料、すなわち評価不定の考古資料について、ヤコウガイ大量出土遺跡・鉄器出土遺跡・カムィヤキ古窯跡群・城郭遺跡を取り上げ、それぞれの研究課題の確認を進めてきた。筆者は、奄美諸島と沖縄諸島の考古資料に認められる差異のなかに、奄美諸島史の実態が隠されているのではないかと考えている。その差異は、地域的差異として片づける単純なる理解論では到底説明できない問題を多数かかえているはずである。そうした差異を読み解くための視角として、社会環境について「国家境界領域」、自然環境について「高島・低島」の分析概念を用意して、本章の後半で奄美諸島史の知られざる姿について検討してきた。

前節1で述べてきたとおり、古代から中世にかけて、国家体制の整備が列島規模で進められていく過程で、国家領域をめぐる地理認識も形成されてきたと考えられる。国家境界領域の南縁部分は、奄美諸島を中心としながら琉球弧のなかで伸縮を繰り返していた。琉球王国が奄美諸島を統治領域として編入する以前、中世国家領域は奄美諸島まで押しひろげられて、最大領域に到達したのである。まず奄美諸島が古代国家・中世国家の国家境界領域に相当するという事実を確認しておきたい。当然、本土地域をめぐる交流関係において、奄美諸島は沖縄諸島よりも高い密度を維持していた状況が容易に予測される。すでに第七章で琉球弧における土師器分布が喜界島・奄美大島北部東海岸に集中する事実を指摘したが、当該事実こそ国家境界領域における交流の証左と考えられるものである。

しかも、古代から中世の本土地域において、ヤコウガイ・赤木・ホラガイ等の南方物産は高い経済価値を有しており、そうした南方物産の供給地域として琉球弧が関係していたと考えられている（山里一九九九、髙梨二〇〇〇c）。とりわけヤコウガイはきわめて高い価値を有しており、螺鈿原材として大量需要が存在していた期間も考えられる。琉球弧は、「王朝貴族たちにとって珍重すべきものを産する地域だったのであり、王朝貴族たちがこの地域に対して財貨を産する地としてのイメージを抱いていた可能性は極めて高い」（永山一九九三）と指摘されるように、南方物産という宝物を無尽蔵に生み出す地域として都人から認識されていたと考えられ、国家境界領域にある奄美諸島が南方物産交易の拠点として関与していた可能性は想像に難くない。

十一〜十四世紀に徳之島で行われていた類須恵器生産の契機も、そうした南方物産交易という文脈のなかで理解できそうである。類須恵器の交換財が何であるのかも興味深い課題である。すでに第五章で考察したように、国内で螺鈿原材となるヤコウガイ貝殻の需要が高まる時期は十一〜十二世紀であると考えられ（中里一九九五・一九九六）、類須恵器の生産開始期間と重複する。そして類須恵器の流通地域が琉球弧におおよそかぎられている事実も、類須恵器の交換財がヤコウガイ等の南方物産であると考えるならば、国家境界領域で行われた窯業生産を説明できるのではないか。国家境界領域における窯業生産は、カムィヤキ古窯跡群だけではない。第七章で触れたように、青森県津軽半島の五所川原須恵器窯跡群もまた国家東縁における古代末期の窯業生産として注目されているのである。

また「千竈文書」における奄美諸島が所領として譲与される問題についても、村井章介や永山修一が指摘しているとおり、奄美諸島をめぐる交易活動が生み出す経済的権益の譲与として理解できるであろう（村井一九九七、永山一九九七）。大隅諸島から奄美諸島にいたる島嶼地域は、十三世紀後半には千竈氏や島津氏による支配地域に加えられていたので、類須恵器生産とも接点が生じていたと見なければならない。そうした中世世界との接点から考えるならば、城郭遺跡の問題についても、グスクの視点から琉球弧のなかで自己完結させていく接近方法だけでは当然偏りがあるわけで、別角度からの検討が必要である。すなわち三木靖に一貫して認められる中世城郭の視点から接近する方法も十分検討されなければならない（三木一九九七・一九九九等）。年代は若干さかのぼるが、喜界島の山田中西遺跡・山田半田遺跡における大規模な掘立柱建物跡群も、外来土器を中心とする出土遺物の特異なる様相や異常なる立地条件から思量して、南漸勢力による防御性集落の視点から検討する必要がある。

奄美諸島が備えていたと考えられる交易拠点機能を考えるならば、高島と低島という島嶼地形分類のなかで高島に認められる拠点性も注目されてくる。第五章・第八章で指摘したように、『日本書紀』『続日本紀』の南島関係史料に記載されている多褹・夜久・奄美・度感・球美・信覚等の島嶼は、通説による比定を採用するかぎり、ほとんど高島である事実を確認できる。また「開元通宝」出土遺跡が発見されている島嶼は、奄美大島・徳之島・沖縄本島・久米島・石垣島・西表島であり、やはりほとんど高島である事実を確認できる。こうした一致は単なる偶然とは考えられない。琉球弧の多島海域における海上交通や交易活動で、南島覓国使の派遣成果として高島を中心に通交体制が確保され、集中利用されていた様子を表していると考えられる。

国家境界領域に位置づけられる奄美諸島のなかでも、奄美大島と徳之島は国家境界領域の高島という特殊なる性格を帯びている場所として理解できる。両島における考古資料について、そうした視点から検討してみる必要もある。類須恵器生産が徳之島で行われていた事実も、第五章で考察したように、①国家境界領域の高島として発揮できる交易拠点機能、②窯業生産に欠かせない燃料（薪）が十分確保できる高島の自然環境、③集約的土地利用ができる発達した石灰岩台地の存在等の恵まれた社会条件と自然条件を考えるならば、必然性ある選択として理解できるのではないか。さらに土師器出土遺跡の分布、類須恵器壺完形品の分布、喜界島の山田遺跡群にうかがわれる防御性集落の様相等から、喜界島・奄美大島東海岸における政治的勢力の存在も浮上してきた。当該勢力の実態はまだ明らかではなく、喜界島の山田遺跡群における今後の遺構群の検討や土師器・須恵器の系譜の検討に委ねられているが、ひとまず「喜界島・奄美大島勢力圏」と仮称したところである。喜界島・奄美大島には、平家伝説と為朝伝説が錯綜して伝承されている。さらに喜界島には俊寛伝説も伝えられている。中世の歴史における敗者たちが、国家境界領域の島嶼で蘇生して語られている。これらの島嶼は、「はじかれ、敗れ、落ちくるものたちを迎え入れ、またそれを歴史の奔流に押しかえしてやる役割を果たすことになる」（上原一九七八）。敗者たちの伝説が集中する喜界島・奄美大島に、「武威の磁場」（関一九九八）を発見するのである。そうした武威の磁場の生成は、政治的勢力の存在をぬきに考えられない。

奄美諸島と沖縄諸島の考古資料に認められる相違とは、そうした国家境界領域における交流の差異として理解できるということを強調しておきたい。国家周辺地域は、静態としてとらえるならば「辺境（マージナル）」という理解になるが、動態として捉えるならば「境界（フロンティア）」という理解が生まれてくる。「辺境」と見なされているところも、交流の様態を見つめてみるならば「境界」という別の姿が見えてくるのである。琉球王国についても、機能的側面から考えるならば、中世国家の境界領域に誕生した巨大交易機構という見方もできる。琉球王国をめぐる国家形成の問題も、そうした国家境界領域における交易活動を射程に入れて考えなければいけないと思われる。いわゆるグスク時代における琉球弧の交流の実態について、奄美諸島・沖縄諸島・先島諸島を相対化した考古資料の十分なる吟味が必要とされている。そのためにも、類須恵器を指標とした広域編年の確立が急務であると考えられる。

琉球弧の国家形成の問題に関連して、奄美諸島や沖縄諸島における社会階層分化の問題にも若干ふれておきたい。第七章で論じたように、いわゆる貝塚時代後期後半の島嶼社会については、『日本書紀』や『続日本紀』等の記載を歴史事実として理解して、七～八世紀には社会階層が存在する複雑社会が発生していたと考える文献史学側の見解と、いわゆる貝塚遺跡が主体を占めている考古学的事実を根拠として停滞的な漁撈採集経済社会しか考えられないとする考古学側の見解が対立している。こうした文献史学側と考古学側における見解の対立問題については、琉球弧の考古資料も検討しながらあらためて文献史学例の見解を支持した鈴木靖民のきわめて重要なる研究成果がある（鈴木一九八七）。さらに山里純一も、鈴木の見解に大筋で則しながら、七～八世紀段階の島嶼社会は漁撈採集経済社会であるが社会階層が存在していたと結論づけている（山里一九九九）[15]。高良倉吉は、社会階層の存在の証左となる考古資料が当該段階にほとんど認められない実態を指摘するのであるが（高良一九九五）、奄美諸島と沖縄諸島の考古資料に存在している差異に注目するならば、考古学側の常識的見解がそれほど磐石なる根拠に支えられているように筆者には思えない。奄美諸島の兼久式土器段階における考古資料は、琉球弧における考古学研究の「常識」で説明できない「例外」を多数含んでいる。奄美諸島の考古資料の検討が、喫緊の課題として認識されてくる所以である。

奄美諸島は、二重構造の国家境界領域である。琉球世界からも大和世界からも周辺地域として位置づけられている奄美諸島の考古資料は、評価不定の存在として宙に浮いている。島尾敏雄は、「奄美の人々は、長いあいだ自分たちの島が値打ちのない島だと思いこむことになれてきた。本土から軽んじられると、だまってそれを受けてきた。

しかしほんとうは沖縄といっしょにこの琉球弧の島々が、日本の歴史に重要な刺激を運びこむ道筋であったことを、もっと深く検討してみなければならないのではないかと思う。明治維新は日本の近代的方向を決定した。その重要な歴史の曲りかどで、薩摩藩が演じた役割がどんなに大きなものであったかをわれわれ日本人はだれも疑わない。しかし藩の経済を支えていたものが、奄美が島々を挙げてゆがんだ砂糖島にさせられた犠牲の上に立っていることを知る者は少ない（もちろん琉球王国との密貿易の役割を考えた上で）。信じられないことだが、このあとさきの歴史的研究に対して奄美はいまだ処女地だということは、やはり、いままで本土から奄美がどう扱われてきたかを象徴的に示すものだと思う」（「奄美——日本の南島」）と述べているが、この島尾敏雄の指摘から四〇年近く経過しているにもかかわらず、奄美諸島の考古学研究はいまだに端緒的研究段階に置かれているのである。本章の冒頭でも述べているように、琉球弧における考古学・歴史学の調査研究は、沖縄諸島の研究情報がいちじるしく突出していて、奄美諸島と先島諸島の研究情報における後進性は否定できない。最近は、一国史ではない日本列島史の理解も常識的知識として共有されてきているが、ほとんど沖縄諸島史に目が向けられているにすぎない。奄美諸島と先島諸島の歴史を回復させる作業が急務であるが、琉球弧の島嶼における相村的比較研究こそが今後進められなければならない重要課題であると考えられる。南島歌謡研究の分野では、外間守善により早い段階で奄美諸島・沖縄諸島・先島諸島における各種歌謡の資料集成作業が遂行されて、基礎資料となるテキストが整備されている（外間編一九七八〜一九八〇）。琉球弧全域の資料を網羅しながら『おもろさうし』研究を止揚してきた視点に学ぶならば、奄美諸島・沖縄諸島・先島諸島の相対的歴史叙述から新たなる琉球弧像が構築できる可能性が見出されてくるのである。

本章では多数の研究成果を取り上げてきたが、重要成果を遺漏しているのではないかと心配される。また研究成果の誤読や曲解も懸念されるところであり、ご叱正を乞うばかりである。

注

（1）高良倉吉の戦略的思考は、著書『琉球王国』（岩波新書一九九三）の「終章」でよく理解することができる。「プロデューサーとしての歴史家」という表現が用いられていて、沖縄という地域的課題のなかで歴史家が果たすべき役割が記されている。

（2）伊波普猷の『日本文化の南漸』（伊波一九三九）に代表される日本文化南漸の理解論が醸成されてきた。

（3）木下尚子がヤコウガイ大量出土遺跡として取り上げていた与那国島の「トゥグル浜貝塚」は、最近帰属年代の訂正が指摘されていて（安里二〇〇三）、古代並行期の遺跡ではない可能性が高い。

（4）まず「起源論争の島」（安里二〇〇二a）において、「貝塚時代後期後半には、琉球列島のヤコウガイをめぐって、琉球と日本・中国との間で交易が展開したが、こうした交易の展開に対応して琉球列島には、大規模なヤコウガイ加工遺跡が登場するようになる。ヤコウガイ加工遺跡として注目されている奄美大島のマツノト遺跡やフワガネク遺跡だけではなく、中国に近い久米島の大原海岸にも大規模なヤコウガイ加工遺跡が存在することを筆者は確認している」と、久米島のヤコウガイ大量出土遺跡についてはじめて触れている。

　つづいて「考古学からみた南風原の特徴」（安里二〇〇二b）において、「このヤコウガイ大量出土遺跡は、奄美諸島で五遺跡、沖縄諸島では久米島に二遺跡が報告されていますが、私は久米島でこの二遺跡とは別の大規模な大原ヤコウガイ加工場遺跡（仮称）の存在を確認しています。大原ヤコウガイ加工場遺跡を三十年前に発見した当時は、海岸砂丘の断面に、殻の一部が切り取られたり破損したヤコウガイだけが大量に堆積した白砂層が一〇〇メートルを超える広範囲に認められました。その出土範囲と、土器などがほとんどなくヤコウガイのみが出土するという点で、奄美諸島のヤコウガイ大量出土遺跡よりも大規模で加工場としての性格が明確です。この遺跡は、久米島が中国に最も近い島で、中世～近世の琉球―中国交通の中継地でもあることから、唐と沖縄諸島のヤコウガイ交易の拠点加工地と考えてよいでしょう」と飛躍して、「大原ヤコウガイ加工場遺跡（仮称）」と遺跡名称まで与えられている。そして「沖縄学―交易を軸に発展したサンゴ礁の島々」（安里二〇〇二c）、「琉球文化圏と琉球王国の形成」（安里二〇〇二d）においても、同様の見解が繰り返し述べられているのである。

安里進によれば、当該遺跡は三〇年前に安里自身が発見したとのことであるが、そもそも発掘調査が実施されたものではない。ヤコウガイ以外の出土遺物が認められないにもかかわらず、帰属年代が決定されている根拠は何か。もっとも疑問となる部分である。さらに発掘調査が実施されていないにもかかわらず、奄美諸島のヤコウガイ大量出土遺跡よりも遺跡規模が大きく、製作遺跡として性格が明確であると位置づけている根拠は何か。またこれまで当該遺跡について事実報告が行われていないのはなぜか。その後、沖縄県教育委員会や久米島町教育委員会が、当該遺跡について記していないのはなぜか。そうしたきわめて不確実な材料であるにもかかわらず、輪郭を次第に鮮明にしている過程が明らかである。

（5）筆者は、白木原和美の研究成果を見落としていたため、「兼久式土器出土遺跡で、鉄器が相当数出土している事実には注目したい。当該事実は、兼久式土器段階で鉄器が普及している様子を物語る証拠に他ならない。奄美諸島および沖縄諸島で鉄器が普及する時期は十二世紀以後であると考えるのが通説であるから、重大なる訂正事実となる。また兼久式土器と並行段階の沖縄諸島で、鉄器がほとんど知られていない点も重要である」（髙梨二〇〇〇）と指摘して、兼久式土器段階で鉄器が通有に認められる事実について注意を喚起した。しかし、そうした問題認識は白木原の研究成果（白木原一九九二）にさかのぼることができる。

（6）カムィヤキ古窯跡群の発見に際して、義憲和・四本延宏は考古学的に確認したわけではないとして、現地確認の依頼を受けた中山清美（笠利町教育委員会）・青崎和憲（鹿児島県教育委員会）の到着後、四名による踏査で発見したのがカムィヤキ古窯跡群の正式なる発見の経緯であると中山清美は主張している（中山二〇〇四）。しかし、この場合、徳之島に類須恵器の窯跡があるのではないかと予測して、義憲和・四本延宏が探索をつづけてきた過程こそが重視されるべきであると考えられる。二〇〇二年に徳之島伊仙町で開催された「カムィヤキ古窯跡群シンポジウム」では、青崎和憲が報告の冒頭で義憲和・四本延宏をカムィヤキ古窯跡群の発見者としてあらためて参加者全員に紹介している。

（7）二〇〇二年に徳之島伊仙町で開催された「カムィヤキ古窯跡群シンポジウム」の討論において、吉岡康暢から今後カムィヤキの名称で統一することが提案されている。

（8）この点に関して、二〇〇二年に徳之島伊仙町で開催された「カムィヤキ古窯跡群シンポジウム」において、赤司善彦・

吉岡康暢から高麗陶器の陶工たちの直接的関与が指摘されている（奄美群島交流推進事業文化交流部会二〇〇二）。

（9）一九八四年に中山清美の案内で奄美大島北部のグスクを踏査した名嘉正八郎・知念勇は、奄美大島における痩せ尾根を堀切で切断する構造のグスクを発生段階のグスクと結論づけている。いわゆる伊津部勝グスクとして知られる名瀬市の伊津部勝グスクバル（城原）遺跡を訪ねた際、造成工事による掘削箇所から類須恵器・玉縁口縁白磁椀を採集していて、当該採集遺物（十二世紀後半〜十三世紀前半）は奄美大島のグスクにおける構築使用年代の重要なる根拠とされている。

（10）調査期間は、琉球大学考古学研究室が平成七年度〜十一年度（五年間）、名瀬市教育委員会が平成十年度〜十二年度（三年間）であり、名瀬市全域から四五カ所に上るグスク相当遺跡が発見されている（名瀬市教育委員会二〇〇一）。

（11）名瀬市内の発見遺跡について、名瀬市教育委員会では三木靖をはじめとする南九州城郭談話会会員等による専門家の現地指導を重ねてきた。その結果、小規模であるが、中世城郭の曲輪・空堀・堀切・土塁等に相当する各種施設が認められるので、中世城郭として認定できるという見解に達している。

（12）「奈良朝に於ける南島経営の結果は吐噶喇列島までを領土化することに成功し、奄美群島を文化圏内にをさめることが出来た。この時日本文化は最大の圏を描きえたのであった」という角田文衛の理解は、奄美諸島を国家境界領域としてとらえる今日の視角にまったく通じるものである。角田文衛は、古代国家と琉球弧の関係を考察するなかで、一貫して奄美諸島の帰属について考察していることが注意される。古代国家が琉球弧の統治政策を展開させていく上で、奄美大島を拠点地域としていたとする今日の評価は、すでに角田文衛の段階で十分に示されていたのである。

（13）この「貴海島」は、奄美諸島の喜界島に比定できるのではないか。

（14）「千竈文書」「金沢文庫蔵日本図」をめぐる研究成果を受けて、安里進は「特に奄美・先島両諸島におけるグスクの考古学的調査と研究の進展は著しく、これまで沖縄諸島を中心に議論されてきた既成のグスク論が、北と南から挟み撃ちにされ、グスク概念が大きく揺らいでいる。また、奄美・先島両地域のグスク研究は、地域独自の展開と周辺世界との歴史的関係の中で研究を進める段階にきていることを示している」と述べている（安里二〇〇五）。

（15）最近、大平聡が「物質文化の上では社会の階層化をとらえられず、まして階級社会への移行など考える余地もないという考古学の常識を突き崩していくことはむずかしいであろう」、「グスク時代以前に階層・階級発生を示唆するような事実を指摘できないという沖縄考古学の常識の壁はやはり厚いと言わざるを得ない」として、山里の見解における考古学的証拠の不足を指摘している（大平二〇〇〇）。

引用参考文献

赤司善彦　一九九一「朝鮮製無釉陶器の流入―高麗期を中心として―」『九州歴史資料館研究論集』一六　九州歴史資料館　五三～六七頁

安里　進　一九九一「沖縄の広底土器・亀焼系土器の編年について」三島格会長古稀記念『交流の考古学　肥後考古』第八号　肥後考古学会　五七七～五九三頁

安里　進　一九九四「古琉球の宜野湾」『宜野湾市史』一通史編　宜野湾市教育委員会　一一五～一九〇頁

安里　進　二〇〇二a「起源論争の島」『東北学』第六号　東北芸術工科大学東北文化研究センター　一五八～一六六頁

安里　進　二〇〇二b「沖縄学―交易を軸に発展したサンゴ礁の島々」AERAMOOK『古代史がわかる。』朝日新聞社　一四二～一四四頁

安里　進　二〇〇二c『第二章　南風原に人が住み始めるまで』『むかし南風原は』南風原町史第五巻考古編　南風原町役場　三一～五〇頁

安里　進　二〇〇二d「琉球文化圏と琉球王国の形成」シリーズいくつもの日本第Ⅰ巻『日本を問いなおす』岩波書店　一五五～一七八頁

安里　進　二〇〇三「琉球王国の形成と東アジア」日本の時代史十八　豊見山和行編『琉球・沖縄史の世界』吉川弘文館　八四～一一五頁

安里　進　二〇〇五「三つのグスク論」『歴史学評論』歴史科学協議会　校倉書房　五六～六二頁

安里嗣淳　一九九一「中国唐代貨銭「開元通宝」と琉球圏の形成」中琉叢書第五穂『第三届中琉歴史関係国際学術会議論文集』中琉文化経済協会　八四七～八六六頁

安里嗣淳　二〇〇三「与那国島トゥグル浜遺跡の編年的位置の再検討」紀要『沖縄埋文研究』一　沖縄県立埋蔵文化財センター　一一～二四頁

安座間充　二〇〇三「琉球列島の古墳時代併行期前後の様相」第六回九州前方後円墳研究会『前方後円墳築造周縁域における古時代社会の多様性』九州前方後円墳研究会・鹿児島大学総合博物館・九州国立博物館誘致推進本部　一四五～一七三頁
安座間充　二〇〇四「沖縄編年後期・土器整理ノート（Ⅰ）―弥生・古墳時代併行期の在地土器文様瞥見―」『地域文化論叢』第六号　沖縄国際大学大学院　四三～六九頁
安斎正人　一九九〇『無文字社会の考古学』六興出版
安斎正人　一九九四『理論考古学―モノからコトへ―』柏書房
安斎正人　一九九六『現代考古学』同成社
安斎正人　二〇〇四『理論考古学入門』柏書房
石上英一　一九八九『奄美群島編年史料集稿一』『南日本文化』第二二号　鹿児島短期大学南日本文化研究所　一～二三頁
石上英一　一九九〇『奄美群島編年史料集稿二』『南日本文化』第二三号　鹿児島短期大学南日本文化研究所　一～一七頁
石上英一　一九九一『奄美群島編年史料集稿三』『南日本文化』第二四号　鹿児島短期大学付属南日本文化研究所　一～一七頁
石上英一　一九九二「古奄美諸島社会史研究の試み」南日本文化研究所叢書18『奄美学術調査記念論文集』鹿児島短期大学付属南日本文化研究所　九五～一〇二頁
石上英一　一九九三『奄美群島編年史料集稿四』『南日本文化』第二六号　鹿児島短期大学付属南日本文化研究所　一～一一頁
石上英一　一九九四『奄美群島編年史料集稿五』『南日本文化』第二七号　鹿児島短期大学付属南日本文化研究所　二五～三八頁
石上英一　一九九五『奄美群島編年史料集稿六』『南日本文化』第二八号　鹿児島短期大学付属南日本文化研究所　三三～五一頁
石上英一　一九九七『奄美群島編年史料集稿七』『南日本文化』第三〇号　鹿児島短期大学付属南日本文化研究所　二一～

三五頁
石上英一　一九九八ａ『奄美群島編年史料集稿八』『南日本文化』第三一号　鹿児島短期大学付属南日本文化研究所　一一～二四頁
石上英一　一九九八ｂ「古奄美諸島社会史料研究の予備的考察」『日本古代の国家と村落』塙書房　六〇五～六四一頁
石上英一　一九九九「古奄美諸島社会研究の視角」『國文学』第四四巻一一号　学燈社　七一～七九頁
石上英一　二〇〇〇「古琉球時代の奄美諸島」『南日本文化』第三三号　鹿児島短期大学付属南日本文化研究所　二九～三九頁
石上英一　二〇〇一ａ「奄美諸島史を学ぶ」『史学雑誌』第一一〇編第三号　史学会（東京大学文学部内）三九～四一頁
石上英一　二〇〇一ｂ『古奄美諸島社会史―十四世紀～十六世紀の奄美―』『黎明館調査研究報告』第一四集　鹿児島県歴史資料センター黎明館　一～一八頁
石上英一　二〇〇四「歴史と素材」日本の時代史三〇・石上英一編『歴史と素材』吉川弘文館　七～四一頁
池田榮史　一九八七「類須恵器出土地名表」『琉球大学法文学部紀要史学・地理学篇』第三〇号　琉球大学法文学部　一一五～一四七頁
池田榮史　一九九五「南島と古代の日本」古代王権と交流八・新川登亀男編『西海と南島の生活・文化』名著出版　二六七～二九八頁
池田榮史　一九九六「Ⅲ　南九州」中村浩監修『須恵器集成図録』第五巻西日本編　雄山閣出版　三九～五二頁
池田榮史　一九九八「物質文化研究からみた韓国済州島と琉球列島―高麗時代を中心として―」『琉大アジア研究』第二号　琉球大学法文学部附属アジア研究施設　一～一〇頁
池田榮史　一九九九「沖縄貝塚時代後期土器の編年とその年代的位置付け―奄美兼久式土器との関わりをめぐって―」第二回奄美博物館シンポジウム『サンゴ礁の島嶼地域と古代国家の交流―ヤコウガイをめぐる考古学・古代史―』名瀬市教育委員会　四一～五八頁
池田榮史　二〇〇〇「須恵器からみた琉球列島の交流史」『古代文化』第五二巻三号　古代学協会　三四～三八頁

池田榮史　二〇〇三「増補・類須恵器出土地名表」『琉球大学法文学部紀要　人間科学』第一一号　琉球大学法文学部　二〇一〜二四二頁
池田榮史　二〇〇四a「類須恵器と貝塚時代後期」高宮広衛・知念　勇編『考古資料大観一二　貝塚後期文化』小学館　二一三〜二二二頁
池田榮史　二〇〇四b「グスク時代開始期の土器編年をめぐって」『琉球大学考古学研究集録』第五号　琉球大学法文学部考古学研究室　二五〜四〇頁
池田榮史　二〇〇五a「類須恵器とカムィヤキ古窯跡群―その名称をめぐって―」『肥後考古』第一三号　肥後考古学会九三頁〜一〇二頁
池田榮史　二〇〇五b「兼久式土器に伴出する外来土器の系譜と年代」『奄美大島名瀬市小湊フワガネク遺跡群Ⅰ―学校法人日章学園「奄美看護福祉専門学校」拡張事業に伴う緊急発掘調査報告書』名瀬市教育委員会（印刷中）
池畑耕一　一九八〇「成川式土器の細分編年試案」『鹿児島考古』第十四号　鹿児島考古学会　一〜四一頁
池畑耕一　一九九〇「貝の道―貝の文化と広田遺跡―」谷川健一編・海と列島文化五『隼人世界の島々』小学館　一一一〜一三八頁
池畑耕一　一九九八「考古資料から見た古代の奄美諸島と南九州」渡辺　誠先生還暦記念論集『列島の考古学』　七三三〜七四三頁
伊仙町教育委員会　一九八五a『カムィヤキ古窯跡群Ⅰ』
伊仙町教育委員会　一九八五b『カムィヤキ古窯跡群Ⅱ』
伊仙町教育委員会　二〇〇一『カムィヤキ古窯跡群Ⅲ』
伊仙町教育委員会　二〇〇二　平成十四年度奄美群島交流推進事業『カムィヤキ古窯跡群シンポジウム』奄美群島交流推進事業文化交流部会実行委員会
伊藤　循　一九九四「古代王権と異民族」『歴史学研究』六六五号　歴史学研究会　二〜一三頁
伊藤慎二　一九九四「沖縄編年の現状と課題」『史学研究集録』第十九号　国学院大学大学院日本史学専攻大学院会　六六

～九〇頁
伊波普猷　一九三八『をなり神の島』楽浪書院
伊波普猷　一九三九『日本文化の南漸―をなり神の島続編―』楽浪書院
上原兼善　一九七八「南島に甦る人々」風土と歴史第12巻・上原兼善・大城立裕・仲地哲夫編『南島の風土と歴史』山川出版社　四八～六五頁
大平秀一　一九九九「インカ社会と「価値の高いもの」―スポンディルス貝をめぐって―」『出光美術館館報』一〇七号　出光美術館　四～二八頁
小田雄三　一九九三「嘉元四年千竈時家処分状について―得宗・得宗被官・南西諸島―」『年報中世史研究』第一八号　一八六～一九八頁
応地利明　一九九六『絵地図の世界像』岩波新書
大西智和　一九九六「南島須恵器の問題点」『南日本文化』第二九号　鹿児島短期大学付属南日本文化研究所　一九～三五頁
大西智和　一九九七「奄美諸島における兼久式土器分類の基礎作業」『南日本文化』第三十号　鹿児島短期大学付属南日本文化研究所　一三五～一四六頁
大平　聡　二〇〇〇　書評「山里純一著『古代日本と南島の交流』」『沖縄研究ノート』九　宮城学院女子大学キリスト教文化研究所　四一～四六頁
大嶺　恵　二〇〇四「琉球弧における貝玉の研究―奄美大島名瀬市小湊フワガネク遺跡群出土資料の分析を中心として―」琉球大学大学院人文社会科学研究科平成十五年度修士論文
大山麟五郎　一九八六「鹿児島と奄美そして南島」谷川健一編『沖縄・奄美と日本』同成社　一六九～一九五頁
小川英文　一九九八「考古学者が提示する狩猟採集社会イメージ」『民族学研究』第六三巻第二号　日本民族学会　一九二～二〇一頁
沖縄県教育委員会　一九八五『伊江島具志原貝塚の概要』

沖縄県立博物館　一九八五『特別展「グスク―グスクが語る古代琉球の歴史とロマン」』沖縄県立博物館友の会
鹿児島県教育委員会　一九八五　鹿児島県埋蔵文化財発掘調査報告書（三二）新奄美空港建設に伴う埋蔵文化財報告書『長浜金久遺跡』
鹿児島県教育委員会　一九八六　鹿児島県埋蔵文化財発掘調査報告書（三九）新奄美空港建設に伴う埋蔵文化財報告書『泉川遺跡』
鹿児島県教育委員会　一九八七a　鹿児島県埋蔵文化財発掘調査報告書（四二）新奄美空港建設に伴う埋蔵文化財報告書『長浜金久遺跡（第Ⅲ・Ⅳ・Ⅴ遺跡）』
鹿児島県教育委員会　一九八七b『鹿児島県の中世城館跡―中世城館跡調査報告書―』
鹿児島県教育委員会　一九八九　鹿児島県埋蔵文化財発掘調査報告書（四九）『奄美地区埋蔵文化財分布調査報告書Ⅰ』
鹿児島県教育委員会　一九九〇　鹿児島県埋蔵文化財発掘調査報告書（五四）『奄美地区埋蔵文化財分布調査報告書Ⅱ』
鹿児島県教育委員会　一九九一　鹿児島県埋蔵文化財発掘調査報告書（五六）『奄美地区埋蔵文化財分布調査報告書Ⅲ』
笠利町教育委員会　一九七八『サウチ遺跡』
笠利町教育委員会　一九七九『宇宿貝塚』
笠利町教育委員会　一九八四　笠利町文化財報告第七集『アヤマル第二貝塚』
笠利町教育委員会　一九八八　笠利町文化財報告第九集『下山田遺跡（東地区）』
笠利町教育委員会　一九九二　笠利町文化財報告第一四集『マツノト遺跡発掘調査概報』
笠利町教育委員会　一九九五　笠利町文化財報告第二〇集『用見崎遺跡―長島植物園開発に伴う遺跡確認調査―』
笠利町教育委員会　二〇〇三　笠利町文化財報告第二六集『赤木名グスク遺跡』
鼎　丈太郎　二〇〇一「奄美における兼久式土器の基礎的研究―小湊フワガネク遺跡を中心に―」琉球大学大学院人文社会科学研究科地域文化専攻平成十二年度修士論文
鎌倉市教育委員会　二〇〇〇『鎌倉市埋蔵文化財緊急調査報告書一六（第一分冊）』
上村利雄　一九七一「沖永良部島の須恵器」『薩琉文化』第一巻第四号　鹿児島短期大学南日本文化研究所　一六頁

上村俊雄・本田道輝　一九八四「沖永良部島スセン當貝塚発掘調査概報」『鹿大考古』第二号　鹿児島大学法文学部考古学研究室　一二一～一二二頁
上村俊雄　一九九五「喜界島の考古学的調査―孝野武志資料を中心に―」『南日本文化』第二八号　鹿児島短期大学付属南日本文化研究所　一七～三七頁
上村俊雄　一九九六「奄美諸島における鉄器文化の成立」『南日本文化』第二九号　鹿児島短期大学付属南日本文化研究所五～一八頁
上村俊雄　二〇〇二ａ「南島にみる中国文化」『地域総合研究』第三〇巻第一号　鹿児島国際大学附属地域総合研究所　二五～三四頁
上村俊雄　二〇〇二ｂ「古墳時代の南九州と南島」『地域総合研究』第二九巻第二号　鹿児島国際大学附属地域総合研究所一～一八頁
亀井明徳　一九九三「南西諸島における貿易陶磁器の流通経路」『上智アジア学』第一一号　上智大学アジア文化研究所一一～四五頁
河口貞徳　一九七三「鍬形石の祖形」『古代学研究』第七十号　古代学研究会（河口貞徳　一九八三『河口貞徳先生古稀記念著作集』下巻　河口貞徳先生古稀記念著作集刊行会　二七七～三〇一頁）
河口貞徳　一九七四「奄美における土器文化の編年について」『鹿児島考古』第九号　鹿児島考古学会（河口貞徳　一九八三『河口貞徳先生古稀記念著作集』下巻　河口貞徳先生古稀記念著作集刊行会　三三四～三九〇頁）
河口貞徳　一九九六「兼久式土器」大川清・鈴木公雄・工楽善通編『日本土器事典』雄山閣出版　七五九頁
喜界町教育委員会　一九八七　喜界町埋蔵文化財発掘調査報告書（一）『先山遺跡』
喜界町教育委員会　一九八九ａ　喜界町埋蔵文化財発掘調査報告書（三）県営畑地帯総合土地改良事業（島中地区）に伴う埋蔵文化財発掘調査報告書『島中Ｂ遺跡』
喜界町教育委員会　一九八九ｂ　喜界町埋蔵文化財発掘調査報告書（四）県営畑地帯総合土地改良事業（島中地区）に伴う埋蔵文化財発掘調査報告書『島中Ｂ遺跡Ⅱ』

喜界町教育委員会　一九九三　喜界町埋蔵文化財発掘調査報告書（五）県営畑地帯総合土地改良事業（小野津地区）に伴う埋蔵文化財発掘調査報告書『オン畑遺跡・巻畑B遺跡・巻畑C遺跡・池ノ底散布地』
菊池徹夫　一九八四『北方考古学の研究』六興出版
岸本義彦・西銘　章・宮城弘樹・安座間充　二〇〇〇「沖縄編年後期の土器様相について」高宮広衛先生古希記念論集『琉球・東アジアの人と文化』上巻　高宮広衛先生古希記念論集刊行会　一三一～一五二頁
木下尚子　一九八一『貝製容器小考』『南島考古』第七号　沖縄考古学会　四七～六〇頁
木下尚子　一九九二「南からみた貝の道―二つの交易のもたらしたもの―」沖縄県立博物館復帰二〇周年記念特別展『琉球王国』沖縄県立博物館（木下尚子　一九九六『南島貝文化の研究―貝の道の考古学―』法政大学出版局五三三～五三九頁）
木下尚子　一九九六a「「白螺貝一口」考―空海請来品の一検討―」『文学部論叢』史学篇第五〇号　熊本大学史学会（木下尚子　一九九六『南島貝文化の研究―貝の道の考古学―』法政大学出版局　三六五～三八六頁）
木下尚子　一九九六b『南島貝文化の研究―貝の道の考古学』法政大学出版局
木下尚子　一九九九a「貝交易の考古学―貿易立国への前史として―」『季刊沖縄』第二二号　沖縄協会　四一～四五頁
木下尚子　一九九九b「鹿児島県の古代貝文化」鹿児島県考古学会五〇周年記念特集号『鹿児島考古』第三三号　鹿児島考古学会　一五～四二頁
木下尚子　一九九九c「東亜貝珠考」白木原和美先生古稀記念献呈論文集『先史学・考古学論究』Ⅲ　龍田考古学会三一五～三五四頁
木下尚子　二〇〇〇a「琉球列島の人びとの暮らしと倭人」国立歴史民俗博物館編・歴博フォーラム『倭人をとりまく世界―二〇〇〇年前の多様な暮らし』山川出版社　一〇三～一二七頁
木下尚子　二〇〇〇b「開元通宝と夜光貝―七～九世紀の琉・中交易試論―」高宮廣衛先生古希記念論集『琉球・東アジアの人と文化』上巻　高宮廣衛先生古希記念論集刊行会　一八七～二一九頁
木下尚子　二〇〇一a「古代朝鮮・琉球交流試論―朝鮮半島における紀元一世紀から七世紀の大型巻貝使用製品の考古学的

検討—」『青丘学術論集』第一八集　財団法人韓国文化研究振興財団　七～五三頁
木下尚子　二〇〇一b「七～十三世紀の貝交易と南島―ホラガイを中心に―」復帰二五周年記念第三回沖縄国際シンポジウム『世界につなぐ沖縄研究』沖縄研究国際シンポジウム実行委員会・沖縄文化協会　一〇三～一一三頁
木下尚子　二〇〇三a「貝製装身具からみた広田遺跡」広田遺跡学術調査委員会編『種子島広田遺跡』鹿児島県立歴史センター黎明館　三一九～三六六頁
木下尚子　二〇〇三b「銭貨からみた琉球列島の交流史」『古代文化』第五二巻第三号　古代学協会　五七～六五頁
木下尚子　二〇〇三c「貝交易と国家形成―九世紀から十三世紀を対象に―」平成十一～十三年科学研究費補助金基盤研究(B)六～七世紀の琉球列島における国家形成過程解明に向けた実証的研究『先史琉球の生業と交易―奄美・沖縄の発掘調査から―』熊本大学文学部　一一七～一四四頁
木下尚子　二〇〇三d「正倉院と夜光貝―南島螺殻交易開始試論―」『文学部論叢』第七八号　熊本大学文学部　八三～一〇六頁
木下尚子　二〇〇四「琉球先史時代の貝交易―広田遺跡にみる古代人の足跡―」第一五回沖縄県立埋蔵文化財センター文化講座資料　沖縄県立埋蔵文化財センター
金峰町教育委員会　一九九九　金峰町歴史シンポジウム『万之瀬川から見る日本・東アジア～阿多忠景と海の道』
具志川村教育委員会　一九八九　具志川村文化財調査報告書第一集『清水貝塚発掘調査報告書』
熊本大学文学部考古学研究室　一九九五『考古学研究室報告』第三一集『用見崎遺跡Ⅱ』
熊本大学文学部考古学研究室　一九九六『考古学研究室報告』第三二集『用見崎遺跡Ⅲ』
熊本大学文学部考古学研究室　一九九七『考古学研究室報告』第三三集『用見崎遺跡Ⅳ』
九州歴史資料館　一九八五『大宰府史跡出土木簡概報』(二)　九州歴史資料館資料普及会
栗本慎一郎　一九七九『経済人類学』東洋経済新報社
栗本慎一郎　一九八〇『幻想としての経済』青土社
栗本慎一郎編　一九九五『経済人類学を学ぶ』有斐閣選書

黒田日出男　二〇〇三　『龍の棲む日本』岩波新書
国分直一・河口貞徳・曾野寿彦・野口義麿・原口正三　一九五九『奄美大島の先史時代』『奄美―自然と文化』九学会連合奄美大島共同調査委員会編（沖縄県立図書館史料編集室復刻　一九九六　一～九二頁）
国分直一　一九七二　『南島先史時代の研究』慶友社
小島瓔禮　一九七六a「上代典籍にたどる琉球諸島」『琉球新報』一九七六年九月二十三日～三十日連載　琉球新報社（小島瓔禮　一九八三『琉球学の視角』柏書房　二九～四八頁）
小島瓔禮　一九七六b「記紀の世界と九州・沖縄」『青い海』第五二号　青い海出版社（小島瓔禮　一九八三『琉球学の視角』柏書房　四九～六四頁）
小島瓔禮　一九八一　「夜光貝の盃」卒業記念文集『龍譚』琉球大学教育学部国語科七七生　九四～九九頁
小島瓔禮　一九八四　「赤木の柄の刀」『昭和五九年度卒業記念文集』琉球大学教育学部国語科　一～九頁
小島瓔禮　一九九〇　「海上の道と隼人文化」海と列島文化五『隼人世界の島々』小学館　一三九～一九四頁
小林　茂　一九八二　「奄美諸島の伝統的イネ栽培と『踏耕』」『人類科学』九学会連合年報三五　九学会連合　六九～一〇四頁
小林　茂・中村和郎・森脇　広・中井達郎　一九八三　「奄美諸島の石灰岩台地と伝統的環境利用」『人類科学』九学会連合年報三六　九学会連合　二九～八六頁
小林　茂　一九八四　「南西諸島の「低い島」とイネ栽培」『民博通信』二三　国立民族学博物館　七七～九〇頁
栄原永遠男　一九七六　「日本古代の遠距離交易について」　大阪歴史学会編『古代国家の形成と展開』吉川弘文館（栄原永遠男　一九九二　「奈良時代の遠距離交易」『奈良時代流通経済史の研究』塙書房　二〇九～二三五頁）
酒寄雅志　二〇〇二　「古代日本と蝦夷・隼人、東アジア諸国」　日本の時代史四　佐藤　信編『律令国家と天平文化』吉川弘文館　二七〇～三〇七頁
佐藤伸二　一九七〇　「南島の須恵器」『東洋文化』第四八・四九号　東京大学東洋文化研究所　一六九～二〇四頁
佐藤宏之　一九九二　『日本旧石器文化の構造と進化』柏書房

島尾敏雄　一九六五　「奄美─日本の南島」『This is Japan』第一三号（一九八三『島尾敏雄全集』第一七巻　晶文社　四四～五三頁）
島尾敏雄　一九六六　「私の見た奄美」『島にて』冬樹社（一九八二『島尾敏雄全集』第一六巻　晶文社　二〇二～二二九頁）
島尾敏雄　一九六八　「明治百年と奄美」『大島新聞』昭和四三年十一月二十五日号～三十日号　大島新聞社（一九八三『島尾敏雄全集』第十七巻　晶文社　一四七～一六三頁）
島尾敏雄　一九七〇　「ヤポネシアと琉球弧」『海』第二巻第七号（一九八三『島尾敏雄全集』第一七巻　晶文社　二三〇～二四二頁）
島尾敏雄　一九八一　「南島を知るために」　松田　清編『古代・中世奄美史料』ＪＣＡ出版　五頁
島袋春美　一九九七　「木下尚子著『南島貝文化の研究─貝の道の考古学─』」『南島考古』第一六号　沖縄考古学会　八三頁
島袋春美　二〇〇〇　「貝製品からみた奄美・沖縄地域の交流史」『古代文化』第五二巻三号　古代学協会　五〇～五六頁
周　煌　一七五七　『琉球国志略』（平田　嗣全訳　一九七七　『周煌　琉球国志略』三一書房）
白井祥平　一九九七　ものと人間の文化史『貝Ⅱ』法政大学出版局
白木原和美　一九七一　「陶質の壷とガラスの玉」『古代文化』第二三巻九・一〇号　古代学協会　二五八～二六五頁
白木原和美　一九七三　「類須恵器集成（奄美大島・徳之島・喜界島）」『南日本文化』第六号　鹿児島短期大学南日本文化研究所　一一～二四頁
白木原和美　一九七五　「類須恵器の出自について」『熊本大学法文論叢』第一号　熊本大学法文学部（龍田考古学会　『南西諸島の先史時代』　一〇九～一二〇頁）
白木原和美　一九九二ａ　「琉球弧の考古学─奄美と沖縄諸島を中心に─」　谷川健一編・海と列島文化六『琉球弧の世界』小学館　八八～一二九頁
白木原和美　一九九二ｂ　「南西諸島の初期金属器」『金山・樺製鉄遺跡群調査報告書─小岱山麓における製鉄遺跡の調査─』下巻　荒尾市教育委員会　六九～八二頁
新里恵二　一九七〇　『沖縄史を考える』勁草書房

新里貴之　一九九九「南西諸島における弥生時代並行期の土器」『人類史研究』第一一号　鹿児島大学法文学部考古学研究室人類史研究会　七五～一〇六頁
新里貴之　二〇〇〇「スセン當式土器」高宮広衛先生古希記念論集『琉球・東アジアの人と文化』上巻　高宮広衛先生古希記念論集刊行会　一五三～一七三頁
新里貴之　二〇〇一「物流ネットワークの一側面―南西諸島の弥生系遺物を素材として―」『南島考古』第二〇号　沖縄考古学会　四九～六六頁
新里貴之　二〇〇四ａ「沖縄諸島の土器」高宮広衛・知念　勇編『考古資料大観一二　貝塚時代後期』小学館　二〇三～二一二頁
新里貴之　二〇〇四ｂ「広田遺跡出土土器の型式学的編年」『南島考古だより』第七二号　沖縄考古学会
新里貴之　二〇〇四ｃ「沖縄貝塚時代後期土器」沖縄考古学会二〇〇四年度研究発表会資料『後期文化の諸相』沖縄考古学会　九～一六頁
新里亮人　二〇〇三「琉球列島における窯業生産の成立と展開」『考古学研究』第四九巻第四号　考古学研究会　七五～九五頁
新里亮人　二〇〇四「カムィヤキ古窯の技術系譜と成立背景」世界遺産国際シンポジウム『グスク文化を考える』新人物往来社　三二五～三五二頁
シンポジウムよみがえる古代の奄美実行委員会　一九九五「マツノト遺跡資料」『シンポジウムよみがえる古代の奄美』笠利町教育委員会
鈴木靖民　一九九五「夜光貝が照らす古代史」『読売新聞』平成七年四月七日号　読売新聞社
鈴木靖民　一九八七「南島人の来朝をめぐる基礎的考察」田村円澄先生古希記念委員会編『東アジアと日本』歴史編　吉川弘文館　三四八～三九八頁
砂川正幸・真栄田義人　二〇〇〇「宮古のスク時代」『平良市総合博物館紀要』第七号　平良市総合博物館　一～五二頁
関　幸彦　一九九八『蘇る中世の英雄たち「武威の来歴」を問う』中公新書

千田嘉博　一九九二「中世城館研究の構想」石井　進・萩原三雄編『中世の城と考古学』新人物往来社　二一〜五二頁
高倉洋彰　一九七五「右手の不使用―南海産巻貝腕輪着装の意義―」『九州歴史資料館研究論集』第一号　九州歴史資料館　一〜三二頁
髙梨　修　一九九三「琉球弧・奄美諸島におけるいわゆる「兼久式土器」研究の基本的方針」『法政考古学』第二〇集　法政考古学会　一六七〜一七九頁
髙梨　修　一九九五ａ「ヤコウガイをめぐる考古学（上・下）」『大島新聞』平成七年一月一日・平成七年一月七日　大島新聞社
髙梨　修　一九九五ｂ「マツノト遺跡出土の土器と編年」『シンポジウムよみがえる古代の奄美』シンポジウム　よみがえる古代の奄美実行委員会編　六〜八頁
髙梨　修　一九九六「木下尚子著『南島貝文化の研究　貝の道の考古学』を読む」『南海日日新聞』平成八年九月二十日　南海日日新聞社
髙梨　修　一九九七ａ「知られざる奄美のグスク」『南海日日新聞』平成九年一月一日　南海日日新聞社
髙梨　修　一九九七ｂ「奄美におけるグスク研究のパースペクティヴ」『南日本文化』第三〇号　鹿児島短期大学付属南日本文化研究所　三七〜六〇頁
髙梨　修　一九九八ａ「研究動向「南島」」『鹿児島考古』第三二号　鹿児島考古学会　九三〜九五頁
髙梨　修　一九九八ｂ「名瀬市小湊フワガネク（外金久）遺跡の発掘調査」『鹿児島県考古学会研究発表資料―平成十年度―』鹿児島県考古学会　一八〜二五頁
髙梨　修　一九九八ｃ「生きたまま蓄蔵されたヤコウガイ」『とぅんばらー通信』第一〇号　文部省科学研究費補助金基盤（A）（一）『久米島における東アジア諸文化の媒介事象に関する総合研究』　京都大学人文科学研究所横山研究室　七〜九頁
髙梨　修　一九九九ａ「小湊フワガネク（外金久）遺跡におけるヤコウガイ貝殻利用の実態（予察）」　名瀬市文化財叢書二『奄美大島名瀬市小湊フワガネク（外金久）遺跡―学校法人日章学園「奄美看護福祉専門学校」拡張事業に伴う緊急

高梨　修　発掘調査概報―』名瀬市教育委員会　三〇～三六頁

高梨　修　一九九九b「いわゆる兼久式土器と小湊フワガネク（外金久）遺跡出土土器の比較検討」第二回奄美博物館シンポジウム『サンゴ礁の島嶼地域と古代国家の交流―ヤコウガイをめぐる考古学・古代史―』名瀬市教育委員会　一九～四〇頁

高梨　修　一九九九c「サンゴ礁の島に築かれた城郭（前編）―奄美大島名瀬市の城郭遺跡群」『南九州城郭談話会会報』第一一号　南九州城郭談話会　八一～八三頁

高梨　修　一九九九d「サンゴ礁の島に築かれた城郭（後編）―奄美大島名瀬市の城郭遺跡群」『南九州城郭談話会会報』第十二号　南九州城郭談話会　九三～九四頁

高梨　修　一九九九e「奄美諸島のグスク研究略史」『奄美大島名瀬市における城郭遺跡の概要―「奄美の城見学会」資料集―』名瀬市教育委員会　一～七頁

高梨　修　二〇〇〇a「知られざる奄美諸島の歴史」『南海日日新聞』平成十二年七月十二日　南海日日新聞社

高梨　修　二〇〇〇b「いわゆる兼久式土器と土盛マツノト遺跡出土土器の比較検討」『奄美博物館研究紀要』第五号　名瀬市立奄美博物館　三〇～四五頁

高梨　修　二〇〇〇c「ヤコウガイ交易の考古学―奈良～平安時代並行期の奄美諸島・沖縄諸島における島嶼社会―」シリーズ現代の考古学五　小川英文編『交流の考古学』朝倉書店　二二八～二六五頁

高梨　修　二〇〇一「知られざる奄美諸島史のダイナミズム―奄美諸島の考古資料をめぐる新しい解読作業の試み―」『沖縄文化研究』第二七号　法政大学沖縄文化研究所　一八三～二四五頁

高梨　修　二〇〇二a「ヤコウガイが物語る古代の島嶼社会」AERAMOOK『古代史がわかる。』朝日新聞社　一四五～一四七頁

高梨　修　二〇〇二b「知られざる奄美諸島史」『東北学』第六号　東北芸術工科大学東北文化研究センター　一三二～一四七頁

高梨　修　二〇〇二～二〇〇三「奄美諸島史の空白を発掘する」一～四六『南海日日新聞』平成十二年一月一日～平成十

三年五月二十四日　南海日日新聞社
高梨　修　二〇〇三a「奄美諸島をめぐる考古学研究の行方」『法政大学沖縄文化研究所所報』第五三号　法政大学沖縄文化研究所　二七〜二九頁
高梨　修　二〇〇三b「貝をめぐる交流史」シリーズいくつもの日本Ⅲ　赤坂憲雄・中村生雄・原田信男・三浦佑之編『人とモノと道と』岩波書店　一五三〜一七六頁
高梨　修　二〇〇三c「角田文衛「上代の種子島―日本文化の南限に就いて―」の再検討―琉球弧における古代〜中世の国家境界認識―」『法政考古学』第三〇集　法政考古学会　四六九〜四九四頁
高梨　修　二〇〇四a「かごしまの古代遺跡と文化（三）―国家境界領域としての奄美諸島を考える―」『興南』第六六号興南会　三〇〜三三頁
高梨　修　二〇〇四b「奄美諸島の土器」高宮広衛・知念　勇編『考古資料大観一二　貝塚時代後期』小学館　一九七〜二〇二頁
高梨　修　二〇〇四c「奄美諸島の遺構」高宮広衛・知念　勇編『考古資料大観一二　貝塚時代後期』小学館　二七五〜二八〇頁
高梨　修　二〇〇四d「琉球弧における貝生産遺跡の発見」『日本歴史』第六七七号　日本歴史学会　九八〜一一一頁
高梨　修　二〇〇五a「琉球弧におけるいわゆるスセン當式土器の検討―古墳時代並行期の奄美諸島における土器編年―」吉岡康暢先生古希記念論集『陶磁の社会史』吉岡康暢先生古希記念論集刊行会（印刷中）
高梨　修　二〇〇五b「古代の南島」『先史・古代の鹿児島』通史編　鹿児島県教育委員会（印刷中）
高梨　修　二〇〇五c「小湊フワガネク遺跡群第一次調査・第二次調査出土土器の分類と編年」『奄美大島名瀬市小湊フワガネク遺跡群Ⅰ―学校法人日章学園「奄美看護福祉専門学校」拡張事業に伴う緊急発掘調査報告書』名瀬市教育委員会（印刷中）
高宮広衛　一九九五「開元通宝から見た先史終末期の沖縄」大川　清博士古希記念会編『王朝の考古学』雄山閣出版　二六七〜二八六頁

高宮広衛　一九九七　「開元通宝と按司の出現（予察）」『南島文化』第一九号　沖縄国際大学南島文化研究所　一～二二頁
高良倉吉　一九七三　「沖縄原始社会史研究の諸問題―考古学的成果を中心に―」『沖純歴史研究』第一〇号　沖縄歴史研究会　一～二七頁
高良倉吉　一九八〇　『琉球の時代　大いなる歴史像を求めて』千曲ブックス二八　筑摩書房
高良倉吉　一九九一　「琉球史における「古代」」　坪井清足・平野邦雄監修『新版［古代の日本］三九州・沖縄』角川書店　四二七～四三七頁
高良倉吉　一九九五　「グスクの発生」『岩波講座日本通史』第六巻・古代五　岩波書店　三四七～三六〇頁
高良倉吉　一九八〇　『琉球の時代』筑摩書房
高良倉吉　一九八七　『琉球王国の構造』吉川弘文館
高良倉吉　一九九三　『琉球王国』岩波新書
嵩元政秀　一九七〇　「沖縄県内出土の銭貨について」『南島考古』第一号　沖縄考古学会　二〇～三二頁
嵩元政秀　一九九六　「南島の出土遺物よりみた『随書』の流求国」　国分直一博士米寿記念論文集『ヒト・モノ・コトバの人類学』慶友社　四六八～四七八頁
多々良友博　一九八一　「成川式土器の検討」『鹿児島考古』第一五号　鹿児島考古学会　八九～一一六頁
龍郷町教育委員会　一九八八　『龍郷町市理原　文化財分布・動物・植生予備調査報告書』
龍郷町教育委員会・奄美考古学会　一九八四　『手広遺跡　大島郡龍郷町手広遺跡発掘調査概報』
龍郷町教育委員会　二〇〇二　龍郷町教育委員会埋蔵文化財発掘調査報告書（二）『ウフタⅢ遺跡』
田中　聡　一九九九　「古代の南方世界」『歴史評論』五八六号　歴史科学協議会　五八～七四頁
田中史生　二〇〇五　『七～十一世紀の奄美・沖縄諸島と国際社会―交流が生み出す地域―』　関東学院大学経済学部総合学術論集『自然・人間・社会』第三八号　五五～七三頁
田中良之　一九七九　「中期・阿高式系土器の研究」『古文化談叢』第六集　九州古文化研究会　五～五二頁
田中良之・松永幸男　一九八四　「広域土器分布圏の諸相―縄文時代後期西日本における類似様式の成立―」『古文化談叢』

第十四集　九州古文化研究会　五～五二頁
谷川健一・大山麟五郎・高良倉吉　一九八六　『沖縄・奄美と日本』同成社
谷川健一　一九九一　『南島文学発生論』思潮社
玉野井芳郎　一九七八　『エコノミーとエコロジー―広義の経済学への道―』みすず書房
多和田真淳　一九六七　「琉球古代の鉄の輸入（その一）」『考古学ジャーナル』一四号　ニューサイエンス社（多和田真淳　『古稀記念多和田真淳選集』古稀記念多和田真淳選集刊行会　一一九～一二三頁）
多和田真淳　一九七一　「琉球古代の鉄の輸入（その二）」『考古学ジャーナル』五九号　ニューサイエンス社（多和田真淳　『古稀記念多和田真淳選集』古稀記念多和田真淳選集刊行会　一二四～一二六頁）
知念　勇　一九八六　「グスク」坂詰秀一・森　郁夫編　『日本歴史考古学を学ぶ（下）生産の諸相』有斐閣　一八三～二〇〇頁
知念　勇　一九九一　「縄文時代から平安時代の沖縄諸島」坪井清足・平野邦雄監修　『新版［古代の日本］三　九州・沖縄』角川書店　四三九～四六二頁
角田文衛　一九三七　「上代の種子島―日本文化の南限に就いて―」『歴史地理』第六九巻第一号　日本歴史地理学会（沖縄県教育委員会　一九九六　『沖縄県史料　前近代九　考古関係資料一』　三三〇～三四九頁）
當眞嗣一　一九九二　「グスクとその構造」　石井　進・萩原三雄編　『中世の城と考古学』新人物往来社　五四七～五八二頁
當眞嗣一・上原　久　一九九七　『考古資料より見た沖縄の鉄器文化』沖縄県立博物館
當眞嗣一　一九九七　「いわゆる「土より成るグスク」について―沖縄本島北部のグスクを中心に―」『沖縄県立博物館紀要』第二三号　沖縄県立博物館　一～一八頁
歳原佳世子　一九九七　「農耕なき複雑社会―海岸居住社会の発達の可能性と限界に関する一考察―」　藤本　強編　東京大学考古学研究室五十周年記念『住の考古学』同成社　一九八～二一三頁
名嘉正八郎・知念　勇　一九八五　「沖縄の初期のグスク」『琉球の歴史と文化―山本弘文博士還暦記念論集―』本邦書籍（名嘉正八郎　一九九三　『琉球の城』アドバイザー　六七～一〇二頁）

名嘉正八郎　一九九三　『琉球の城』アドバイザー
名嘉正八郎　一九九四　『グスク（城）の姿』南日本文化研究所叢書二〇　鹿児島短期大学付属南日本文化研究所
名嘉正八郎　一九九六　『図説沖縄の城』那覇出版社
永井昌文　一九七七　「貝輪」『立岩遺跡』飯塚市教育委員会・立岩遺跡調査委員会　河出書房新社　二六七～二八三頁
中里壽克　一九九二　『中尊寺の漆芸』日本の美術第三一八号　至文堂
中里壽克　一九九五　「古代螺鈿の研究（上）」『国華』第一一九九号　国華社　三～一八頁
中里壽克　一九九六　「古代螺鈿の研究（下）」『国華』第一二〇三号　国華社　一九～二六頁
中里壽克　二〇〇〇　「幻の夜光貝　奄美大島」『漆文化』会報第九二号　日本文化財漆協会　五～九頁
中園　聡　一九八八　「土器様式の動態―古墳の南限付近を対象として―」『人類史研究』第七号　鹿児島大学法文学部考古学研究室人類史研究会　三一～六九頁
中種子町教育委員会　一九九六　『種子島鳥の峯遺跡―鹿児島県熊毛郡中種子町所在埋葬遺跡の調査―』鳥の峯遺跡発掘調査団
仲原善忠　一九七七　「沖縄歴史の考え方―教科書「琉球の歴史」の理論的背景―」『仲原書忠全集』第一巻　沖縄タイムス社　一七六～二三七頁
仲松弥秀　一九六一　「「グシク」考」『沖縄文化』第五号　沖縄文化協会（仲松弥秀　一九七七　『古層の村・沖縄民俗文化論』沖縄タイムス社　三〇～三九頁）
仲松弥秀　一九七三　「再「グスク」考」『南島考古』第三号　沖縄考古学会（仲松弥秀　一九七七　『古層の村・沖縄民俗文化論』沖縄タイムス社　二二〇～二三三頁）
仲松弥秀　一九七七　『古層の村・沖縄民俗文化論』沖縄タイムス社
中村明蔵　一九九三　『隼人と律令国家』名著出版
中村明蔵　一九九六ａ　「南島覓国使と南島人の朝貢をめぐる諸問題」『地域総合研究』第二三巻第二号　鹿児島経済大学地域総合研究所　一～二六頁

中村明蔵　一九九六ｂ『ハヤト・南島共和国』春苑堂出版
中村明蔵　一九九八『古代隼人社会の構造と展開』岩田書院
中村明蔵　一九九九「古代東アジアのなかの種子島の歴史的位置―多褹島の軌跡と国際的環境―」『研究所報』第一五号
　鹿児島女子大学附属南九州地域科学研究所　一～二四頁
中村明蔵　二〇〇一「南島と遣唐使船」『地域総合研究』第二八巻第二号　鹿児島国際大学地域総合研究所　六五～八二頁
中村明蔵　二〇〇三ａ「古代東アジアと奄美・沖縄諸島―南島論・交易論への接近―」『鹿児島国際大学文学部論集』第三巻
　第四号　鹿児島国際大学　一～二三頁
中村明蔵　二〇〇三ｂ「古代の沖縄と『隋書』流求伝―六～七世紀、沖縄史への接近―」『地域総合研究』第三〇巻第二号
　鹿児島国際大学附属地域総合研究所　一二四～一四二頁
中村明蔵　二〇〇四「古代東アジアの中の種子島」『地域総合研究』第三一巻第二号　鹿児島国際大学附置地域総合研究所
　七九～九六頁
中村和美　一九九四ａ「鹿児島県（薩摩・大隅国）における平安時代の土器―土師器の変遷を中心に―」『中近世土器の基礎
　研究』第一〇号　中世土器研究会　一四九～一七一頁
中村和美　一九九四ｂ「古代前期の煮沸具―肥後・日向・薩摩・大隅―」『古代の土器研究―律令的土器様式の西・東四煮沸具―』
　一八八～一九三頁
中村和美　一九九七「鹿児島県における古代の在地土器」『鹿児島考古』第三一号　鹿児島考古学会　八八～一〇二頁
中村直子・上村俊雄　一九九六「奄美地域における弥生土器の型式学的検討」『鹿児島大学法文学部紀要　人文学論集』第
　四四号　鹿児島大学法文学部　四七～六一頁
中村直子　一九八七「成川式土器再考」『鹿大考古』第六号　鹿児島大学考古学会　五七～七六頁
中山清美　一九八三「兼久式土器Ｉ」『南島考古』第八号　沖縄考古学会　五〇～五一頁
中山清美　一九八四「兼久式土器Ⅱ」『南島考古』第九号　沖縄考古学会　二〇～三〇頁
中山清美　一九八八「第四章　考古学上からみた龍郷町」『龍郷町誌歴史編』龍郷町教育委員会　一一五～一三九頁

中山清美　一九九一「奄美諸島の先史時代文化」　坪井清足・平野邦雄監修『新版［古代の日本］三　九州・沖縄』角川書店五〇九～五一九頁
中山清美　一九九二「奄美における貝符と兼久式土器」南日本文化研究所叢書一八『奄美学術調査記念論文集』鹿児島短期大学付属南日本文化研究所　一六五～一七三頁
中山清美　二〇〇〇「奄美考古学研究の現状」『古代文化』第五二巻第三号　古代学協会　二二五～二二九頁
中山清美　二〇〇四a「奄美考古学の成果から」　現代のエスプリ別冊『奄美復帰50年　ヤマトとナハのはざまで』至文堂六三～七二頁
中山清美　二〇〇四b「奄美諸島の搬入品」　高宮広衛・知念　勇編『考古資料大観一二　貝塚後期文化』小学館　二六七～二七〇頁
永山修一　一九八五「天長元年の多褹嶋停廃をめぐって」『史学論叢』第一一号　東京大学　一八五～一九八頁
永山修一　一九九二「八世紀隼人支配の特質について―薩摩国を中心に―」『古代文化』第四四巻第七号　古代学協会一一三～一二二頁
永山修一　一九九三「キカイガシマ・イオウガシマ考」笹山晴生先生還暦記念会編『日本律令制論集』下巻　吉川弘文館四一九～四六四頁
永山修一　一九九五「『小右記』に見える大隅・薩摩からの進物記事の周辺」『鹿児島中世史研究会報』五〇　鹿児島中世史研究会　四二～五〇頁
永山修一　一九九七「古代・中世における薩摩・南島間の交流―夜久貝の道と十二島―」　村井章介・佐藤　信・吉田伸之編『境界の日本史』山川出版社　一四五～一五〇頁
永山修一　一九九九「隼人と南島の世界」『鹿児島県の歴史』山川出版社　三七～七六頁
永山修一　二〇〇一a「古代～中世の日本と南島」『みなみの手帖』九四号　四六～五二頁
永山修一　二〇〇一b「隼人をめぐって―〈夷狄〉支配の構造」『東北学』第四号　東北芸術工科大学東北文化研究センター一四三～一五三頁

永山修一　二〇〇一ｃ「山里純一著『古代日本と南島の交流』」『国史学』第一七三号　国史学会　一〇五〜一一四頁
永山修一　二〇〇二ａ「キカイガシマの古代・中世―〈南〉の境界領域へのまなざし」『東北学』第六号　東北芸術工科大学東北文化研究センター　一二〇〜一三一頁
永山修一　二〇〇二ｂ　Ⅱ―一　原始・古代の薩南諸島「一　考古遺物から見る交流」「二　入唐道に位置して」「三　夜久貝の道とキカイガシマ」、Ⅱ―二　中国・東南アジアとの交流「一　万之瀬川河口と倉木崎から見えるもの」　松下志朗・下野敏見編『鹿児島の湊と薩南諸島』シリーズ街道日本史五五　吉川弘文館　五六〜八〇頁
永山修一　二〇〇四「古代・中世併行期の奄美」　現代のエスプリ別冊『奄美復帰50年　ヤマトとナハのはざまで』至文堂　五二〜六二頁
名瀬市教育委員会　一九九九ａ　第二回奄美博物館シンポジウム『サンゴ礁の島嶼地域と古代国家の交流―ヤコウガイをめぐる考古学・古代史―』
名瀬市教育委員会　一九九九ｂ　名瀬市文化財叢書二『奄美大島名瀬市小湊フワガネク（外金久）遺跡―学校法人日章学園「奄美看護福祉専門学校」拡張事業に伴う緊急発掘調査概報―』
名瀬市教育委員会　二〇〇一　名瀬市文化財叢書三『奄美大島名瀬市グスク詳細分布調査報告書』
名瀬市教育委員会　二〇〇一　平成十二年度奄美博物館講演会『徳之島カムィヤキ窯跡群の世界―徳之島をめぐる歴史と文化―』資料集　名瀬市教育委員会
名瀬市教育委員会　二〇〇三　名瀬市文化財叢書四『奄美大島名瀬市小湊フワガネク遺跡群遺跡範囲確認発掘調査報告書』
名瀬市教育委員会　二〇〇五　名瀬市文化財叢書七『奄美大島名瀬市小湊フワガネク遺跡群―学校法人日章学園「奄美看護福祉専門学校」拡張事業に伴う緊急発掘調査報告書―』
那覇市教育委員会　一九九一　那覇市文化財調査報告書第一八集『御細工所跡―城西小学校建設工事に伴う緊急発掘調査報告―』
西村正雄　一九八六「先史時代東南アジアにおける長距離交易と複合社会の発展」『民族学研究』第五〇巻第四号　日本民族学会　三七八〜四〇七頁

西銘　章・宮城弘樹　一九九八　「沖縄諸島における土器研究の現状―高宮編年前・後期を中心に―」『考古学ジャーナル』四三七号　ニューサイエンス社　九～一三頁
原田信男　一九九三　「北の「異域」・南の「異国」」『地方史研究』第四三巻第四号　地方史研究協議会　一二～一七頁
肱岡隆夫・前田晶子　二〇〇三　広田遺跡資料収蔵記念『海を渡った人々―貝製装身具と古代の祈り―』鹿児島県歴史資料センター黎明館
広田遺跡学術調査委員会　二〇〇三　『種子島広田遺跡』鹿児島県立歴史センター黎明館
平田信芳　一九七九　「隼人が用いた土器―成川式土器―」『隼人文化』第五号　隼人文化研究会　三七～四四頁
Braudel, F. 1980 Civilization and Capitalism 15th-18th century, 1,Librairie Armand Colin Paris.（フェルナン・ブローデル　一九八五　村上光彦訳『物質文明・経済・資本主義Ⅰ―一・二　日常性の構造一・二』みすず書房）
Braudel, F. 1979 Civilization and Capitalism 15th-18th century, 2, Librairie Armand Colin Paris.（フェルナン・ブローデル　一九八六・一九八八　村上光彦訳『物質文明・経済・資本主義Ⅱ―一・二　交換のはたらき一・二』みすず書房）
Braudel, F. 1979 Civilization and Capitalism 15th-18th century, 3, Librairie Armand Colin Paris.（フェルナン・ブローデル　一九九六・一九九九　村上光彦訳『物質文明・経済・資本主義Ⅲ―一・二　世界時間一・二』みすず書房）
藤江　望　二〇〇〇　「琉球列島におけるヤコウガイ利用の動向―紀元前四〇〇〇年紀から紀元八〇〇年まで―」『南島考古』第一九号　沖縄考古学会　一～一二頁
藤本　強　一九七九　『北辺の遺跡』教育社
藤本　強　一九八八　『もう二つの日本文化』東大出版会
古島久子　一九九九　「南島におけるヤコウガイ利用に関する一考察―奄美大島名瀬市小湊フワガネク（外金久）遺跡出土資料の検討―」『琉球大学考古学研究集録』創刊号　琉球大学法文学部考古学研究室　一六～二三頁
外間守善・新里幸昭　一九七八　『南島歌謡大成』Ⅲ宮古篇　角川書店
外間守善・宮良安彦　一九七九　『南島歌謡大成』Ⅳ八重山篇　角川書店
外間守善・田畑英勝・亀井勝信　一九七九　『南島歌謡大成』Ⅴ奄美篇　角川書店

外間守善・玉城政美　一九八〇　『南島歌謡大成』Ⅰ沖縄篇（上）　角川書店
外間守善・比嘉　実・仲程昌徳　一九八〇　『南島歌謡大成』Ⅱ沖縄篇（下）　角川書店
外間守善　一九八六　『沖縄の歴史と文化』中公新書
Polanyi,K. 1957a The Economy as Instituted Process. Polanyi,K., C. M. Arensbberg and H. W. Pearson(eds.), Trade and Market in Theearly Empires, the Free Press, Glencoe.（カール・ポランニー　一九七五　石井　溥訳「制度化された過程としての経済」玉野井芳郎・平野健一郎編訳『経済の文明史』日本経済新聞社　二五九～二九八頁）
Polanyi,K. 1957b Marketless Trading in Hammurabi's Time. Polanyi,K., C. M. Arensbberg and H. W. Pearson(eds), Trade and Market in Theearly Empires, the Free Press, Glencoe.（カール・ポランニー　一九七五　石井　溥訳「ハムラビ時代の非市場交易」玉野井芳郎・平野健一郎編訳『経済の文明史』日本経済新聞社　一六五～一八六頁）
Polanyi,K. 1957c The Great Transformation—The Political and Economic Origins of Our Time—, Beacon Press.（カール・ポランニー　一九七五　吉沢英成・野口健彦・長尾史郎・杉村芳美訳『大転換―市場社会の形成と崩壊―』東洋経済新報社）
Polanyi,K. 1980a THE LIVELIHOOD OF MAN edited by Harry W. Pearson, Academic Press, Inc., New York.（カール・ポランニー　一九九八　玉野井芳郎・栗本慎一郎訳『人間の経済Ⅰ　市場社会の虚構性』岩波書店）
Polanyi,K. 1980b THE LIVELIHOOD OF MAN edited by Harry W. Pearson, Academic Press, Inc., New York.（カール・ポランニー　一九九八　玉野井芳郎・中野　忠訳『人間の経済Ⅱ　交易・貨幣および市場の出現』岩波書店）
真栄平房昭　一九九一　「琉球の形成と東アジア」坪井清足・平野邦雄監修『新版［古代の日本］』三　九州・沖縄　角川書店　四六三～四八四頁
松下志朗　一九八三　『近世奄美の支配と社会』第一書房
松田朝由　二〇〇四　『第一節　土器の製作技術と土器様相」鹿児島県立埋蔵文化財センター発掘調査報告書七一『九養岡遺跡・踊場遺跡・高篠遺跡―東九州自動車道建設（末吉財部ＩＣ～国分ＩＣ間）に伴う埋蔵文化財発掘調査報告書Ⅳ』鹿児島県立埋蔵文化財センター　三八七～三九九頁

三浦圭介　一九九五　「北奥・北海道地域における古代防御性集落の発生と展開」『国立歴史民俗博物館研究報告』第六四集・青森県十三湊遺跡・福島城跡の研究　国立歴史民俗博物館　一九七～二二二頁
三木　靖　一九八三　「沖永良部島の山城」『薩琉文化』第二十号　鹿児島短期大学付属南日本文化研究所　三～九頁
三木　靖　一九八四　「龍郷町のグスク関係調査の概要―調査速報―」『薩琉文化』第二三号　鹿児島短期大学付属南日本文化研究所　一～五頁
三木　靖　一九九二　「奄美におけるグスク調査の報告」　南日本文化研究所叢書一八『奄美学術調査記念論文集』鹿児島短期大学付属南日本文化研究所　一〇三～一二五頁
三木　靖　一九九七ａ　「第三部　中世の城郭」　三木　靖編『鹿児島の歴史―縄文期、戦国期、藩政期を中心に―』鹿児島城西ロータリークラブ　八九～一七五頁
三木　靖　一九九七ｂ　「奄美のぐすく（城）」『大島新聞』平成九年一月一日・一月十一日・一月二十一日・一月二十八日　大島新聞社
三木　靖　一九九九　「奄美の中世城郭について」『南九州城郭研究』創刊号　南九州城郭談話会　六七～八二頁
三島　格　一九六八　「弥生時代における南海産貝使用の腕輪」金関丈夫博士古稀記念委員会編『日本民族と南方文化』平凡社（三島　格　一九七七　『貝をめぐる考古学―南島考古学の一視点―』　学生社　一一三～一五九頁）
三島　格　一九七一　「須恵器の焼成地と年代」『古代文化』第二三巻九・一〇号　古代文化協会（三島　格　一九八九　『南島考古学』第一書房　二四～二六頁）
三島　格　一九七七ａ　「南海産貝輪に関する考古学的考察と出土地名表」『立岩遺跡』飯塚市教育委員会・立岩遺跡調査委員会　河出書房新社　二八四～三〇〇頁
三島　格　一九七七ｂ　『貝をめぐる考古学―南島考古学の一視点―』　学生社
三島　格　一九八七　「大宰府と南島」　岡崎　敬先生退官記念論集『東アジアの考古と歴史』下　同朋社　三二九～三六七頁
三島　格　一九八九　『南島考古学』第一書房

蓑島栄紀　二〇〇〇「倭王権段階の南島社会と交流」『国史学』第一七〇号　国史学会　一〇一～一一八頁
宮城弘樹　一九九八「貝塚時代後期土器の研究（Ⅰ）―部瀬名貝塚出土表裏面有文土器資料に着目して―」『名護市立博物館紀要あじまぁ』第八号　名護市立博物館　四一～五四頁
宮城弘樹　二〇〇〇「貝塚時代後期土器の研究（Ⅱ）―後期遺跡の集成―」『南島考古』第一九号　沖縄考古学会　四五～六二頁
宮城弘樹　二〇〇三「沖縄出土のアカジャンガー式土器及び前後の土器型式と年代観」沖縄県立埋蔵文化財センター文化講座臨時企画フォーラム『伊江島・ナガラ原東貝塚とアカジャンガー式土器前後の編年観をめぐって』沖縄県立埋蔵文化財センター　一九～二九頁
都城市教育委員会　二〇〇四『鶴喰遺跡（古墳時代編）―県営ほ場整備事業に伴う埋蔵文化財発掘調査報告書―』
村井章介　一九九一「古琉球と列島地域社会」琉球新報社編『新琉球史―古琉球編―』琉球新報社　二九七～三一七頁
村井章介　一九九七「中世国家の境界と琉球・蝦夷」村井章介・佐藤　信・吉田伸之編『境界の日本史』山川出版社　一〇六～一三七頁
村井章介　一九九九「鬼界が島考―中世国家の西境―」『別府大学アジア歴史文化研究所報』第一七号　別府大学アジア歴史文化研究所　一～一四頁
D.Mary & I. Baron, 1979 The World of Goods, Basic Books, Inc., Publishers.（メアリー・ダグラス　一九八四　浅田　彰・佐和隆光訳『儀礼としての消費　財と消費の経済人類学』新曜社）
目崎茂和　一九七八ａ「島の生態基盤」『琉大法文特定研究紀要』第一集（目崎茂和　一九八五「琉球弧の島分類」『琉球弧をさぐる』あき書房　一二～二二頁）
目崎茂和　一九七八ｂ「沖縄における地域」『地理』第二三巻一〇号　古今書院（目崎茂和　一九八五「亜熱帯の島―一九七八年夏」『琉球弧をさぐる』あき書房　四一～四八頁）
目崎茂和　一九八〇「琉球列島における島の地形的分類とその帯状分布」『琉球列島の地質学研究』第五巻（目崎茂和　一九八五「島の地形的分類と帯状分布」『琉球弧をさぐる』あき書房　二二～四〇頁）

目崎茂和　一九八五　『琉球弧をさぐる』あき書房
森　隆　一九九五　「黒色土器」　中世土器研究会編　『概説　中世の土器・陶磁器』真陽社　二四五～二五六頁
柳原敏昭　一九九七　「西の境界領域と万之瀬川」　村井章介・佐藤　信・吉田伸之編　『境界の日本史』山川出版社　一三八～一四四頁
柳原敏昭　二〇〇三　「平安末～鎌倉期の万之瀬川下流地域―研究の成果と課題―」『古代文化』第五二巻第三号　古代学協会　五～一二頁
山内　昶　一九九四　『経済人類学への招待―ヒトはどう生きてきたか』ちくま新書
山崎純男　一九八六　「貝のきた道」　坪井清足監修　『図説発掘が語る日本史』第六巻九州・沖縄編　新人物往来社　一二七～一三七頁
山里純一　一九八六　「律令国家と南島」『続日本紀研究』第二四五号　続日本紀研究会　一二～二一頁
山里純一　一九九一　「南島覓国使について」『日本歴史』第五二三号　日本歴史学会　一～一三頁
山里純一　一九九三　「『隋書』流求伝について―研究史・学説の整理を中心に―」『琉球大学法文学部紀要　史学・地理学篇』三六号　琉球大学法文学部　五九～九八頁
山里純一　一九九四　「流求の「布甲」をめぐって」　高嶌正人先生古稀祝賀論文集『日本古代史叢考』高嶌正人先生古稀祝賀論文集刊行会　五一～六六頁
山里純一　一九九五　「南島赤木の貢進・交易」古代王権と交流八・新川登亀男編『西海と南島の生活・文化』名著出版　二九九～三二二頁
山里純一　一九九六　「古代の多褹島」　林　睦朗・鈴木靖民編　『日本古代の国家と祭儀』雄山閣　二二六～二四七頁
山里純一　一九九八　「日本古代史料にみえる南島」『史料編集室紀要』第二三号　沖縄県教育委員会　一六七～二〇八頁
山里純一　一九九九　『古代日本と南島の交流』吉川弘文館
山本信夫　一九八八　「大宰府における古代末から中世の土器・陶磁器―十～十二世紀の資料（一）本文編―」『中近世土器の基礎研究Ⅳ』日本中世土器研究会　一八三～二〇二頁

山本正昭　二〇〇〇「グスク研究史の新視点」『琉球大学考古学研究集録』第二号　琉球大学法文学部考古学研究室　三七～五二頁
湯浅赳男　一九八五『文明の歴史人類学―「アナール」・ブローデル・ウォーラースティン―』新評論
横山英介　一九九〇『擦文文化』考古学ライブラリー五九　ニュー・サイエンス社
吉岡康暢　二〇〇二「南島の中世須恵器―中世初期環東アジア海域の陶芸交流―」『国立歴史民俗博物館研究報告』第九四集『陶磁器が語るアジアと日本』国立歴史民俗博物館　四〇九～四三九頁
吉田　孝　一九六五「律令時代の交易」彌永貞三編『日本経済史大系』一古代　東京大学出版会　三三九～三八五頁
和田浩爾・赤松　蔚・奥谷喬司　一九九六「正倉院宝物（螺鈿、貝殻）材質調査報告」『正倉院年報』第一八号　宮内庁正倉院事務所　一～三七頁

あとがき

文献史学側では国家境界領域に注目した研究成果が蓄積を重ねていて、古代～中世段階の列島周縁の地域社会に新たなるまなざしが注がれている。とくに東北・南北海道では、文献史学と考古学における研究成果の相互理解が進んでいて、双方の分野で地域社会の鮮やかなる動態が明らかにされてきている。そうした北側の国家境界領域における研究成果の蓄積に比べるならば、南九州・琉球弧における古代～中世段階の考古学研究は、南側の国家境界領域として地域社会に迫る視点はすでに文献史学側において示されているにもかかわらず、まだ考古資料の年代的羅列に止まり、具体的研究はほとんど用意されていない状態に置かれている。

そうした動向のなかで、文献史学側の追い風を受けるように奄美大島からヤコウガイ大量出土遺跡が確認されて、文献史学側を中心に古代～中世並行段階の奄美諸島に関心が集まりはじめている。筆者には、島尾敏雄が奄美大島在住時代に耳にした「琉球弧のざわめき」がヤコウガイ大量出土遺跡から聴こえたのであるが、果たしてそのざわめきは本書の読者に少しでも届いたであろうか。

結局、ヤコウガイが物語る歴史とは、琉球弧の国家境界領域を中心とした交易史なのであると考えられるし、それは奄美諸島史にほかならないと考えている。喜界島の山田遺跡群、奄美大島の小湊フワガネク遺跡群、徳之島のカムィヤキ古窯跡群等、奄美諸島の遺跡から聴こえてきたざわめきは、次第に共鳴して大きくなりはじめている。読者諸賢が奄美諸島の遺跡からどのようなざわめきを聴いてくださるのか、今後のご批判とご教示を真摯に待ちたいと思う。

本書の各章は、すべて過去五年間に発表した以下の拙論に加除等の大幅な修正を加えている。

序章Ⅱ　「知られざる奄美諸島史」『南海日日新聞』平成十二年七月十二日　南海日日新聞社　二〇〇〇

序章Ⅲ　「奄美諸島をめぐる考古学研究の行方」『法政大学沖縄文化研究所所報』第五三号　法政大学沖縄文化研究所　二〇〇三

第一章　「琉球弧におけるいわゆるスセン當式土器の検討—古墳時代並行期の奄美諸島における土器編年—」吉岡康暢先生古希記念論集『陶磁の社会史』　二〇〇五（印刷中）

第二章　「小湊フワガネク遺跡群第一次調査・第二次調査出土土器の分類と編年」『奄美大島名瀬市小湊フワガネク遺跡群Ⅰ—学校法人日章学園「奄美看護福祉専門学校」拡張事業に伴う緊急発掘調査報告書』名瀬市教育委員会　二〇〇五（印刷中）

第三章　「奄美諸島の土器」『考古資料大観十二貝塚後期文化』小学館　二〇〇四

第四章　「琉球弧における貝生産遺跡の発見—小湊フワガネク遺跡群の発掘調査成果—」『日本歴史』第六七七号　日本歴史学会　二〇〇四

第五章　「ヤコウガイ交易の考古学—奈良～平安時代並行期の奄美諸島・沖縄諸島における島嶼社会」シリーズ現代の考古学五・小川英文編『交流の考古学』朝倉書店　二〇〇〇

第六章　「貝をめぐる交流史」シリーズいくつもの日本Ⅲ・赤坂憲雄・中村生雄・原田信男・三浦佑之編『人とモノと道と』岩波書店　二〇〇三

第七章　「古代の南島」『先史・古代の鹿児島』通史編　鹿児島県教育委員会　二〇〇五（印刷中）

終　章　「知られざる奄美諸島史のダイナミズム—奄美諸島の考古資料をめぐる新しい解読作業の試み—」法政大学沖縄文化研究所紀要『沖縄文化研究』第二七号　法政大学沖縄文化研究所　二〇〇一

本書の発刊に際して、東京大学の安斎正人先生のご推薦をいただいた。自治体職員にすぎない筆者が拙い研究成果を一書の形でまとめることができたのは、そうした身に余るご高配によるものである。この紙面を借りて安斎先生に深く御礼申し上げたい。そして出版を引き受けていただいた同成社社主の山脇洋亮氏と編集部の加治恵氏にも心から感謝の言葉を捧げたい。

本書におけるいくつかの試みが少しでも成功しているとするならば、それは学生時代からご指導いただいている恩師たちのおかげである。沖縄学をご指導いただいた沖縄学研究所の外間守善先生、考古学をご指導いただいた法政大学の伊藤玄三先生、文化人類学をご指導いただいた放送大学のスチュアート・ヘンリ先生の恩師三名の学恩にあらためて感謝申し上げたい。

それから鹿児島国際大学の三木靖先生と琉球大学の池田榮史先生には、筆者が名瀬市立奄美博物館に勤務して以来、言葉には尽くせない恩義をいただいてきた。筆者が奄美大島で緊張感を維持しながら調査研究を継続できたのは、先生方のおかげにほかならない。とくに本書における土器編年研究については、池田先生から資料調査の機会をたびたび与えていただき、先生と重ねてきた議論により練磨されてきたものである。三木先生と池田先生に衷心より謝意を表したい。

さらに国学院大学の鈴木靖民先生、東京大学史料編纂所の石上英一先生、琉球大学の山里純一先生、ラ・サール学園の永山修一先生には、小湊フワガネク遺跡群の発掘調査を通じてご指導・ご助言をいただいてきた。参照させていただいた先生方の研究成果を曲解しているのではないか心配であるが、筆者が文献史学側の研究成果を学ぶことができたのは、先生方のおかげである。その学恩に感謝申し上げたい。

また本書は、文部科学省研究費による「科学研究費補助金（基盤研究（B）（一）課題番号一五三二〇〇七九）・近代における「考古学」の役割の比較研究―その本質的表象と政治的境界の関連を軸に」の研究成果に基づく部分が含まれている。研究組織に加えていただいた自治医科大学の余語琢磨先生をはじめとするメンバーの先生方に厚く御礼申し上げたい。またメンバーの一人である小川英文先生には、第五章の初出論文を執筆した際にご指導いただいた。そのときに練磨されたものが本書へ発展していることを特記して、小川先生に深謝申し上げたい。

筆者は、琉球弧を彷徨するヤマトンチュ（大和人）である。琉球弧の歴史世界に筆者が少しでも接近できたとするならば、驚異的な忍耐力で筆者を見守りつづけてくださるシマッチュ（島人）の皆様方のおかげにほかならない。

とくに久米島町文化財保護審議会の久手堅稔氏と笠利町教育委員会の中山清美氏には、深謝申し上げたい。久手堅氏には琉球弧における筆者の最初の出発点である久米島で、中山氏には琉球弧における筆者の第二の出発点である奄美大島で、長きにわたるご指導をいただいている。両氏の地域に対する情熱に触れた経験が、筆者の琉球弧に対する思いをさらに深くしている。

そして元名瀬市立奄美博物館館長の藤山哲郎氏と奄美郷土研究会の児玉永伯氏にも深く感謝申し上げたい。両氏とは、奄美大島の日常生活において公私にわたる親交をいただき、その交友を通じて筆者はつねに学び、つねに精神的に支えられてきた。筆者の奄美諸島史に対する視点の深化は、まちがいなく両氏と交わしてきた議論によりもたらされたものである。何より御二人の存在がなければ、筆者の調査研究は挫折していたにちがいない。

奄美諸島史の調査研究に深いご理解を示される楠田書店会長の楠田豊春氏、奄美大島信用金庫理事長の築愛三氏からは、筆者の調査研究に対してつねに暖かいご支援・ご助言をいただいてきた。奄美諸島史の古代に寄せられる両氏の熱い思いに本書がどれだけ応えられたか全然自信はないが、日頃の感謝の意を込めて、本書を現段階のささやかな到達点としてご報告申し上げたい。

伊仙町教育委員会の四本延宏氏、工房海彩代表の池村茂氏には、わがままな弟を心配する兄のように親しい交友をいただいてきた。両氏のいつも変わらぬご厚情に心より感謝申し上げたい。池村氏には、ヤコウガイ工芸作家として備えられている専門的知識を生かして筆者の調査研究につねにご尽力いただいてきた。本書の表紙も、筆者のわがままな願いを聞き入れていただき、池村氏による作品（ヤコウガイ製貝匙レプリカ）で飾らせていただいた。

御礼申し上げる次第である。

ところで、本書の執筆を開始した直後、筆者は二カ月の入院生活を余儀なく迫られる事態に陥り、いきなり執筆中断に追い込まれた。本書の発刊を心待ちにしてくださり、忍耐強く筆者に激励の言葉をかけつづけてくれた（有）らいぶ社長の岩城安宏氏（名瀬市出身）にも厚く御礼申し上げたい。

一九九五（平成七）年に名瀬市立奄美博物館に勤務して以来、つねに迷惑をかけつづけている同僚の学芸員、久伸博氏と阿世知ひとみ氏には心より御礼申し上げる次第である。筆者の調査研究が成立しているのは両氏のご理解があるからにほかならない。

本書の成立に際しては、このほかにも琉球弧の考古学研究に関係する鹿児島県・沖縄県の大勢の方たちのご指導・ご協力をいただいている。そのすべての方たちにこの紙面を借りて深く御礼申し上げたい。

最後に、小湊フワガネク遺跡群の発掘調査以来、つねに筆者に勇気と活力を与えてくださる小湊集落の皆様方に御礼申し上げ、本書を捧げたい。

二〇〇五年三月

髙梨　修

ものが語る歴史シリーズ⑩

ヤコウガイの考古学

■著者略歴■

高梨　修（たかなし　おさむ）

1960 年　東京都国分寺市に生まれる

1984 年　法政大学文学部日本文学科卒業

1989 年　法政大学大学院人文科学研究科日本史学専攻博士課程単位取得退学

1995 年　名瀬市立奄美博物館に勤務、現在に至る

著　書　朝倉書店『交流の考古学』（共著）、岩波書店シリーズいくつもの日本Ⅲ『人とモノと道と』（共著）、朝日新聞社アエラムック『古代史がわかる』（共著）等

2005 年 5 月 30 日

著　者　高　梨　修

発行者　山　脇　洋　亮

印　刷　三　美　印　刷　㈱

発行所　東京都千代田区飯田橋 4-4-8 東京中央ビル内　㈱同 成 社

TEL　03-3239-1467　振替 00140-0-20618

ISBN4-88621-325-1 C3321